Beck-Wirtschaftsberater

Immobilien aus zweiter Hand

dtv

Beck-Wirtschaftsberater

Immobilien aus zweiter Hand

Ihr Ratgeber für Erwerb und Besitz

Von Erich Herrling, Patrick Detzel
und Norbert Gaisbauer

2., vollständig überarbeitete Auflage

Deutscher Taschenbuch Verlag

Im Internet:

dtv.de

beck.de

Originalausgabe
Deutscher Taschenbuch Verlag GmbH & Co. KG,
Friedrichstraße 1 a, 80801 München

Gesamtherstellung: Druckerei C. H. Beck, Nördlingen
(Adresse der Druckerei: Wilhelmstraße 9, 80801 München)
Umschlaggestaltung: Agentur 42 (Fuhr & Partner), Mainz
ISBN 3 423 05887 0 (dtv)
ISBN 3 406 50262 8 (C. H. Beck)

Vorwort zur 2. Auflage

Der Bedarf an Wohnraum in Deutschland wird auf absehbare Zeit steigen. Jährlich entsteht eine große Zahl neuer Wohnungen. Der Bestand an bestehendem Wohnraum wird deshalb größer, er wird aber auch älter. Durch Erbschaft werden in den nächsten Jahren zahlreiche Immobilien an neue Nutzer übergehen. Wer eine gebrauchte Immobilie bewohnt, wird diese häufig nach modernen Gesichtspunkten ausbauen und nutzen wollen. Mancher, der Wohnraum sucht, ist in ein bestimmtes Objekt oder einen Standort „verliebt“ und sucht bewusst einen Altbau. Welche Risiken und Chancen damit verbunden sind, ist ihm allerdings häufig nicht klar. Ein „Baudenkmal“ mag romantisch sein, kann aber zum Albtraum werden, wenn baurechtliche und finanzielle Fragen nicht genügend berücksichtigt werden. Hier will der vorliegende Band helfen, damit der Traum vom Altbau nicht zum Albtraum wird.

Dieser Ratgeber soll dem Besitzer von Altbauten und Gebrauchtimmobilien, aber auch dem potentiellen Erwerber Entscheidungs- und Planungshilfen geben, sei es vor einer Kaufentscheidung, einer Sanierung oder für die Bestandspflege. Dabei geht es in erster Linie darum, einen vernetzten Gesamtüberblick zu verschaffen. Differenzierte Einzelheiten müssen dann aus Spezialquellen entnommen werden. Der Leser soll so informiert werden, um Verhandlungen führen und Entscheidungen sachgerecht treffen zu können.

Das Buch ist zweckorientiert in Stufen von allgemeinen zu speziellen Informationen aufgebaut. Damit kann es dem Einsteiger, dem Besitzer, der bereits mit seinem Altbau vertraut ist, aber auch dem Berater in Banken und der Immobilienbranche nützliche Hinweise geben. Zahlreiche Checklisten erleichtern die Informationsverarbeitung.

Im ersten Teil stehen Argumente im Vordergrund, die für den Besitz oder Erwerb einer Gebrauchtimmobilie oder eines Altbaus sprechen, aber auch eventuell davon abhalten könnten. Die Leser sollen aber auch Klarheit darüber erhalten, welche Formen des Baus oder des Erwerbs bei einer Gebrauchtimmobilie zu einer unterschiedlichen Beurteilung führen können.

Der zweite und dritte Teil sind bautechnischen und kostenbezogenen Fragen gewidmet. Der Leser soll einen Überblick erhalten, welche bautechnischen Probleme auf ihn zukommen können, welche er möglicherweise bereits hat und wie sie lösbar sind. Damit in engem Zusammenhang stehen Fragen der Wirtschaftlichkeit und Kalkulation von Umbau, Ausbau oder Sanierung, auch unter Berücksichtigung etwaiger Folgekosten beim Unterhalt. Schließlich gehören dazu auch die Grundzüge und besonderen Probleme der Bewertung der Objekte, sei es für den Erwerb, die Beleihung bei der Finanzierung oder etwaige Erbauseinandersetzungen.

Gebrauchtimmobilien aus überwiegend rechtlicher Sicht zu beurteilen, ist die Hauptaufgabe des vierten und fünften Teils. Der Besitzer und Erwerber soll erkennen, wo eventuell rechtliche Tücken und Fallen auf ihn zukommen können und auf was er besonders achten muss, etwa besondere Eintragungen im Grundbuch oder denkmalpflegerische Auflagen. Der Aufbau folgt dabei den verschiedenen Formen des Eigentums. Den Problemen der Eigentumswohnung wird dabei besonderer Platz eingeräumt. Der fünfte Teil gibt hierzu weitere ergänzende rechtliche Erläuterungen.

Da Gebrauchtimmobilien häufig vermietet werden, ist der Vermietung ein eigenes Kapitel gewidmet. Schließlich sollen auch Hilfen gegeben werden, wie ein Eigentumswechsel reibungslos vollzogen werden kann, sei es durch eigene Suche eines Vertragspartners oder durch Vermittlung eines Maklers.

Schließlich werden wichtige mit Gebraucht- bzw. Altbauten zusammenhängende Informationen in Bezug auf das Steuerrecht und die staatliche Förderung gegeben. Es folgt ein Überblick über die Grundzüge der Finanzierung unter besonderer Berücksichtigung der Gebrauchtobjekte.

Ein abschließendes Glossar erklärt die wesentlichen Begriffe und kann in gewisser Weise auch als Nachschlagewerk dienen.

Die Verfasser wünschen allen Erwerbern und Besitzern von Gebrauchtimmobilien eine gute Entscheidung und – wenn diese zugunsten der Gebrauchtimmobilie fällt oder gefallen ist – viel Freude an ihrem Objekt!

Ravensburg, im Januar 2004

Erich Herrling
Patrick Detzel
Norbert Gaisbauer

Inhaltsübersicht

Inhaltsverzeichnis

Abkürzungsverzeichnis

Abs.	Absatz
AfA	Absetzung für Abnutzung
AO	Abgabenordnung
Art.	Artikel
BaFin	Bundesanstalt für Finanzdienstleistungsaufsicht
BauGB	Baugesetzbuch
BFH	Bundesfinanzhof
BImSchV	Bundesimmissionsschutzverordnung
BStBl	Bundessteuerblatt
BVO	Berechnungsverordnung
bzw.	beziehungsweise
ca.	circa
cm	Zentimeter
d. h.	das heißt
EigZulG	Eigenheimzulagengesetz
EnEV	Energieeinsparverordnung
ESt	Einkommensteuer
EStG	Einkommensteuergesetz
EStR	Einkommensteuerrichtlinien
evtl.	eventuell
ggf.	gegebenenfalls
i. d. R.	in der Regel
m	Meter
Mio.	Millionen
Mrd.	Milliarden
MWSt.	Mehrwertsteuer
p. a.	pro anno, im Jahr
qm	Quadratmeter
sog.	so genannt
u. a.	unter anderem
usw.	und so weiter

u. U.	unter Umständen
v. H.	von Hundert
vgl.	vergleiche
WoBauG	Wohnungsbaugesetz
z. B.	zum Beispiel
zzgl.	zuzüglich
z. Z.	zurzeit

1. Motive und Objekte

1.1 Situation am Immobilienmarkt

Die fetten Jahre sind endgültig vorbei

Mitte der 90er Jahre durften wir einen Knick am Immobilienmarkt erleben, der die größte Talfahrt in der Immobilien- und Baubranche seit dem Wiederaufbau nach sich zog. Die Talsohle ist bis zum heutigen Zeitpunkt (Januar 2004) noch nicht durchschritten. Jede Menge Insolvenzen kleinerer und mittlerer Betriebe, aber auch einiger ganz prominenter Unternehmen, wie unter anderem die *Philipp Holzmann AG*, beherrschten das Marktgeschehen und die Politik der letzten Jahre. Die Überproduktion der Jahre 1988 bis 1995 konnte vom Markt nicht mehr aufgenommen werden. Weder Käufer noch Mieter ließen sich zeitnah zur Herstellung finden. Zudem wurden jetzt die Auswirkungen der einseitigen Überflutung des Marktes mit überwiegend kleinen 2- bis 3-Zimmer-Wohnungen deutlich. Der Geschosswohnungsbau kam bundesweit zum Erlahmen. Lediglich in den Ballungsgebieten der alten Bundesländer hat dieses Marktsegment die Talsohle durchschritten und verzeichnet wieder Nachfrage. In gut strukturierten Mittelstädten ist die Überproduktion der „fetten Jahre" immer noch nicht verdaut.

Wie wirkte sich der Markt auf gebrauchte Immobilien aus?

Grundsätzlich ist der Immobilienmarkt, wie das Wort schon sagt, sehr immobil. Das heißt, es dauert in der Regel zwei Jahre, bis Trendwenden auch im Preis ihren Niederschlag finden. In Mittelstädten und auf dem flachen Land war in den letzten Jahren ein deutlicher Preisrückgang bei gebrauchten Immobilien zu verspüren. Ballungszentren verfügen grundsätzlich über eine sehr hohe Sockelnachfrage, sodass hier auch in schlechten Zeiten immer noch Immobilienhandel zu akzeptablen Preisen statt finden kann. Am trägsten reagieren die Grundstückspreise für nicht bebaute Grundstücke. Hier hat sich die Krise am wenigsten ausgewirkt. Sollte sich auf dem flachen Land und in den Mittelstädten die Situation nicht bald wesentlich ändern, wird es auch bei den Grundstückspreisen zu einer Konsolidierung kommen.

Kommt noch einmal eine Wende?

Die Großstädte in der Bundesrepublik scheinen die Talsohle durchschritten zu haben. Ob dort allerdings wieder der Boom, wie in den frühen 90ern einsetzt, ist fraglich. Völlig ausgenommen von einer Erholung sind viele Städte in den neuen Bundesländern. Hier kann manchen Ortes nur noch der Rückbau und der Abbruch helfen, die riesigen Leerstandsquoten zu bereinigen. Auf dem flachen Land, wie auch in den Mittelstädten wird es wahrscheinlich keine spürbare Belebung im Geschosswohnungsbau mehr geben.

Ursachen des Wandels

Neben der Überproduktion aus früheren Jahren gibt es weitere Gründe. Ein möglicher Grund waren sicher auch die sich ändernden Werte einer sich wandelnden Gesellschaft. Der Wunsch möglichst viel Geld mit möglichst wenig Einsatz zu verdienen, hat in dieser Zeit viele in die neuen Aktienmärkte getrieben. Der Handel über das neue Medium Internet, die Flexibilität und die Möglichkeit über Nacht reich zu werden, ließ die Immobilie als Kapitalanlage zum Mauerblümchen werden.

Nachdem aber die Börsen im 2. Quartal 2002 einen weltweiten Dämpfer erhielten, wäre mancher Neubörsianer froh gewesen, er hätte sein Geld in die eigenen vier Wände investiert.

Eine ganze Reihe Vermieter unfreundlicher Gesetzesänderungen, welche unter der Amtsperiode von *Gerhard Schröder* in die Wege geleitet wurden, verstärkten diesen Abkehrtrend von der Immobilie. Schwerwiegendster Punkt war die Erhöhung der Spekulationssperrfrist von 2 auf 10 Jahre, die Einführung der asymmetrischen Kündigungsfrist für Mieter, sowie die Einschränkung bei der Verlustverrechnung. Den schwersten Verlust musste die Immobilie jedoch hinnehmen, als sie bei der Einführung und Definition der Riester-Rente nicht bzw. nur unzureichend berücksichtigt wurde.

Markt beeinflussende Faktoren

Es ist festzustellen, dass das Thema „Erbengeneration" immer aktueller wird. In den nächsten Jahren wird die Anzahl der über Erbschaft an den Markt kommender Immobilien deutlich zunehmen, bzw. teilweise einen Markt beeinflussenden Faktor einnehmen. Diese Gebrauchtimmobilien stehen dann dem Neubaupotential als Marktgröße gegenüber. Ein weiteres bemerkenswertes Phänomen zeichnet sich rund um gut industrialisierte Mittelstädte ab. Während die Nachfrage nach Häusern und großen Wohnungen zum Mieten dort geradezu boomt, können diese Immobilien nur sehr schwer verkauft werden. Dies liegt daran, dass große Arbeitgeber dieser Regionen, ihren Mitarbeitern vielfach nur noch drei bis fünfjährige Arbeitsverträge offerieren. Der Preis dieser Flexibilität, der vor allem der mittleren Führungsebene abverlangt wird, schlägt sich darin nieder, dass diese Kunden, früher eindeutig Kaufinteressenten, durch die Wirtschaft zu Mietinteressenten gemacht werden. Wir dürfen gespannt sein, mit welcher Form, Staat, Wirtschaft und Marktteilnehmer diesem Phänomen begegnen.

Nischen während der Rezession

Lange Zeit mussten die Zahl der Baugenehmigungen für Einfamilienhäuser als Durchhalteparole für die Rezession herhalten. Sie wuchs gegen den Trend bis ins Jahr 2000, dann brach auch dieser Index ein. Das lag einerseits daran, weil Bund und Länder versucht haben, mit Reihenhausprogrammen die miserable Eigentümerquote der Bundesrepublik im europäischen Vergleich zu verbessern und sog. Schwellenhaushalte ins Eigentum zu führen. Dabei sind viele gelungene Projekte entstanden, aber auch viele weniger gelungene Projekte. Ein weiterer Grund für diesen gegenläufigen Trend ist die Tatsache, dass außerhalb der Ballungsgebiete das frei stehende Einfamilienhaus, das Doppelhaus und ggf. noch das Reihenhaus die beliebtesten Wohnformen sind.

Eine weitere Nische war die Immobilie rund um den alten Menschen. Verschiedenste Formen des altenbetreuten Wohnens kamen in den letzten Jahren an den Markt.

Reaktionen im Markt

Der Markt hat sowohl die politisch bedingten als auch die marktbedingten Korrekturen unter großer Last aufgenommen. Die Margen von vielen Bauträgern aber auch von den Handwerksunternehmen reichen beinahe nicht mehr zum Überleben. Die Suche nach Nischenprodukten ist oft vergeblich, weil grundsätzlich keine Wohnungsnot mehr herrscht. Dies mag auch der Grund sein, warum die Wohnungswirtschaft für die große Politik eher unbedeutend geworden ist. Wohnbauunternehmen und deren Verbände gehen schon seit Jahren mehr oder weniger erfolglos gegen die dramatische politische Vernachlässigung einer ganzen Branche an.

Fehler, die begangen worden sind

Nachdem der Abwärtstrend seinen Lauf nahm, wurde vielfach mit falschen Mitteln versucht zu retten, was noch zu retten ist. Teilweise wurden unseriöse Vertriebsgesellschaften eingesetzt und hektisch angefangene Bauprojekte unter Zeitdruck zu Lasten der Qualität fertiggestellt. Einer der gravierendsten Fehler der Vergangenheit war, dass auf Grund von gut funktionierenden Vertriebsorganisationen noch lange Zeit Wohnungen geplant, gebaut und verkauft wurden, obwohl an der Basis längst schon Erkenntnisse vorhanden waren, dass der Bedarf, das heißt genauer dic Mietnachfrage nicht mehr existent war. Der Markt und damit letztlich die Marktteilnehmer reagieren hier viel zu träge. Die fehlende natürliche Nachfrage wurde dadurch ersetzt, dass in großem Stil zuziehende Übersiedler professionell als Mieter angeworben wurden. Es sind Fälle bekannt, in denen Bauträger Vermittlungsbüros in den Ursprungsländern unterhielten. Die Folge war, dass vielen Ortes ganze Straßenzüge mit Übersiedlern belegt wurden. Dies war im Grund der Beginn einer abgeschwächten Form von Ghettoisierung und wirkte einer schnellen sozialen Integration der neuen Bundesbürger oft entgegen. Obwohl der Integrationsprozess heute überwiegend abgeschlossen ist und die ersten Mieter am Markt bereits wieder als Kaufinteressenten auftreten, leiden immer noch ganze Wohngebiete unter dem Vorurteil, als „Russenviertel“ abgestempelt worden zu sein.

Die Wertentwicklung der darin liegenden Immobilien bleibt weit hinter der üblichen zurück. Die Zeit heilt alle Wunden, sagt man, doch ganz abbauen werden sich solche Vorurteile im Immobilienmarkt erfahrungsgemäß nie.

Ein gravierender Fehler der letzten Jahre waren auch die negativen Auswüchse der eingeräumten Abschreibungsmöglichkeiten für Ostimmobilien. Neben dem beschleunigtem Wiederaufbau brachte dies aber auch eine nicht unerhebliche Fehlallokation mit sich, mit denen viele Städte in den neuen Bundesländern noch lange zu tun haben werden.

Aktuelle Marktanalyse

Der Bedarf an preisgünstigen, großen Eigenheimen, sowohl in Form von Real- als auch in Form von Teileigentum für Familien mit Kindern ist nach wie vor vorhanden. Ob der Markt und die Politik Möglichkeiten findet, auch Kapital für die Schaffung derartiger Mietobjekte bereitzustellen, ist fraglich. In Gebieten rund um Großstädte ist nach wie vor der Single-Haushalt ein Thema. Es ist aber auch hier festzustellen, dass der Single tendenziell auf eine größere Wohnung geht. Derzeit sind anziehende Mietpreise festzustellen, was auf einen allmählichen Abbau der Überproduktion der letzten Jahre schließen lässt. Noch ehe sich dieser Trend auf dem flachen Land und in Mittelstädten durchgesetzt hat, ist in den Großstädten wie München, Frankfurt und Stuttgart am Markt eher wieder fehlender Wohnraum festzustellen. Dies entspricht aber der allgemeinen Regel, dass die Erfahrungen in den Ballungsgebieten nicht, oder nur zeitversetzt und in abgeschwächter Form Anwendung für die übrigen Landesteile finden.

1.2 Motive für den Erwerb

Die Gebrauchtimmobilie, fester Bestandteil des Marktes

Der Immobilienmarkt wird zum Glück nicht nur durch die Neubautätigkeit bestimmt. Diese ist gewaltig zurückgegangen (Abb. 1).

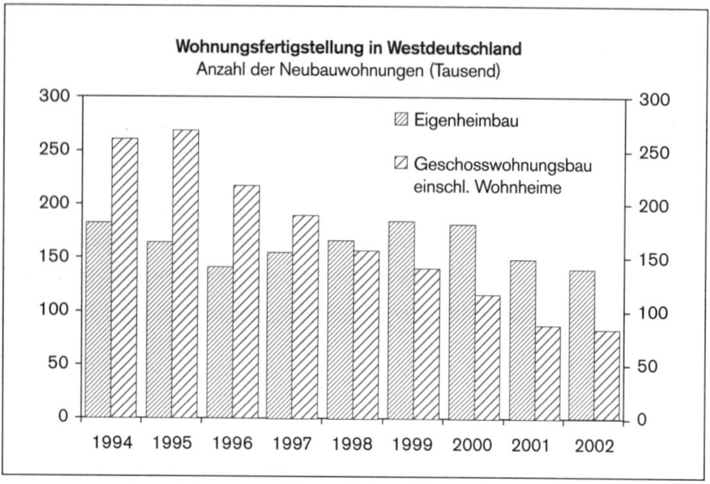

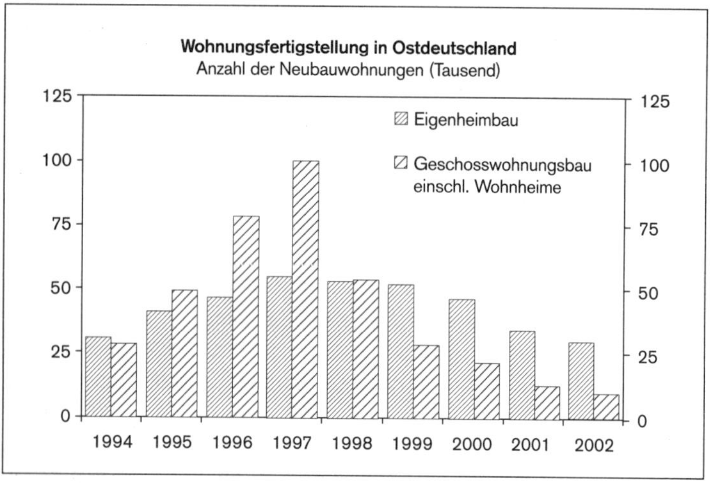

Abb. 1: Neubauwohnungen in den alten und neuen Bundesländern

Ein sehr großer wirtschaftlicher Faktor ist auch die Gebrauchtimmobilie.

1.2.1 Wirtschaftliche Motive

Preissituation

Der Hauptgrund, warum sich sehr viele Interessenten für eine gebrauchte Immobilie entscheiden, ist im niedrigeren Kaufpreis im Vergleich zu einem adäquaten Neubau zu suchen. Dies ist insbesondere interessant, wenn steuerliche Belange eine untergeordnete Rolle spielen. Bis zu einem Alter von 10 bis 15 Jahren ist die eigentliche Bausubstanz, setzt man eine mittlere Güte bei der Herstellung als gegeben voraus, in aller Regel in gutem Zustand. Die in dieser Zeit angefallenen Schönheitsreparaturen ermöglichen dem Erwerber die Einbringung von Eigenleistungen in Form von kleineren Renovierungsarbeiten. Hierbei kann, je nach handwerklicher Begabung, sehr viel Geld eingespart werden.

Standort und Infrastruktur

Ein weiterer wirtschaftlicher Vorteil kann sich allein aus dem Standort mit seiner gegebenen Infrastruktur ergeben. Neubaugebiete werden von Kommunen zwangsweise in noch unbebauten Randlagen erschlossen. Insbesondere bei neu entstehenden Siedlungen lässt die Infrastruktur oft noch zu wünschen übrig. Erst mit zunehmender Bewohnerzahl siedeln sich allmählich Dienstleistungsunternehmen an. Diese Ansiedlung hängt aber im Wesentlichen von der Regelung im bestehenden Bebauungsplan der Kommune ab. Die Entfernungen zur Arbeit, zur Schule, zum Kindergarten, zum Arzt, zu verschiedenen Freizeiteinrichtungen und zu Einkaufszentren spielen daher bei der Standortwahl eine große Rolle. Bei gebrauchten Wohneigenheimen in älteren Siedlungen ist diese Entwicklung der Infrastruktur meist abgeschlossen. Ein Käufer kann klar kalkulieren, wie teuer die Lebenshaltungskosten und insbesondere die Fahrtkosten künftig sein werden.

Bei vermieteten, speziell bei gewerblich vermieteten Objekten spielt dieser Infrastrukturvorteil eine noch wesentlichere Rolle.

Handel und Dienstleistungsgewerbe sind in hohem Maße kundenorientiert. Sie suchen belebte Lagen in den Zentren der Städte. Ein hoher Strom an Kunden garantiert vor allem im Einzelhandel gute Umsätze und Gewinne. In diesen erstklassigen Zentrumslagen, man spricht hier auch von „1a Lagen“, sind üblicherweise die Mieten mit deutlichem Abstand am höchsten. Insbesondere Kapitalanleger treten in diesen Lagen verstärkt als Käufer am Markt auf und fordern ohne Berücksichtigung der steuerlichen Belange Mietverzinsungen von durchschnittlich 6%.

Darüber hinaus ist in den letzten Jahren eine Stadtflucht, vor allem vom Lebensmitteleinzelhandel, in die peripheren Zonen festzustellen. Dort haben die Unternehmen genügend Parkplätze und stören niemanden bei der oft nächtlichen Andienung, was im innerstädtischen Bereich mit den Anwohnern zu oft zu erheblichen Problemen geführt hat. Unter diesem Kaufkraftabzug leiden auch die übrigen Branchen, was in mittelgroßen Städten teilweise schon zu bedenkenswerten Leerständen von Gewerbeflächen geführt hat.

1.2.2 Emotionale Motive

Die Liebe zum Altbau

Eine der seltensten und schönsten Begebenheiten im Leben ist die „Liebe auf den ersten Blick“. Diese Liebe gibt es auch zu Immobilien. Verschiedene Baustile, verschiedene Epochen, die Geschichte eines Gebäudes und vieles mehr kann zum Entschluss für eine gebrauchte Immobilie führen. Die Tatsache, dass ein Gebäude schon mehrere Jahrzehnte bewohnt war, verleiht diesem unweigerlich Leben. Ein Gebäude, das über Jahrhunderte hinweg Wind und Wetter getrotzt hat und geschichtliche Meilensteine als stiller Zeuge miterlebt und überlebt hat, kann seine eigene Geschichte erzählen. Interessenten und Kunden, die diese Geschichte eines Hauses fühlen, werden sich nie ein neues Haus kaufen. Nicht selten werden von solchen Käufern unzeitgemäße Ausstattungen in Kauf genommen.

Wohnen, wo die Prominenz logiert

In jeder Stadt finden sich Straßenzüge, die frei nach „Monopoly“ als „Schlossallee“ bezeichnet werden könnten. Adel, Geldadel und solche, die sich gerne dazuzählen, werden solche Lagen um jeden Preis bevorzugen. Da in diesen Nobelsiedlungen beinahe nie Baugrundstücke zu haben sind, führt der Weg zur Nobeladresse für diesen Personenkreis meist nur über eine Gebrauchtimmobilie. Steht im Grundbuch unter den Vorbesitzern eine honorige oder gar noch prominente Persönlichkeit, dann können die Preise in astronomische Höhen steigen.

Erbschaft und Schenkung

Aufgrund der demographischen Situation in der Bundesrepublik spielt die Erbschaft bei den gebrauchten Immobilien eine immer bedeutendere Rolle. Banken, Versicherungen und Kapitalanlagegesellschaften sprechen im Hinblick auf das Kundenpotential der nächsten Jahre von der Erbengeneration. Dies trifft auch für den Immobilienmarkt zu. Unsere Väter und Großväter haben mit großer finanzieller und oft auch körperlicher Anstrengung Häuser gebaut und Wohnungen geschaffen. Andere Immobilien wurden bereits mehrmals weitervererbt. Augenblicklich zählt die Generation zwischen 35 und 45 Jahren zu der Erbengeneration schlechthin. Noch nie stand soviel Kapital- und Immobilienvermögen bereit, um in den nächsten Jahren vererbt zu werden.

Nach einer Quelle der Deutschen Bundesbank werden in einem Zeitraum von 2000 bis 2010 insgesamt 1059,7 Mrd. € Geldvermögen, 1026,0 Mrd. € an Immobilienvermögen und 47 Mrd. € an Lebensversicherungen vererbt werden. Dabei ist anzumerken, dass sich die Werte für Geld- und Immobilienvermögen gegenüber den vorausgegangenen 10 Jahren beinahe verdoppelt haben. Die Erfahrung im Markt zeigt aber auch, dass der schwierigste Verhandlungspartner, von Lehrern einmal abgesehen, die Erbengemeinschaft ist. Bevor sich die Erbengemeinschaft untereinander nicht 100%-ig einig ist und mittels Vollmacht einen Sprecher/Testamentsvollstrecker ernannt hat, sind Verhandlungen in der Regel sinnlos. Selten wird man auch erleben, dass eine Erbengemeinschaft den wirtschaftlichen Wert der geerbten Immobilie halbwegs realistisch beurteilt. Wenn mal schon einmal geerbt hat, will man sich so teuer wie möglich verkaufen. Daher werden Interessenten nicht selten mit unrealistischen Kaufpreisforderungen und Vertragsmodalitäten konfrontiert.

Verkleinern im Alter

Ein Punkt mehr für einen zunehmenden Handel bei gebrauchten Immobilien resultiert aus Überlegungen zur Altersvorsorge von heute 50- bis 60-jährigen. Oft sind deren großzügige Wohnobjekte sehr arbeitsintensiv. Anfallende und notwendige Arbeiten, insbesondere Gartenpflege und die laufenden Instandhaltungen werden mit zunehmendem Alter nicht mehr bewältigt. Aus diesem Grund entschließen sich viele Eigentümer zu einer vorzeitigen Erbregelung oder gar zum Verkauf der Immobilie. Bei der vorzeitigen Vererbung oder Schenkung sind die Freigrenzen des Erbschaftsteuergesetzes zu beachten. Im Herbst 1995 hat das Bundesverfassungsgericht festgestellt, dass die Einheitswerte, die bei der Versteuerung von Immobilien zugrunde gelegt werden, verfassungswidrig sind und die Bundesregierung angehalten, eine Neuregelung zu schaffen. Diese Neuregelung sieht vor, dass bei mit Wohngebäuden bebauten Grundstücken das 12,5fache der Jahresmiete angesetzt wird. Hiervon kann pro Jahr ein Altersabschlag von 0,5%, maximal 25% abgezogen werden. Bei Wohngebäuden mit nicht mehr als zwei Wohnungen hat ein Zuschlag von 20% zu erfolgen. Liegt dieser Wert unter dem um 20% reduzierten Produkt aus Grundstücksfläche und amtlich festgestelltem Bodenrichtwert, so ist dieser Wert anzusetzen. In seiner Entscheidung vom 13. 8. 2002 hat der Bundesfinanzhof allerdings diese Regelung für verfassungswidrig erachtet. Ererbte Betriebe, unbebaute Grundstücke und Firmenanteile werden im Vergleich zu Kapitalvermögen deutlich zu niedrig besteuert, monierten die Richter in ihrer Urteilsbegründung. Nun ist abzuwarten, wie das Verfassungsgericht hierzu urteilt, denn in einem früheren Statement hatte dieses 1995 im Zusammenhang mit der Vermögensteuerdiskussion kleinere Vermögen steuerfrei vererben wollen. Diese Aussage überlebte in der politischen Diskussion als „Omas Häuschen muss erbschaftsteuerfrei bleiben". Ob das nun so bleiben wird, steht erneut auf dem Prüfstein.

Altenbetreutes Wohnen

Wer sich zur Verkleinerung entschlossen hat, wird in aller Regel wieder als Nachfrager für altersgerechten Wohnraum am Immobilienmarkt auftreten. Trotz der Immobilienkrise verzeichnete der Markt im Segment „altenbetreutes Wohnen" nie einen richtigen Einbruch. Dabei handelt es sich um rollstuhl- und/oder behindertengerechte Mehrfamilienhäuser und Wohnanlagen, die überwiegend von Wohlfahrtsgesellschaften betrieben werden. Dabei können die Bewohner, je nach Bedürftigkeit, verschiedene Pflegestufen gegen Bezahlung in Anspruch nehmen. Die Leistung des Betreibers besteht darin, dass er für die Bereitstellung der Pflegedienste sorgt. Derartige Neubauobjekte sind oft unverhältnismäßig teuer, werden aber dennoch gekauft, weil oft der Verkaufserlös einer größeren Immobilie dagegen steht. Da in der Vergangenheit nicht wenige in diesen Wohnanlagen die Vorstufe zum Altersheim sahen, war der Markt hier findig und hat alle möglichen Kombinationen „Jung und Alt", „Tagesbegegnungsstätten" etc. im Markt hervorgebracht. Einige dieser Anlagen laufen so gut, dass selbst der Zweithandmarkt, sprich die Wiederverkaufbarkeit bemerkenswert gut ist. Dies dürfte sich anhand der demographischen Struktur unseres Landes, in den nächsten Jahren auch nicht wesentlich ändern, denn der Anteil der Senioren an der Gesamtbevölkerung nimmt zu.

Alternative im Alter

Als Alternative zur betreuten Wohnanlage kann sowohl eine Neubauwohnung als auch eine gebrauchte Wohnung gelten. Die verschiedenen Anforderungen an die Wohnung lassen sich für diesen Personenkreis recht klar formulieren: kleine, ruhige Wohneinheit; großzügige, zweckmäßige Grundrissplanung; ggf. rollstuhlgerecht; möglichst Erdgeschoss, Hochparterre oder erstes Obergeschoss, andernfalls ist ein Personenaufzug erforderlich; kurze Wege ins Zentrum oder zu den nächsten öffentlichen Verkehrsmitteln.

1.3 Was ist ein Altbau?

1.3.1 Landläufige Meinung

Altbau = Gruselkabinett

Hört man auf die Meinung vieler Bürger, so hat man sich beim Altbau eine Art Horrorvision des Eigenheims vorzustellen. Jahrhunderte alt mit schiefen Wänden und Decken, feuchten Mauern, knarrenden Böden, veralteten Installationen und vieles mehr. Die Grenze bei dieser Betrachtungsweise ist fließend. Sie hängt im Wesentlichen von der individuellen Betrachtung ab.

Optisch einwandfrei: Neubau?

Ähnlich global ist die Einordnung von Neubauten für diejenigen, die sich mit dem Immobilienerwerb noch nicht näher befasst haben. Ein technisch und optisch einwandfreies Gebäude wird oft als Neubau bezeichnet. Dies ist grundsätzlich richtig. Es käme fast einer Majestätsbeleidigung gleich, ein drei Jahre altes Einfamilienhaus als Altbau zu bezeichnen.

Eine genaue Differenzierung dieser Begriffe finden wir im Einkommensteuergesetz. Dabei gibt das Finanzamt genau vor, was Neubau und was Altbau ist. Dies ist beim Erwerb für jeden Käufer vor allem hinsichtlich der zu erwartenden Steuervergünstigungen wichtig.

1.3.2 Steuerliche und wirtschaftliche Abgrenzung zum Neubau

Das Finanzamt gibt Aufschluss

Das Finanzamt geht zunächst von zwei verschiedenen Betrachtungsweisen aus. Es unterscheidet, ob eine Immobilie neu erstellt wird, oder ob eine Immobilie bereits hergestellt worden ist.

Zusätzlich unterscheidet das Finanzamt nach dem Zweck, zu welchem die Immobilie bzw. der Wohnraum angeschafft worden ist. Dabei wird unterschieden zwischen Eigennutzung oder Vermietung. Demnach gibt es folgende Kombinationen:

- neu erstellt und eigengenutzt,
- neu erstellt und vermietet,
- bereits vorhanden und eigengenutzt,
- bereits vorhanden und vermietet.

Die Herstellung neuen Wohnraumes soll, zumindest steuerlich, grundsätzlich stärker gefördert werden als der Erwerb von bereits vorhandenem Wohnraum.

Dies liegt daran, dass immer noch Wohnraum gebraucht wird. Für jede der oben angeführten Kombinationen gibt es derzeit Fristen, innerhalb denen das Finanzamt die Immobilie als Neubau anerkennt und eine erhöhte Abschreibung zulässt. Bis Ende 2003 wurde der Neubau im Bereich der Eigenheimzulage noch stärker gefördert.

Neu erstellt und eigengenutzt

Zweifelsfrei handelt es sich bei einem Gebäude, das vom Bauherrn für eigene Wohnzwecke selbst hergestellt wird, um einen Neubau im steuerlichen Sinne. Dies gilt ebenso für Wohnimmobilien, die direkt von einer Bauträgerfirma erworben worden sind. Wurde das Gebäude innerhalb von zwei Jahren nach dem Jahr des Erstbezuges erneut veräußert, so behandelte bis Ende 2003 das Finanzamt das Objekt des Käufers und künftigen Eigennutzers als Neubau. War der Zeitraum von zwei Jahren abgelaufen, wurde das Objekt als Altbau behandelt.

Beispiel: Ein im Januar 2001 fertiggestelltes und bezogenes Haus konnte spätestens zum 31. 12. 2003 noch als Neubau erworben werden.

Neu erstellt und vermietet

Analog der vorigen Darstellung handelt es sich bei eigener Herstellung oder beim Kauf einer durch eine Baufirma neu errichteten Wohnung um einen Neubau. Das Finanzamt gewährt die degressive Abschreibung für Neubauten, wenn ein Objekt selbst hergestellt oder noch im Jahr der Fertigstellung erworben wurde. Das bedeutet nicht zwangsweise, dass Erwerb und Fertigstellung in einem Kalenderjahr erfolgen müssen. Lediglich der Hersteller, meistens ein Bauunternehmen, darf während der Herstellungszeit keinerlei Abschreibungen vornehmen. Stellt ein Bauunternehmen in einem Objekt eine erhebliche Anzahl von Wohnungen her, betrachten die Finanzämter Wohnungen regelmäßig als Neubau, die innerhalb von zwei Jahren nach dem Bezug der ersten Wohnung erworben wurden. Liegen längere Zeiträume zwischen Fertigstellung und Bezug der ersten Wohnung und Verkauf der letzten Wohnung, ist es ratsam, sich vor dem Kauf beim Finanzamt über die zu erwartende Abschreibung zu erkundigen. Meistens handelt es sich um längere Bauzeiten, die aber vom Bauunternehmen und dem bauleitenden Architekten nachgewiesen werden können und von den Finanzämtern in der Regel auch anerkannt werden.

Es treten am Markt jedoch auch Fälle auf, in denen Neubauwohnungen über einen Zeitraum von mehreren Jahren leer gestanden haben. Diese Wohnungen finden beim Finanzamt nicht mehr die Anerkennung als Neubau, selbst wenn der Hersteller bisher keinerlei Abschreibungen vorgenommen hat.

Bereits vorhandener Wohnraum, eigengenutzt

Es handelt sich bei bestehendem Wohnraum bis auf eine Ausnahme immer um einen Altbau. Nach der vorausgegangenen Darstellung kann ein Gebäude bis zu zwei Jahre und 364 Tage alt sein, ohne dass es als Altbau eingestuft wird, sofern es in dieser an einen Eigennutzer weiterveräußert wird.

Bereits vorhandener Wohnraum, vermietet

Nachdem eine Wohnung vom Mieter bezogen ist, gilt sie für künftige Kapitalanleger generell als Altbau. Ausnahme: Ist eine Wohnung hergestellt und vom Mieter bezogen, kann ein künftiger Kapitalanleger die Wohnung auch dann als Neubau erwerben, wenn der Kauf der Wohnung im Kalenderjahr des Erstbezugs erfolgt und der Vorbesitzer keinerlei Abschreibungen vorgenommen hat. Andernfalls handelt es sich um einen Altbau im steuerlichen Sinne. Weiter gilt eine Wohnung als Altbau, wenn beim Bau einer größeren Anlage vom Zeitpunkt des Bezugs der ersten Wohnung zwei Jahre und mehr bis zum Verkauf weiterer Wohnungen derselben Anlage verstreichen (analog der vorigen Darstellung).

Auf die unterschiedlichen Abschreibungsformen und Abschreibungssätze wird in einem der folgenden Kapitel eingehend eingegangen.

Altbau und Neubau aus Sicht der Bank

Auch im Zusammenhang mit der Finanzierung eines Objektes durch ein Kreditinstitut hat das Alter eines Gebäudes Auswirkungen. Für die Absicherung von Darlehen, die ein Kreditinstitut im Zusammenhang mit dem Erwerb einer Immobilie gewährt, muss sie eine gründliche Prüfung und Bewertung durchführen. Je nach Alter des Gebäudes macht die Bank hier Abschläge für die technische Alterswertminderung, d.h., alles was älter als ein Jahr ist, wird nicht mehr als Neubau bewertet. Von dem durch die Bank errechneten Zeitwert werden durch prozentuale Abschläge Beleihungswert und Beleihungsgrenze festgelegt. Übersteigt der vom Kreditnehmer benötigte Darlehensbetrag den Beleihungswert, so ist die Bank berechtigt, einen Zinsaufschlag zu verlangen. So können sich unterschiedliche Darlehenszinssätze für Neubauten und Altbauten ergeben.

1.3.3 Sanierungsobjekt

Sanierungsobjekt: Altbau?

Neben Altbau und Neubau trägt der Begriff Sanierungsobjekt zusätzlich zur Verwirrung bei. Oft wird darunter ein Objekt verstanden, bei dem der Renovierungsaufwand ein gewisses Volumen überschritten hat. Grundsätzlich hat ein Sanierungsobjekt auch etwas mit Renovieren zu tun. Allerdings müssen einige Rahmenbedingungen gegeben sein. Es handelt sich bei Sanierungsobjekten im steuerlichen Sinne um Altbauten. Einen Hinweis findet man im Steuerrecht, weitere im Baugesetzbuch.

Die Stadt weist ein Sanierungsgebiet aus

Städte und Kommunen stellen in regelmäßigen Abständen Bebauungspläne und Flächennutzungspläne auf. Zumeist betrifft die Aufstellung eines neuen Bebauungsplanes ein überwiegend unbebautes Grundstück, das nach den neuesten technischen und verkehrspolitischen Erkenntnissen erschlossen und bebaut werden soll. Entspricht ein Teil der übrigen städtebaulichen Substanz, hauptsächlich Kernstädte, nicht mehr den aktuellen städteplanerischen Anforderungen, nehmen Städte und Kommunen mit einer bei den Investoren sehr beliebten Anlageform Einfluss auf die weitere Entwicklung der bereits bebauten Quartiere, indem sie ein Sanierungsgebiet oder ein städtebauliches Entwicklungsgebiet festlegen.

Ökologische Ziele: Mit der Ausweisung eines städtebaulichen Entwicklungsgebietes beabsichtigt die Kommune, die Bautätigkeit in den sogenannten Innenbereich zu zentralisieren. Damit wird der Verbrauch von freiem, noch unbebautem Land eingedämmt.

Wirtschaftlich-strukturelle Ziele: Auch ökonomische Ziele werden verfolgt. Die Städte sind in hohem Maße über die Gewerbesteuer abhängig von Handel und Dienstleistung. Mit gezielten Einzelmaßnahmen kann der Handel in den Städten gefördert werden. Durch öffentliche Verkehrswege, Schaffung von Parkmöglichkeiten und ähnlichen Maßnahmen kann die Kommune den für sie lebenswichtigen Handel gegenüber großen Verbrauchermärkten auf der grünen Wiese stärken.

Beschäftigungspolitische Ziele: Die Kommune verfolgt gleichzeitig auch das Ziel, in den Städten Arbeitsplätze zu schaffen und auf lange Sicht zu erhalten. Das Vorhandensein von Arbeitsplätzen in den Städten ist letztlich mit ausschlaggebend für die Höhe der regionalen Arbeitslosigkeit und die damit ggf. einhergehenden sozialen Problemstellungen.

Weitere Ziele und Maßnahmen

Weitere Gründe, weshalb eine Sanierungsmaßnahme durchgeführt wird, sind z. B. erforderliche, überregionale Verkehrsführungen, Schaffung von Fußgängerzonen, Einbringung neuer Versorgungsleitungen, Erhöhung des Brandschutzes speziell bei aneinandergebauten Gebäuden und Denkmalpflege. Damit verbunden ist die Erhaltung eines historischen Stadtbildes, Verbesserung der Zugänglichkeit von Grundstücken, effizientere bauliche Ausnutzung von Grundstücken, Verbesserung der Belichtung bestehender Wohnungen und Arbeitsstätten usw.

Auswirkung für die Betroffenen nach EStG

Bei einer Sanierungsmaßnahme im Zusammenhang mit der Ausweisung eines förmlichen Sanierungsgebietes durch die Kommune erhalten Eigentümer und/oder Erwerber eine Sonderabschreibung für Modernisierungs- und Instandsetzungsmaßnahmen an Gebäuden in Höhe von derzeit 9% in den ersten acht Jahren, dann noch 7% in vier Jahren der Maßnahmen. Parallel hierzu kann die Kommune Sanierungszuschüsse gewähren. Bei vermieteten wohnwirtschaftlich genutzten Objekten können diese Sanierungszuschüsse allerdings an Höchstmietpreise (die Mietpreise des sozialen Wohnungsbaus) gebunden sein.

Gesetzliche Vorschriften

Die gesetzlichen Vorschriften städtebaulicher Entwicklungspläne haben ihren Ursprung im Städtebauförderungsgesetz von 1971, das zwischenzeitlich aufgehoben ist. Das Baugesetzbuch beinhaltet im Wesentlichen die Rechtsvorschriften für eine städtebauliche Sanierungsmaßnahme. Grundsätzlich sollen alle Beteiligten, das heißt sämtliche Mieter, Pächter und Eigentümer im Rahmen des Möglichen durch die Gemeinde oder ihre Beauftragten in den Gesamtprozess mit eingebunden werden. Diese Beteiligung soll helfen, allen Betroffenen möglichst optimal die Wahrung ihrer Rechtsposition zu bieten.

Strenge baurechtliche Vorschriften

Innerhalb eines Sanierungsgebietes sind auch die gestalterischen Spielräume, insbesondere an der Außenhaut des Gebäudes sehr eingeschränkt. Die Vorschriften können von der Dachform über die Gebäudehöhe, die Anzahl und die Größe der Fenster, die Art und Güte der verwendeten Materialien, bis hin zur Farbe des Außenanstriches reichen. Investoren und Kaufinteressenten von Objekten, die sich in Sanierungsgebieten befinden, sollten, bevor sie irgendwelche Entscheidungen treffen, unbedingt ein Gespräch mit dem von der Stadt oder Gemeinde eingesetzten Sanierungsbeauftragten führen. Beim Sanierungsbeauftragten handelt es sich um den verantwortlichen Architekten, der im Auftrag der Stadt oder Gemeinde das ausgearbeitete Sanierungskonzept realisiert. Er ist Ansprechpartner für sämtliche Investoren und Eigentümer innerhalb eines Sanierungsgebietes, die selbst oder gemeinsam mit ihren Architekten Umbaumaßnahmen vornehmen möchten.

Kauf nicht ohne Zustimmung der Stadt

Käufer und Verkäufer eines Sanierungsobjektes müssen gleichermaßen beachten, dass die Kommune zu jedem Kaufvertrag ihre Zustimmung erteilen muss. Dabei ist der Kaufpreis nicht frei bestimmbar. Die Kommune muss Ihre Zustimmung zum Vertrag und insbesondere zur Höhe des Kaufpreises erteilen. Die Kommunen wollen damit Preistreibereien von Spekulanten entgegenwirken.

Basis für den Kaufvertrag bildet ein meist vom Gutachterausschuss erstelltes Wertgutachten, das bei einem Verkauf maximal um ca. 20% überschritten werden kann, ohne dass die Stadt/ Kommune ihre Genehmigung verweigert.

Wie erkennt man ein Sanierungsgebiet?

Neben den ständigen Veröffentlichungen im Amtsanzeiger der lokalen Presse sowie den öffentlichen Auslegungen in den Rathäusern kann der Unerfahrene an einem weiteren Merkmal ein Sanierungsobjekt sicher erkennen: Ein Blick ins Grundbuch genügt. In der 2. Abteilung muss ein sogenannter Sanierungsvermerk der Stadt bzw. der Gemeinde eingetragen sein (Abb. 2). Ist an einem Gebäude die Sanierung durchgeführt, wird dieser Eintrag wieder gelöscht, und über das Gebäude kann wieder frei verfügt werden.

Bedeutung im Markt

Sanierungsobjekte in attraktiven Städten sind trotz verhältnismäßig strenger Regularien bei Investoren sehr beliebt. Entscheidende Gründe sind die von den Finanzämtern gewährten hohen Gebäudeabschreibungen, mögliche Zuschüsse durch die Kommune und die allgemein nach der Sanierung zu erwartende Wertsteigerung. Zwangsläufig werden innerhalb weniger Jahre die über-

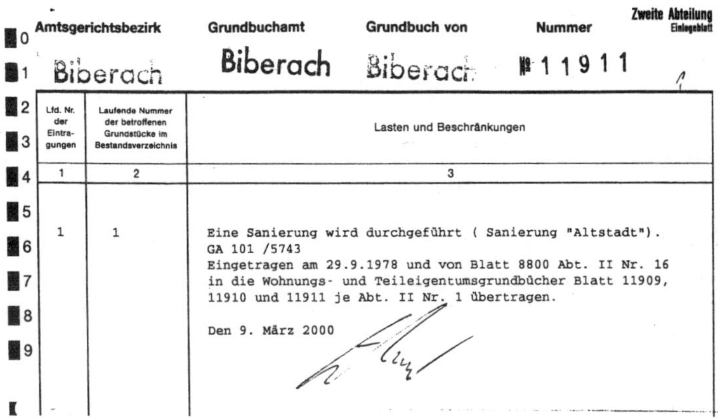

Amtsgerichtsbezirk	Grundbuchamt	Grundbuch von	Nummer	Zweite Abteilung Einlegeblatt
Biberach	Biberach	Biberach	11911	

Lfd. Nr. der Eintragungen	Laufende Nummer der betroffenen Grundstücke im Bestandsverzeichnis	Lasten und Beschränkungen
1	2	3
1	1	Eine Sanierung wird durchgeführt (Sanierung "Altstadt"). GA 101 /5743 Eingetragen am 29.9.1978 und von Blatt 8800 Abt. II Nr. 16 in die Wohnungs- und Teileigentumsgrundbücher Blatt 11909, 11910 und 11911 je Abt. II Nr. 1 übertragen. Den 9. März 2000

Abb. 2: Sanierungsvermerk im Grundbuch

wiegende Zahl der Gebäude, die in einem von der Stadt ausgewiesenen Sanierungsgebiet liegen, renoviert werden. Dadurch erhält dieses Quartier unweigerlich ein neues, frisches Gesicht, das wesentlich attraktiver ist als vor der Sanierungsmaßnahme.

Erschließungsbeitrag, die Stadt saniert mit

Beim normalen Verfahren behält für die Dauer der Sanierung der Grundstückseigentümer sein Grundstück. Stadt oder Gemeinde führen ihrerseits die erforderlichen Sanierungsmaßnahmen durch. Öffentliche Ver- und Entsorgungsleitungen werden erneuert, Straßen und Fußgängerwege erhalten neue Oberbeläge, verkehrsberuhigte Zonen werden angelegt usw. Die Stadt fordert ihrerseits für diese Maßnahmen von den Anliegern einen Ausgleichsbetrag. Die Höhe dieses Erschließungsbeitrages richtet sich nach der Wertsteigerung, die ein Objekt durch die städtischen Maßnahmen voraussichtlich erfahren wird. Er errechnet sich aus der Differenz des Bodenwertes, der sich ergeben würde, wenn eine Sanierung weder geplant noch realisiert worden wäre, und dem Bodenwert, der sich nach Beendigung der vollständig durchgeführten Sanierungsmaßnahme für das Grundstück ergibt.

Begriff Sanierungsobjekt

Der Fachjargon hat für diese Art von Gebäuden den Begriff „Sanierungsobjekt“ geprägt. Diese Sanierungsobjekte weisen auf Grund der steuerlichen Vorteile regelmäßig eine gute Rendite auf. Dennoch ist bei dem Begriff Vorsicht geboten.

Einige schwarze Schafe am Markt bieten unter diesem Begriff Wohnungen an, die im Jahr des Erwerbs über abenteuerliche Konstruktionen einen hohen Anteil an Werbungskosten im Sinne von Vorkosten ausweisen. In den Folgejahren fehlt es diesen Wohnungen jedoch an der erhöhten Abschreibung. Wer hier sorglos eine Wohnung anschafft, kann ein böses Erwachen erleben.

Analog der städtebaulichen Sanierung verhält es sich auch mit Kulturdenkmalen. Zuständiger Ansprechpartner sind dabei einerseits die Sanierungsstellen der Städte am entsprechenden Standort, aber vorwiegend das jeweils zuständige Landesdenkmalamt.

1.4 Nutzungsarten

1.4.1 Kapitalanlage

Der Finanzmarkt kennt die unterschiedlichsten Formen, Geld anzulegen. Hierfür stehen jede Menge Dienstleister aus der Finanzbranche mit ihren verschiedenen Produkten zur Verfügung. Jeder Anleger ist bestrebt, sein Kapital zu sichern und zu vermehren, weshalb er innerhalb dieser Anlageformen nach verschiedenen für ihn wichtigen Kriterien abwägt. Die Kriterien, nach denen jede Form der Kapitalanlage beurteilt wird, sind u.a. Laufzeit, Ertrag, Risiko, Mindesteinsatz, Verfügbarkeit und Besteuerung.

Der Klassiker am Markt

Der Klassiker bei der Anlage von Vermögen in Immobilien ist der Kauf von Neubauimmobilien zur Vermietung. Dabei wird ein verhältnismäßig großer Teil der Anlage über Darlehen finanziert. Die Darlehenszinsen gelten als Werbungskosten und sind steuerlich abzugsfähig. Gemäß den oben genannten Kriterien lässt sich diese sehr beliebte Form der Anlage wie folgt einordnen:

Die Laufzeit: Die Laufzeit einer Immobilienkapitalanlage bestimmt sich im Wesentlichen aus der Abschreibungssituation. Nachdem bei wohnwirtschaftlich genutzten Immobilien nach ca. acht Jahren eine spürbare Reduzierung der gewährten Steuervorteile einsetzt, wurde vielfach zu diesem Zeitpunkt die Wohnung wieder abgestoßen. Nachdem sich zwischenzeitlich die Spekulationssperrfrist von zwei auf zehn Jahre erhöht hat, muss dies beim möglichen Verkauf mitberücksichtigt werden. Mitbestimmend für die Veräußerung ist auch die Finanzierungssituation. Dabei kann der Ablauf eines Festdarlehens den Zeitpunkt des Verkaufs mitbestimmen. Auch kann ein anstehender Mieterwechsel Anlass zum Verkauf sein. Eine entscheidende Rolle spielt dabei immer die aktuelle Situation am Immobilienmarkt. Der Anleger, der genügend Durchhaltevermögen besitzt, wird immer versuchen, eine möglichst gute Marktphase für den Verkauf seiner Immobilie zu erwischen. Grundsätzlich kann festgehalten werden, dass der Anleger die Laufzeit seiner Anlage selbst bestimmt. Unter Hinzuziehung der näheren Umstände wie Mietsituation, Finanzierungssituation und Marktsituation trifft er die Entscheidung über den Verkauf und damit über die Laufzeit selbst.

Ertrag: Bei der Immobilienkapitalanlage spielen mehrere Dinge für die Errechnung der genauen Rendite eine Rolle. Zum einen stehen die laufenden Kosten aus der Finanzierung den monatlichen Mieterträgen gegenüber. Zu den monatlichen Mieterträgen addiert sich der Steuervorteil, der entweder durch Eintrag auf der Lohnsteuerkarte als Vorwegabzug monatlich gewährt wird oder über den Jahressteuerausgleich dem Anleger zufließt. Letztlich abgerechnet werden kann eine Immobilienkapitalanlage erst, nachdem sie verkauft wurde. Der Anleger erwartet dabei eine Wertsteigerung der Immobilie. Bei der zurückblickenden Marktbetrachtung kann festgestellt werden, dass sich der Wert einer Immobilie in ca. 20 Jahren verdoppelt hat. Daraus lässt sich allerdings nicht ableiten, dass die jährliche Wertsteigerung 5% beträgt. Die Wertsteigerung hängt von der Laufzeit der Anlage und den

Schwankungen am Immobilienmarkt ab. Ein Verkauf vor Ablauf von 10 Jahren sollte vermieden werden, da die Sperrfrist für Spekulationsgeschäfte bei Immobilien 10 Jahre beträgt. Für Eigennutzer findet die Sperrfrist keine Anwendung, setzt aber voraus, dass die ganze Immobilie für mehr als drei Jahre ausschließlich wohnwirtschaftlich genutzt wurde. Die Geltendmachung eines Arbeitszimmers während dieser Zeit führt zu einer isolierten Betrachtung dieses Bauteiles.

Beispiel:

Kaufpreis für 80 m^2	200 000 €	
Eigenkapital	70 000 €	
Fremdkapital	130 000 €	
Jährliche Liquidität		
Zinsen 7% p.a. aus 130 000 €		9100 €
Mietertrag p.a.		7800 €
Steuervorteil (50% Steuersatz)		4650 €
Überschuss		3350 €
(Aus dem Überschuss werden noch Tilgungsbeträge bezahlt)		
Errechnung der Renditen		
Rendite bezogen auf Kaufpreis		3350/200 000 = 1,68%
Rendite bezogen auf Eigenkapital		3350/70 000 = 4,79%

Errechnung des Steuervorteils	
Zinsen	9 100 €
Abschreibung	8 000 €
Miete	./. 7 800 €
Negatives Einkommen	9 300 €
Annahme Verkauf nach 2 Jahren für	210 000 €
Rendite bezogen auf Kaufpreis	3 350 €
jährliche Wertsteigerung	5 000 €
	8 350/200 000 = 4,18%
Rendite bezogen auf Eigenkapital	3350
jährliche Wertsteigerung	5000
	8 350/70 000 = 11,93%

Nicht berücksichtigt wurden bei der Darstellung die auf die Spekulationsteuer entfallenden Kosten.

Risiko: Trotz der guten Renditeaussichten sind bei der Anlage in Immobilien einige Risiken zu beachten. Aus dem langfristigen Rückblick, wie sich die Immobilienpreise entwickelt haben, darf keine garantierte Wertsteigerung abgeleitet werden. Der Markt unterliegt Schwankungen. Ein weiterer Faktor ist der Mieter: Solange der Mieter regelmäßig seinen Mietzins begleicht, funktioniert die Rechnung. Ein Kapitalanleger sollte aber in jedem Fall während der Laufzeit der Anlage einen vorübergehenden Mietausfall verkraften können. Eine Kapitalanlage in Immobilien ist letztlich so gut wie Ihr Mieter.

Auch besteht bei Gebäuden das Risiko von Elementarschäden. Hierfür bestehen allerdings Versicherungen, deren Kosten auf den Mieter umgelegt werden können. Ein möglicher eintretender Schadensfall ist trotzdem immer unangenehm, wenn er auch nicht unbedingt finanzielle Nachteile mit sich bringt.

Mindesteinsatz: Wie oben in der Beispielrechnung gesehen, beinhaltet diese Anlageform eine Hebelwirkung. Mit wenig Eigenkapital kann in Verbindung mit einer Finanzierung ein verhältnismäßig großes Kaufpreisvolumen bewegt werden. Ein Mindesteigenkapitalanteil von 15–20% sollte nach Möglichkeit vorhanden sein, wenngleich einige Finanzierer in den vergangenen Jahren sogenannte 100%-Finanzierungen oder höher vorgenommen haben. Je nach Region gibt es 1-Zimmer-Wohnungen ab ca. 60 000 €, so dass diese Art von Kapitalanlage auch für den mittleren Einkommensbezieher eine Anlagemöglichkeit ist.

Verfügbarkeit: Im Grunde ist die Anlage zu jeder Zeit verfügbar. Allerdings muss man einen Zeitraum für den Verkauf der Immobilie in Kauf nehmen. Nach der Statistik eines großen deutschen Maklerverbandes lagen die Vermarktungszeiten von gebrauchten Immobilien zwischen 3 und 6 Monaten. Das setzt allerdings voraus, dass die Immobilie zu einem marktüblichen Preis angeboten wird.

Besteuerung: Neben der Abschreibung, der ein gesondertes Kapitel gewidmet ist, gilt es folgendes zu beachten: Die Spekulationssperrfrist für Immobilien beträgt zehn Jahre. Wird eine Immobilie innerhalb von zehn Jahren nach dem Erwerb wieder verkauft, so fällt für den Mehrerlös eine Spekulationsteuer an.

Eine wichtige Größe für Mehrfachverkäufer ist die Drei-Objekt-Grenze. Der Verkauf von mehr als drei Objekten innerhalb von fünf Jahren, gilt vor dem Finanzamt als gewerblicher Immobilienhandel. In einem jüngsten Urteil konnte die bisherige Praxis der Finanzämter höchst richterlich durchbrochen werden. Nicht unter diese Grenze fallen geerbte Immobilien und Immobilien, die eigengenutzt wurden. Dabei sollen künftig Mehrfamilienhäuser als ein Objekt zählen. Eine Bestätigung des Urteils steht allerdings noch aus.

Die Finanzierungsvariante

Neben der klassischen Immobilienkapitalanlage, die größtenteils über ein Annuitätendarlehen finanziert wird, findet sich am Markt auch eine weitere Finanzierungsform: die Finanzierung in Verbindung mit einer Lebensversicherung. Anstatt einer normalerweise 1%igen Tilgung eines Darlehens wird auf die Tilgung verzichtet und eine Kapitallebensversicherung abgeschlossen. Die Versicherungssumme wird so gewählt, dass die Rückerstattung mit den Überschussanteilen das bestehende Darlehen am Ende der Versicherungslaufzeit tilgen. Hierdurch werden während der gesamten Laufzeit der Finanzierung Zinsaufkommen und damit verbunden die Werbungskosten hoch gehalten, um den Steuervorteil zu optimieren. Diese Finanzierungsform macht für den Personenkreis Sinn, der einen extrem hohen Spitzensteuersatz vorweisen kann. Sie enthält aber auch ein nicht zu unterschätzendes Risiko. Da keine laufende Regeltilgung erfolgt, hat der Anleger über die gesamte Laufzeit der Finanzierung die ursprüngliche Darlehenssumme zu verzinsen. Da die Festschreibung der Darlehen regelmäßig deutlich unter der Laufzeit der Kapitallebensversicherung liegt, muss der Anleger während der Laufzeit der Versicherung mehrmals seine Darlehenskonditionen neu verhandeln. Dabei kann sich durch Zinsschwankungen am Markt der Kapitaldienst stark verändern.

Bei einem Verkauf der Wohnung vor Fälligkeit der Lebensversicherung haben Anleger zwar die Möglichkeit, Darlehen vorzeitig mit dem erlösten Kaufpreis zu tilgen, doch die Lebensversicherung besteht weiterhin. Diese Art der Finanzierung muss zum einen von der steuerlichen Seite, zum anderen von der beabsichtigten Gesamtlaufzeit der Immobilienanlage individuell auf den Anleger abgestimmt sein.

Der Immobilienfonds

Wer sich vor der Anlage in eine Direktimmobilie scheut, der hat die Möglichkeit, einen Anteil einer Immobilienfondsgesellschaft zu erwerben. Dabei unterscheidet man zwischen offenen und geschlossenen Fonds.

Offener Fonds: Dabei handelt es sich um eine Investmentgesellschaft, deren Sondervermögen aus bebauten und unbebauten Grundstücken sowie Erbbaurechten besteht. Dieses Sondervermögen ist statutarisch im Umfang nicht begrenzt, so dass laufend neue Anteile ausgegeben werden können. Der Wert dieses Sondervermögens wird einmal jährlich von unabhängigen Sachverständigen festgestellt, dem auch Mitglieder der Bundesanstalt für Finanzdienstleistungsaufsicht (BaFin) angehören müssen. Jedermann kann Anteile erwerben. Es wird börsentäglich ein Preis für die Anteile festgesetzt, für die Fondsgesellschaft besteht eine Rücknahmeverpflichtung zum Rücknahmepreis. Eine Rendite ergibt sich durch die jährlichen Ausschüttungen sowie durch einen möglichen Kursgewinn beim Verkauf. Direkte Abschreibungen können nicht vorgenommen werden. Eine direkte Einflussnahme auf die Geschäftspolitik der Gesellschaft ist nicht möglich.

Geschlossener Fonds: Hier betreibt entweder eine Bruchteilsgemeinschaft oder eine Personengesellschaft die Geschäfte der Fondsgesellschaft. Im ersten Fall erwirbt der Anleger einen Bruchteil am gesamten Immobilienvermögen der Gesellschaft und besitzt somit alle steuerlichen Rechte und Pflichten eines direkten Immobilienbesitzes, im zweiten Fall erhält der Anleger Gesellschaftsrechte an einer Personengesellschaft. Die verschiedenen Gesellschaftsformen weisen unterschiedliche Haftungsformen im Falle von Verlusten der Fondsgesellschaft auf. Sie unterscheiden sich steuerlich aber nicht von der Bruchteilsgemeinschaft, sieht man von der Beschränkung des Verlustabzuges beim Kommanditisten einmal ab.

1.4.2 Eigennutzung

Auf den ersten Blick ist offensichtlich, dass Wohnungen, die nicht zum Zweck der Vermietung erworben worden sind, der Eigennutzung dienen. Das Einkommensteuergesetz bietet weitere Indizien für die Definition Eigennutzung: Das Wohneigenheim muss sich im Inland befinden, d.h. innerhalb der heutigen Grenzen der Bundesrepublik Deutschland, und vom Eigentümer zu seinen eigenen Wohnzwecken benutzt werden. Das heißt allerdings nicht, dass er das gesamte Eigenheim selbst bewohnen muss. Eine teilweise unentgeltliche Überlassung von Wohnraum, allerdings nur zu Wohnzwecken, ist erlaubt. Dabei ist insbesondere die mietfreie Überlassung von Wohnraum an Familienangehörige gemeint. Nicht als eigengenutzter Wohnraum gelten Wochenendhäuser und Ferienwohnungen. Bei diesen Immobilien liegt kein steuerlich abschreibungsfähiger Eigennutz vor. Es fehlt an der Dauerhaftigkeit des beabsichtigten Wohnzweckes.

1.4.3 Wohnwirtschaftliche Nutzung

Entscheidende Antwort auf die Frage der Nutzungsmöglichkeit einer Immobilie findet man in der Baugenehmigung. Sie gibt regelmäßig Aufschluss über die erlaubte Nutzung. Darüber hinaus geben Bebauungspläne, Flächennutzungspläne usw. Auskunft über die Nutzungsart von Gebäuden innerhalb ihres Geltungsbereiches. Wohnwirtschaftliche Nutzung heißt: Eigentümer oder Mieter nutzen eine Immobilie zu Wohnzwecken. Wohnungs- und Hauskäufer sollten vor dem Kauf darauf achten, dass sich die in Frage kommenden Immobilien, die zu Wohnzwecken dienen sollen, in Wohngebieten, allenfalls in Mischgebieten befinden. Regelmäßig gehen von anderen Nutzungsarten Störungen aus, die den Wohnwert einer Immobilie negativ beeinflussen können. Eine wohnwirtschaftliche Nutzung eines Gebäudes schließt allerdings den Betrieb eines stillen Gewerbes in den Wohnräumen nicht aus.

Unter stillem Gewerbe versteht man selbstständige Tätigkeiten, die im Wesentlichen in den Wohnräumen durchgeführt werden. Bei Wohnanlagen ist darauf zu achten, dass die Eigentümergemeinschaft durch die Gewerbetätigkeit nicht gestört wird. Die Eigentümergemeinschaften besitzen Instrumentarien, um eine störende gewerbliche Tätigkeit zu unterbinden.

1.4.4 Gewerbliche Nutzung

Gewerbliche Nutzung eines Gebäudes liegt vor, wenn Eigentümer oder Mieter in den Räumen einen Gewerbebetrieb eingerichtet haben. Dabei kann es sich sowohl um Handels- oder Dienstleistungsunternehmen als auch um Produktionsbetriebe handeln. Diese Gebäude unterliegen in der Regel einer stärkeren Abnutzung als wohnwirtschaftlich genutzte Gebäude. Neben den baurechtlichen Genehmigungen bedarf es oft noch weiterer Genehmigungen und Konzessionen, die bei der jeweiligen Kommune einzuholen sind. Für Käufer von Gewerbeimmobilien besteht die Möglichkeit, dass sie die im Kaufpreis enthaltene Mehrwertsteuer vom Finanzamt als Vorsteuer in einer Summe zurückerstattet bekommen. Im Gegenzug verpflichtet sich der Anleger, auf den Mietpreis eine Mehrwertsteuer zu erheben und an das Finanzamt abzuführen. Diese Möglichkeit der so genannter Mehrwertsteueroption besteht für Anleger in gewerblich genutzten Immobilien. Die Option kann, muss aber nicht ausgeübt werden.

1.4.5 Spekulativer Erwerb

Beim Spekulationsgeschäft ist die einzige Absicht des Käufers, möglichst preisgünstig eine Immobilie zu erwerben und diese so gewinnbringend wie möglich wieder zu verkaufen. Hierbei ist die Spekulationsfrist für Immobilien in Höhe von zehn Jahren zu beachten. Die größten Gewinne werden dabei erzielt, wenn unbebaute Flächen zu Grünlandpreisen mit der Absicht erworben werden, diese zu einem späteren Zeitpunkt als Bauland veräußern zu können.

Aufteilungspraktiken

In der Vergangenheit war der Erwerb von großen Mietshäusern ein beliebtes Spekulationsgeschäft. Die Mietshäuser wurden aufgeteilt in Wohnungseigentum und Teileigentum. Ein separater Verkauf der so entstandenen Eigentumswohnungen brachte deutlich mehr ein als der Einstandspreis für das Mietshaus. Zeitweilig hat der Staat versucht, mit verschärften Vorschriften bei den hierzu erforderlichen Genehmigungen hinsichtlich der Bauausführung und Bauqualität diese Aufteilungspraktiken einzudämmen. Zwischenzeitlich werden an die Bauqualität keine besonderen Anforderungen gestellt, so dass das Aufteilen eines Mietshauses derzeit relativ problemlos erfolgen kann. Die Beantragung einer Abgeschlossenheitsbescheinigung bei der zuständigen Baugenehmigungsbehörde genügt in der Regel, um die Teilung in Wohnungs- und Teileigentum beim Grundbuchamt zu beantragen. Für sämtliche Mietverhältnisse erhöht sich nach Teilung die Kündigungsfrist um 5 Jahre.

1.5 Formen des Erwerbs

1.5.1 Schenkung und Erbschaft

Wie eingangs berichtet, wird in den nächsten Jahren das Vermögen der Aufbaugeneration vererbt. In einem Turnus von 10 Jahren kann an die Kinder der jeweilige Freibetrag von jedem Elternteil erbschaftsteuerfrei verschenkt werden. Wird eine Immobilie übertragen, so wird diese nach aktueller Gesetzgebung nicht nach dem reinen Verkehrswert, sondern mit dem eingangs beschriebenen Verfahren bemessen. Dieser Wert, den die Finanzämter für Schenkung- und Erbschaftssteuer zugrunde legen, beträgt nur einen Bruchteil des Verkehrswertes.

1.5.2 Kauf

Die häufigste aller Erwerbsformen von Immobilien ist der Kauf. Ein Kaufvertrag über Immobilien kommt zustande, indem sich Käufer und Verkäufer einigen. Allerdings unterliegt ein Grundstückskaufvertrag einigen Formvorschriften. So muss der Kaufvertrag, um Gültigkeit zu erlangen, in Schriftform erfolgen und von einem Notar beurkundet werden. Die im Kaufvertrag geschlossenen Vereinbarungen zwischen Käufer und Verkäufer sind Verpflichtungen, die beide Parteien bindend eingegangen sind. Der Übergang des Eigentums erfolgt meistens nicht sofort, sondern zu einem späteren Zeitpunkt. Um zu verhindern, dass weitere Verfügungen über das Grundstück getroffen werden, kann zum Schutz des Käufers eine so genannte Auflassungsvormerkung beim Kaufvertrag ins Grundbuch eingetragen werden. Sind alle Verpflichtungen erfolgt, wird der Notar die förmliche Übereignung vornehmen, diese heißt Auflassung.

1.5.3 Leibrente

Überwiegend verbreitet im landwirtschaftlichen Immobilienhandel ist der Kauf auf Renten- bzw. Leibrentenbasis. Dabei wird auf die Zahlung des Kaufpreises oder eines Teils des Kaufpreises verzichtet. Der Veräußerer erhält anstelle des Kaufpreises eine lebenslange Rentenzahlung. Diese ist durch Eintragung als persönliche Dienstbarkeit ins Grundbuch gesichert. In der Landwirtschaft steht die Leibrente oft in Verbindung mit der Betriebsübergabe. Der Fortbestand des Betriebes sowie der Lebensunterhalt der Altbauern haben vorrangige Bedeutung. Am Markt für Wohneigenheime hat die Leibrente kaum eine Bedeutung.

1.5.4 Erbbaurecht

Adel, Kirche und Staat halten in der Bundesrepublik sehr viel Land im Eigentum. Mehr und mehr sind diese Institutionen dazu übergegangen, ihr Land zur Bebauung zur Verfügung zu stellen. Anstelle des Erwerbs eines Grundstückes erhält ein Investor das Recht, auf fremdem Grundstück ein Gebäude zu errichten. Dieses Recht wird mit einem Erbbauvertrag fixiert, dessen Laufzeit meist 99 Jahre beträgt. Der Verpächter erhält hierfür eine regelmäßige Zahlung, den sogenannten Erbbauzins oder kurz die Erbpacht. Durch diese Konstellation spart sich ein Bauherr die Grundstückskosten, was in Zeiten hoher Baukosten sehr hilfreich ist.

Ein Käufer einer gebrauchten Immobilie, die auf Erbpachtbasis errichtet wurde, muss im Vergleich zu Immobilien im Realeigentum diesen Preisunterschied berücksichtigen und sich in jedem Fall über die Pachtverhältnisse Klarheit verschaffen.

2. Beurteilung von Bestand und Kosten

2.1 Substanz, Grund und Boden

2.1.1 Grundstück

Größe

Beim Erwerb von Wohnhäusern ist der Grund und Boden, auf dem es errichtet wurde, ein wesentlich preisbestimmender Faktor. Der Preis richtet sich vor allem nach der Grundstücksgröße. Vor ca. 20 Jahren, als Bauland noch verhältnismäßig preisgünstig war, wurden die einzelnen Baugrundstücke großzügig zugeschnitten. Nicht selten messen diese Baugrundstücke 1200 m^2 bis 1500 m^2. Da Bauland heute knapp und teuer ist, sind die Baugrundstücke der jüngeren Beplanung meist nur noch zwischen 400 m^2 und 600 m^2 groß. Dies bedeutet für den Erwerber einer gebrauchten Immobilie, dass er die Größe des Grundstückes als nicht veränderbaren Faktor akzeptieren muss. Ein hoher Grundstücksanteil führt unweigerlich zu einem höheren Kaufpreis. In Ausnahmefällen haben Kommunen vereinzelt Bebauungspläne überarbeitet und lassen eine Bebauung in zweiter Reihe zu. Damit relativieren sich hohe Preise, die sich als Resultat eines hohen Grundstücksanteils ergeben. Ein Eigentümer kann so eine Grundstücksteilung vornehmen und ein Baugrundstück zur Senkung seines Einstandspreises verkaufen.

Bebaubarkeit

Grundsätzlich sind bei einem bereits hergestellten Gebäude die Volumen und Ausmaße im Wesentlichen vorgegeben. Dennoch kann es für den Eigentümer interessant sein, ob Erweiterungsmöglichkeiten bestehen. Hierüber gibt der Bebauungsplan Aufschluss. Ist beispielsweise das im Bebauungsplan ausgewiesene Baufenster nicht voll ausgeschöpft, könnten sich Erweiterungsmöglichkeiten ergeben. Bei einer möglichen Erweiterung ist zu beachten, dass die GFZ sowie die GRZ nicht überschritten werden. Bei GFZ und GRZ handelt es sich um Messzahlen, die die maximale Bebauung eines Grundstückes angeben. GRZ bedeutet Grundflächenzahl und gibt an, wieviel Grundfläche des vorhandenen Baugrundstückes bebaut werden darf. Eine weitere Beschränkung gibt die Geschossflächenzahl (GFZ). Sie gibt an, wieviel Geschossfläche im Verhältnis zur vorhandenen Grundstücksfläche maximal entstehen darf. Des Weiteren ist zu prüfen, ob und in welchem Umfang Nebengebäude, wie Garagen, Carports, Wintergärten, Lauben und Remisen, errichtet werden können. Bei Unklarheiten gibt ein Gespräch bei der Baubehörde Aufschluss. Auch ist es interessant zu wissen, ob Veränderungen an der Dachfläche vorgenommen werden können (Gaupe, Widerkehr, Dachflächenfenster). Oft bieten sich in nicht ausgebauten Dachgeschossen attraktive Möglichkeiten, den Wohnraum einem gestiegenen Bedarf anzupassen.

Beschaffenheit

Mit Beschaffenheit ist die Qualität von Grund und Boden unabhängig von der Lage gemeint. Ein schlechter Baugrund führt zu höheren Baukosten. Bei einem bestehenden Gebäude wird in der Regel nicht mehr nach der Qualität des Baugrundes gefragt, die evtl. höheren Baukosten wurden vom Bauherrn längst bezahlt. Inwieweit er diese Mehrkosten beim Verkauf wieder erstattet bekommt, hängt von der aktuellen Marktsituation ab. Stillschweigend wird davon ausgegangen, dass das Gebäude nach den anerkannten Regeln der Baukunst errichtet wurde. Dennoch sollte der Käufer einer gebrauchten Immobilie auch das Grundstück näher in Augenschein nehmen. Durch optische Untersuchung der Flora lässt sich leicht feststellen, ob ein Grundstück z. B. feucht ist. Hier sollte nach dem Grund der Feuchtigkeit und gezielt auch nach evtl. erforderlichen baulichen Maßnahmen am Gebäude gefragt werden. Weitere Rückschlüsse auf den Baugrund lassen sich nach den eingebrachten Fundamenten ziehen. Bei normalem Bauuntergrund werden die Fundamente als Streifenfundamente ausgeführt. Jede aufwändigere Art der Fundamentierung resultiert meist aus einem zu wenig tragfähigen Untergrund. Dies ist insbesondere bei geplanten An- und Erweiterungsbauten für die ausreichende Kalkulation der Baukosten wichtig.

2.1.2 Verschiedene Haustypen

Der Klassiker

Der Klassiker unter den Wohnhäusern ist das freistehende Einfamilienhaus. Es bietet bei der durchschnittlichen Bauweise ca. 150 m^2 Wohnfläche, verteilt auf Erdgeschoss und Dachgeschoss. Dabei ist das Gebäude meist mit einem Kniestock versehen, so dass die Räume im Dachgeschoss trotz der Dachschräge eine akzeptable Größe erhalten. Die Doppelgarage oder eine Garage, kombiniert mit einem Carport, gehören ebenso zum Standard eines freistehenden Einfamilienhauses wie ein gepflegt angelegtes Gartengrundstück. Durch die freistehende Bauweise erhält man rundherum eine ideale Belichtung der einzelnen Räume. Zweifellos handelt es sich bei dieser Bauart um eine verhältnismäßig aufwändige und teure Form des Wohnens. Der relativ hohe Materialaufwand und der hohe Verbrauch an Bauland sind dabei wesentliche Preisfaktoren. Ökologisch betrachtet, ist der sehr hohe Landverbrauch im Verhältnis zu der Anzahl der Personen, für die dadurch Wohnraum geschaffen wird, sehr kritisch zu sehen. Dennoch ist das Einfamilienhaus der Traum fast aller Familien.

Doppelhaus

In der Bauweise sehr ähnlich ist das Doppelhaus. Üblicherweise handelt es sich dabei um zwei Wohneinheiten, die vertikal voneinander getrennt sind. Das bedeutet, dass die beiden voneinander unabhängigen Gebäude über eine Wand aneinandergebaut sind. Eigentümer bzw. Käufer nehmen die eingeschränkte Nutzung des Gesamtgrundstückes gerne für einen deutlich niedrigeren Preisanteil am Baugrundstück in Kauf. Bei diesem Haustyp spielt allerdings die optimale Ausrichtung beider Häuser zur Südwestseite hin eine wesentliche Rolle. Nur so ist die in etwa gleiche Belichtungsqualität der Häuser gewährleistet. Die gute Ausrichtung ist umso wichtiger, da bei dieser Bauform nur über drei Seiten eine Belichtung der Räume erfolgen kann. In jüngerer Zeit wird versucht, über gemeinsame Anlagen und Einrichtungen eine Kosteneinsparung zu erzielen. Dies erstreckt sich von gemeinsamen Öltank- oder Heizanlagen über Regenwasseraufbereitungsanlagen bis hin zu gemeinsamen Zisternen, um nur einige Beispiele zu nennen. Dabei sollte man als Eigentümer beachten, dass jede gemeinsame Anlage die Eigenständigkeit der Nutzung einschränkt. Der Einbau und die gemeinsame Nutzung von Anlagen erfordert auch einen gemeinsamen Betrieb und eine gemeinsame Wartung. Betrieb und Wartung sollten vertraglich gesichert sein, da auf eine gut nachbarschaftliche Beziehung nicht immer Verlass sein kann.

Reihenhaus

Das Reihenhaus ist dem Doppelhaus stark ähnlich. Bei der Reihenhausbauweise werden mindestens drei Häuser aneinandergebaut. Die Eckhäuser, auch Endhäuser genannt, sind von der Belichtung bevorzugt, da von drei Seiten Licht ins Gebäude gelangt. Die Mittelhäuser werden nur von zwei Seiten belichtet. Ein Treppenhaus erschließt in der Regel zwei Wohngeschosse, ein Untergeschoss und oft noch ein Studio im Dachspitz. Die Grundfläche misst im Durchschnitt 6m auf 10m. Daraus entstehen bei guter Planung ca. 110 m^2 bis 120 m^2 Wohnfläche. Bei dieser Bauweise ist es nur schwer möglich, eine Garage ins Gebäude zu integrieren. Auch Außenabgänge zu den Kellerräumen sind bei Reihenhäusern eher selten vorzufinden. Obwohl gegenüber dem klassischen freistehenden Einfamilienhaus Abstriche in der Wohnqualität hinzunehmen sind, ist sowohl das Reihenhaus als auch das Doppelhaus sehr beliebt. Es handelt sich um eine Wohnform, in der der Eigentümer rechtlich völlig selbstständig ist, und die der des freistehenden Einfamilienhauses am nächsten kommt. Ein bestimmender Faktor ist der verhältnismäßig günstige Kaufpreis. Der Preisunterschied von der Eigentumswohnung zum Reihenhaus ist bei vergleichbaren Wohnflächen deutlich geringer als der Preisunterschied zum freistehenden Einfamilienhaus.

Bungalow

Beim Bungalow wird die gesamte Wohnfläche ebenerdig erstellt. Nicht selten verfügen diese Häuser über keine oder nur eine

Teilunterkellerung. Das Dach wird dabei oft als Flachdach, nicht selten aber auch als Pult- oder Walmdach ausgeführt. Pult- oder Walmdach sind dabei meist so ausgeführt, dass allenfalls eine nur teilweise begehbare Abstellfläche als Nutzraum im Dachgeschoss zur Verfügung steht. Die Epoche, in der Bungalows häufiger erstellt worden sind, gehört der Vergangenheit an. Für Interessenten oder Besitzer von gebrauchten Bungalows steht die Zweckmäßigkeit des Grundrisses im Vordergrund. Eine Rolle spielt dabei auch die Möglichkeit, das Dachgeschoss aufzustocken, um weiteren Wohnraum zu gewinnen. Einige Kommunen haben bereits Bebauungspläne entsprechend überarbeitet.

2.1.3 Wandaufbau

Die Massiv-Bauweise

Die am weitesten verbreitete Bauweise in der Bundesrepublik ist die Massivbauweise. Dabei sind sämtliche Wände am Gebäude als Mauerwerk ausgeführt. Die verwendeten Materialien reichen von Ziegel über verschiedene Betonsteine bis hin zu Schalbeton und Betonfertigteilen. Je nach Baujahr mussten dabei die jeweils gültigen Vorschriften bezüglich Schall- und Wärmeschutz eingehalten werden. Standard sind heute Außenmauern mit einer Stärke von 36 cm. Außenwände geringerer Stärke verursachen nach heute gültigen Normen einen zu hohen Energieverbrauch. Interessenten einer solchen Immobilie sollten sich über die Kosten einer energiebewussten Nachrüstung im Klaren sein. Eine Nachrüstung kann durch verschiedene Beplankungen, wahlweise von innen oder von außen, erfolgen. Die Anbringung eines neuen speziellen Wärme-Isolier-Außenputzes ist dabei eine der teuersten, aber auch eine der effizientesten Maßnahmen.

Die Fertigbauweise

Einen nicht unbedeutenden Marktanteil haben in der Bundesrepublik die Fertighäuser. Die Häuser entstehen für den Außenstehenden „an einem Tag", wenngleich die Planung, die Vorfertigung der einzelnen Bauteile sowie der Innenausbau die übliche Zeit in Anspruch nehmen. Dabei handelt es sich um industriell vorgefertigte Teile, die meist auf einen massiven Keller oder eine Bodenplatte gesetzt werden. Der Aufbau der Wände ist dabei so konzipiert, dass durch spezielle Anordnung von verschiedenen Materialschichten sehr gute Wärmedämmwerte bei verhältnismäßig geringen Wandstärken von 12,5 bis 16 cm erreicht werden. Bei einigen Fertighäusern der ersten Generation wurde festgestellt, dass durch Materialzerfall der im Wandaufbau eingebrachten Isolierschichten die Wärmeisolierung mangelhaft werden kann. Indizien für einen zu hohen Energieverbrauch liefern Aufstellungen über den Heizkostenverbrauch. Fallen hier extrem hohe Kostenanteile ins Auge, für die es keine anderweitige Erklärung gibt, sollte das Gebäude hinsichtlich der Wärmeisolierung genauer überprüft werden. Aufschluss kann eine Infrarotfotografie geben, die durch Rotfärbung deutlich aufzeigt, wo Energie verloren geht. Auch die Herstellerfirmen der Fertighäuser haben in der Regel eine Serviceabteilung, bei der Rat eingeholt werden kann.

Die Holzbauweise

Im Zuge der Diskussion um immer bessere Wärmedämmungen und um das Thema „Ökologisch Bauen und Wohnen" ist in den letzten Jahren das Holzhaus wieder entdeckt worden. Obwohl am Gebrauchtmarkt derzeit wenige Häuser in Holzbauweise angeboten werden, scheint uns das Thema dennoch erwähnenswert. Bei der Holzbauweise werden die Wände meist als Holzrahmenkonstruktion ausgeführt. Innen und außen kann mit verschiedenen Materialien beplankt werden. Für die Isolierung der Zwischenräume bietet der Markt von der herkömmlichen Steinwolle bis zur vollständig aus Altpapier hergestellten Isolierung die verschiedensten Materialien zur Auswahl. Viele Häuslesbauer sehen im Werkstoff Holz mehr Möglichkeiten, Eigenleistungen beim Bau der eigenen vier Wände einzubringen.

2.1.4 Fundamente, Drainagen

Beim Erwerb gebrauchter Wohnhäuser sollte darauf geachtet werden, dass das Fundament eines Gebäudes nach Jahren seine eigentliche Funktion noch besitzt. Das Fundament gibt einem Gebäude Stabilität und verhindert eine Bewegung des Gebäudes auf dem errichteten Untergrund. Gebäudeabsenkungen oder Rissbildungen am Gebäude deuten auf ein mangelhaftes Fundament hin. Die Fundamente sollten auch in der Weise erstellt sein, dass keine Feuchtigkeit aus dem Erdreich aufgesogen werden kann. Dies wird dadurch erreicht, dass die Fundamente im Kiesbett angelegt werden. Nach heutigem Standard erhalten sämtliche Gebäude eine Ringdrainage, so dass Feuchtigkeit, die sich durch die Witterung bildet, von den Fundamenten und damit vom Gebäude abfließen kann. Bei Gebäuden älteren Baujahrs war dies nicht immer so. Teilweise wurde nach Erstellung des Untergeschosses entlang der Außenwände nur aufgefüllt. Hier muss untersucht werden, ob sich entlang der Außenwände Feuchtigkeit zeigt. Sollte dies der Fall sein, kann eine Sanierung dadurch erfolgen, dass außen entlang dem Gebäude aufgegraben und eine Entwässerung nachträglich eingebracht wird. Bedeutend schwieriger gestaltet sich diese Maßnahme bei Häusern, die im Untergeschoss Naturböden vorweisen. Hier muss in Handarbeit Meter für Meter abgegraben und das Fundament unterbaut werden, um so den Untergrund für einen Kellerfußboden zu erstellen. Je größer man die zu bearbeitenden Mauerabschnitte auswählt, desto größer ist die Gefahr, dass am Gebäude Risse entstehen. Vor solchen Maßnahmen sollte in jedem Fall mit einem Fachbetrieb Kontakt aufgenommen werden.

2.1.5 Unterkellerung

Die Unterkellerung eines Gebäudes bietet über die eigentliche Wohnfläche hinaus praktische Nutzfläche. In der Regel ist in einem oder in zwei Räumen die Zentralheizungsanlage sowie das Brennstofflager untergebracht. Dabei sollte auf die richtige Lagerung geachtet werden. Für die Lagerung von Heizöl bestehen beispielsweise Vorschriften, die im Eigeninteresse dringend einzuhalten sind. Darüber hinaus ist im Keller oft zusätzlich ein Hobbyraum, Arbeitszimmer oder Gästezimmer untergebracht, das meist nachträglich ausgebaut wurde. Sowohl für Hobby und Freizeit als auch für Arbeiten an Haus und Garten ist ein separater Ausgang vom Keller ins Freie sehr nützlich. Dies ist vor allem bei Reihenhäusern ein riesiger Vorteil, da das Gartengrundstück sonst oft nur über die Wohnung betreten werden kann. Die Unterkellerung wird überwiegend massiv mit einer massiven Decke ausgeführt. Bei späterem Ausbau von Nutzfläche in Wohnraum ist auf die Wärmedämmung des Mauerwerkes zu achten. Kellerwände sind deutlich schlechter isoliert als Wohnungsumfassungswände. Bei Häusern, die ca. 50 Jahre und älter sind, findet man noch Holzdecken im Untergeschoss. Ein Blick auf das Gebälk ist ratsam. Nicht nur durch Feuchtigkeit können Hölzer morsch oder faul sein. Unebenheiten im Fußboden des Erdgeschosses können Indiz für Verschleiß des Deckengebälks sein.

2.1.6 Dach

Flachdach

Grundsätzlich unterscheidet man zwischen Flachdach- und Satteldachkonstruktionen. Flachdächer waren in den 70er Jahren sehr beliebt. Heute weiß man, dass diese Dächer in hohem Maße reparaturanfällig sind und im Vergleich ihrer Lebensdauer zu der von Satteldachkonstruktionen regelmäßig schlechter abschneiden. Schwachpunkt von Flachdächern ist die Dachhaut. Durch den absoluten Temperaturunterschied von ca. 70 Grad – im Winter ca. minus 30 Grad, im Sommer bis zu 40 Grad – dem das Material ausgesetzt ist, kommt es zu Materialerlahmungen und damit zu undichten Stellen. Die Erfahrung zeigt, dass einige Flachdächer nach 10 Jahren die ersten Schadstellen zeigen. Eine Sanierung ist nicht immer einfach, da sich die schadhafte Stelle der Dachhaut regelmäßig nicht direkt über der von innen sichtbaren Schadstelle befindet. Eindringendes Wasser fließt unter der Dachhaut durch die Isolierschichten und tritt an anderer Stelle aus der Decke aus. Eine optische Prüfung der Dachhaut kann nicht vorgenommen werden, da die darüberliegende Bekiesung zuerst entfernt werden muss. Bei kleinen Schadstellen ist daher oft der Einbau einer komplett neuen Dachhaut erforderlich. Auch bietet diese Dachform keine Raumreserven, die später noch ausgebaut werden könnten. Kommunen haben im Zug der

Wohnungsnot, aber auch auf Grund zahlreicher Anträge von Eigentümern Bebauungspläne so geändert, dass ein nachträglicher Aufbau einer Satteldachkonstruktion genehmigt werden kann.

Satteldach

Die häufigste Form unter den verschiedenen Dachkonstruktionen ist das ziegelgedeckte Satteldach. Das Fachhandwerk unterscheidet bei der Dachform einige Varianten, z. B. gleichseitiges Satteldach, einhüftiges Satteldach, Walmdach, Krüppelwalmdach, Mansardendach, Zeltdach und Pultdach. Von der Konstruktion her lassen sich die Dächer unterscheiden zwischen Sparrendach, Pfettendach und Kehlbalkendach. Das Sparrendach benötigt keinerlei innenliegende Konstruktionsteile. Es trägt sich sozusagen selbst. Je steiler das Dach, desto besser eignet sich der Dachraum zum späteren Ausbau. Beim Pfettendach werden die Sparren zusätzlich durch in dem Gebäude längs angebrachte, unabhängige Balken mitgetragen. Diese Balken, Pfetten genannt, werden meist durch Pfosten und Streben abgestützt. Beim Kehlbalkendach erhält jeder Sparren eine waagrechte Aussteifung. Das Kehlbalkendach ist eine Variante des Sparrendachs.

Neben der Konstruktion sollte in jedem Fall die Beschaffenheit begutachtet werden. Feuchte Stellen bilden fast immer Ränder, die man leicht mit bloßem Auge feststellen kann. Die Dacheindeckung sollte ebenfalls in Augenschein genommen werden. Moos- und Flechtenbildung auf der Dachhaut sind in der Regel kein gutes Zeichen für den Zustand der Dachziegel. In der Regel halten Dachziegel problemlos 20 Jahre und mehr. Ist eine Neueindeckung des Daches notwendig, sollte auch die Einbringung einer zeitgemäßen Wärmedämmung mit einkalkuliert werden. Auf die Wärmedämmung wird später nochmals eingegangen.

Zur Begutachtung des Daches gehören aber auch die Prüfung von Dachrinnen, Regenfallrohren, Dacheinläufen, Dachfenstern, Gesimsen, Schornsteinköpfen, Verwahrungen, Schneefanggittern, Blitzschutz- und Antennenanlagen. Je nach Alter und Beanspruchung können bei diesen zum Dach zählenden Bauteilen Reparaturen nötig sein.

2.1.7 Anbauten und Nebengebäude

Grundsätzlich ist bei gebrauchten Gebäuden zu prüfen, ob sämtliche Anbauten und Nebengebäude auf dem Grundstück genehmigt sind. Nicht selten kann man feststellen, dass Veränderungen am Gebäude vorgenommen wurden, die nicht genehmigt sind. Nebengebäude wie Carport, Garage, Gartenhaus oder Remise sind nicht unbedeutend. Diese Gebäude bieten hauptsächlich weitere praktische Nutzflächen. Eine harmonische Einfügung ins Gesamtbild des Gebäudes ist wünschenswert.

Vielfach wurde in den letzten Jahren an Gebäuden die Wohnfläche durch den Anbau eines Wintergartens erweitert. Beim Wintergarten ist insbesondere auf die richtige Klimatisierung zu achten. Er soll sich im Sommer nicht zu sehr aufheizen, im Winter dagegen jeden Sonnenstrahl ausnutzen, um den Energieverbrauch gering zu halten.

2.1.8 Erforderliche Genehmigungen

Beim Erwerb eines Hauses oder einer Wohnung sollte man sich grundsätzlich die gesamten Bauunterlagen nebst Baugenehmigung vorlegen lassen. Nur was genehmigt ist, kann ohne rechtliche Einschränkungen erworben oder veräußert werden.

2.2 Haustechnik

2.2.1 Zu- und Abwasserleitungen

Der überwiegende Teil der Gebäude in der Bundesrepublik Deutschland ist an das öffentliche Zu- und Abwassernetz angeschlossen. Die Kommunen stellen gegen einen sog. Erschließungsbeitrag die Versorgung mit dem öffentlichen Leitungsnetz, aber auch den Anschluss ans öffentliche Straßennetz zur Verfügung. Die Leistung der Kommune beinhaltet allerdings nur die Leitungsführung bis ans Grundstück. Versorgungsleitungen von der Grundstücksgrenze bis ins Gebäude unterliegen der Herstellung und der Unterhaltung durch den Eigentümer. Im Falle von Störungen ist für einen Erwerber der Verlauf dieser Versorgungsleitungen von Interesse. Ferner ist wichtig zu wissen, ob der Verkäufer die entsprechenden Erschließungsgebühren vollständig entrichtet hat, oder ob zurückliegende Erschließungsmaßnahmen von der Kommune noch nicht abgerechnet wurden. Erfahrungsgemäß ziehen manchmal Jahre ins Land, bis die Durchführung einer Erschließungsmaßnahme von der Kommune abgerechnet und den Anliegern in Rechnung gestellt wird.

2.2.2 Abwasserentsorgung

Leider gibt es, vor allem im Außenbereich, noch Gebäude, die nicht an das Abwassernetz der Kläranlagen angeschlossen sind. Je nach Baujahr bestehen für solche Objekte Auflagen der jeweiligen Landratsämter. Während in den 80er Jahren noch vielfach der Bau einer 3-Kammer-Klärgrube für einen Haushalt ohne Anschluss ausgereicht hat, sind die Vorschriften heute weit strenger. Genehmigungsfähig sind im Außenbereich nur noch voll biologische Kleinkläranlagen, deren Erstellungskosten ein Mehrfaches der Erschließungskosten ausmachen. Alternativ findet man bei gebrauchten Objekten im Außenbereich auch geschlossene Gruben, die von Zeit zu Zeit durch Spezialunternehmen abgepumpt und der Entsorgung in eine Kläranlage zugeführt werden müssen. Je nach Situation vor Ort ergeben sich verschiedene Kosten für die Abwasserbeseitigung. Eine böse Überraschung können diejenigen erleben, die das Thema Abwasserklärung auf die leichte Schulter nehmen und plötzlich durch Vorschriften der Landratsämter zur Errichtung einer biologischen Kläranlage gezwungen sind. Da dieser Faktor von der Kostenseite her nicht unerheblich ist, raten wir zu einer gründlichen Prüfung des Abwasserthemas bei Gebäuden im Außenbereich, die nicht an das öffentliche Abwassernetz angeschlossen sind. Dies gilt insbesondere für vormals landwirtschaftlich genutzte Gebäude, die umgenutzt und künftig überwiegend oder ausschließlich wohnwirtschaftlich genutzt werden sollen.

2.2.3 Heizanlage

Seit 1. 1. 2001 gilt eine neue Energieeinsparverordnung, kurz EnEV. Diese EnEV ist die politische Umsetzung dessen, zu was sich die Bundesregierung im Zusammenhang mit den Weltklimagipfeln verpflichtet hat. Thematisch wurden dabei die Vorschriften der Wärmeschutzverordnung 1995 und der Heizungsanlagenverordnung auf einen gemeinsamen Nenner gebracht. Lediglich neu in die Überlegungen hinzu gekommen ist die Einbeziehung der Primärenergie. Das bedeutet, dass sämtliche Energieverluste, die von der Erzeugung bis zum Verbrauch im Haus angefallen sind, in die Berechnung mit einfließen müssen. Die neue Verordnung lässt dem Verbraucher die Möglichkeit zwischen einer besseren Isolierung oder einer verbesserten Heiztechnik zu variieren. Ganz grob ausgedrückt richtet sich die Mindestanforderung in etwa nach dem Standard des Niedrigenergiehauses, das die Mindestanforderungen der Wärmeschutzverordnung um 25% unterschritt. Diese Vorschriften gelten generell für den Neubau. Für den Altbau bestehen Nachrüstungsverpflichtungen. Heizkessel, welche vor Oktober 1978 in Betrieb gegangen sind, müssen bis 31. 12. 2006 ausgetauscht werden, falls es sich nicht um Niedrigtemperatur- oder Brennwertkessel handelt. Verlängert wird die Frist bis 2008, falls der Brenner nach Oktober 1996 vor Inkrafttreten der neuen Verordnung erneuert wurde. Ebenso besteht die Verpflichtung, nicht begehbare, aber zugängliche Geschossdecken beheizter Räume und Wärmeverteilungs- und Warmwasserleitungen sowie Armaturen zu isolieren. Dies muss zum Ende des Jahres 2006 erfolgt sein.

Wer sich also bei den nachfolgenden Erläuterungen nicht sicher und bei der Renovierung der Heizungsanlage unschlüssig ist, dem empfehlen wir, eine Energieberatung vom Fachmann durchführen zu lassen. Es gib aber auch freeware über das Internet, mittels dieser durch Eingabe der entsprechenden Daten und Wandaufbauten ein erster Überblick über die erforderlichen Maßnahmen erfolgt.

Bei gebrauchten Immobilien ist all zu oft auch die Heizanlage in die Jahre gekommen. Unterstellen wir einen mittleren Standard, dann dürfen wir eine Zentralheizungsanlage mit kombinierter Warmwasseraufbereitung erwarten, die je nach lokaler Infrastruktur mit Gas oder Öl befeuert wird.

Die wichtigsten Bestandteile sind Kessel, Brenner und Brennstofflager. Nach einem ersten optischen Eindruck über den Zustand der Anlage sind die technischen Daten wichtig. Eine Heizanlage ist nur so gut, wie der Kessel in der Lage ist, die eingesetzte Energie wie Gas oder Öl über einen Wärmetauscher auf das Heizmedium Wasser zu übertragen. Während ältere Kessel nur einen Wirkungsgrad von 60 bis 70% erreichen, bietet der Markt derzeit Geräte an mit einem Wirkungsgrad bis zu 96%. Diese neuen Kessel arbeiten mit einer deutlich niedrigeren Heizwassertemperatur. Die Temperatur des Heizwassers wird mit einem Außentemperaturfühler dem tatsächlichen Heizbedarf angepasst. Nicht uninteressant sind die Ergebnisberichte der Emissionsmessungen der Kaminkehrer. Aus den Testergebnissen kann der Fachmann leicht Wirkungsgrad der Anlage, Verbrauch und Umweltverträglichkeit ableiten. Die Erfahrung zeigt, dass Brenner in der Regel nach ca. 10 bis 12 Jahren die ersten verschleißbedingten Mängel zeigen und teilweise ausgetauscht werden müssen. Bei Kesseln kommt dieser Zeitpunkt nach unserer Erfahrung nach ca. 20 Jahren. Wichtig ist, dass die Komponenten Brenner und Kessel optimal aufeinander abgestimmt sind. Man kann Kessel und Brenner auch als Einheit (Unit) erwerben. Das bedeutet, dass der Hersteller die Anlage bereits im Werk in Betrieb genommen und eine optimale Abstimmung vorgenommen hat. Nach Montage ist nur noch eine Feinabstimmung nötig.

Die Heizöllagerung erfolgt heute überwiegend in Kunststofftanks, die in kleinen Tankgefäßen, sogenannten Batterien, nacheinander zu einer Tankanlage aufgereiht werden. Eine ausreichende Kapazität ermöglicht eine witterungsunabhängige Bevorratung und erlaubt einen kostengünstigen Einkauf von Heizöl im Zeitpunkt des günstigsten Preises, meist in den heißen Sommermonaten. Bei Altgebäuden findet man noch die kellergeschweißten Blechtanks vor. Diese Tanks lassen sich nicht ohne weiteres austauschen, da sie oft zu groß sind, um sie aus dem Keller zu entfernen. Im Fall der Erneuerung müssen diese Tanks abgepumpt und von Spezialfirmen zerlegt und entsorgt werden. Der Knackpunkt solcher Anlagen ist die Korrision. Rost kann die Tanks anfressen und über die Jahre hinweg undicht werden lassen. Da von den flüssigen Brennstofflagern ein erhebliches Umweltrisiko ausgeht, ist mit dem Betrieb solcher Tankanlagen nicht zu spassen.

Im Zweifel kann der Fachmann die Tauglichkeit einer Altanlage prüfen.

Als alternatives Brennmaterial bietet sich außer dem Heizöl auch Gas an. Vorteilhaft für den Verbraucher ist, wenn ein Erdgasanschluss vorhanden ist, damit eine Lagerhaltung entfallen kann. Der Verbrauch wird über eine installierte Gasuhr abgelesen. Steht kein Gasanschluss zur Verfügung, besteht die Möglichkeit, die Heizanlage mit Flüssiggas zu betreiben. Das Flüssiggas wird meist in Erdtanks gelagert, von denen aus eine Leitung ins Gebäude geführt wird. Erdtankanlagen für Flüssiggas, aber auch für Heizöl müssen je nach Größe und Alter regelmäßig vom TÜV oder einer lizensierten Vertragsfirma überprüft werden.

Ein nicht unwichtiger Aspekt bei der Entscheidung für eine bestimmte Brennstofform ist die Dimension der erforderlichen Einbauten. Die neuesten Gasbrennwerttechnikanlagen sind nicht größer als ein handelsüblicher Kühlschrank. Der Einbau einer solchen Anlage kann auch im Dachspitz, direkt unter der Firstpfette erfolgen, so dass in keinem der unteren Geschosse kostbare Fläche verbraucht wird. Der Einbau von Ölzentralheizungen erfordert in der Regel einen kombinierten Raum für Heizung und Öllager mit einer durchschnittlichen Größe von ca. 25 qm.

Wichtig bei älteren Gebäuden ist, darauf zu achten, ob sämtliche Räume im Haus beheizt werden können bzw. mit Heizkörpern ausgestattet sind. Da ein großer Teil der Bevölkerung bevorzugt in kalten Schlafräumen schläft, wurden in der Vergangenheit bei Gebäuden ein oder mehrere Schlafräume nicht mit Heizmöglichkeiten ausgestattet. Ein nachträglicher Anschluss an die Heizanlage verursacht Kosten.

Absolut nicht mehr zeitgemäß, nach heutigem Neubaustandard, sind Einzelöfen in den Zimmern, wenngleich in den neuen Bundesländern noch vielfach so geheizt wird. Dabei handelt es sich um Feststofföfen, in denen Holz, Kohle oder in den neuen Bundesländern überwiegend Braunkohle aus dem Tageabbau verheizt werden. Wirkungsgrad und der Schadstoffausstoß bei der Verbrennung sind verheerend. Unberücksichtigt dabei bleiben die Wunden in der Natur, die durch den Tageabbau geschlagen werden. Die Umrüstung einer Heizung mit Einzelöfen auf eine Zentralheizungsanlage erfordert umfassende Maßnahmen, da die neu einzubringenden Leitungssysteme möglichst unter Putz gelegt werden müssen. Eine Alternative zur Unterputzverlegung ist eine Sockelverrohrung. Dabei laufen die Heizleitungen knapp über dem Fußboden hinter speziellen, breiteren Sockelleisten, die sämtliche Rohrleitungen aufnimmt.

Umweltschonend und absolut im Trend ist die Ausnutzung der Sonnenenergie. Wenn das Gebäude auf die Sonne ausgerichtet ist, kann mit großen Glasflächen, die etwa 45 bis 60 Grad geneigt sind, auf der Südseite Wärme gewonnen werden. Dabei sollen sich massive Bauteile erwärmen und als Speicher dienen, oder es wird erwärmte Luft über ein Leitungssystem in Räume geführt, die sich auf der Schattenseite befinden. Diese Nutzung wird als passive Sonnenenergienutzung bezeichnet.

Bei der aktiven Nutzung kommen sogenannte Solarzellen zum Einsatz. Dabei dient die Photovoltaik-Anlage der Erzeugung von elektrischem Strom. Der Wirkungsgrad ist allerdings in unseren Breitengraden nicht ausreichend, um ein Haus autark zu versorgen.

Die andere Möglichkeit ist der Einbau von solarthermischen Kollektoren, bei denen Wasser erwärmt wird. Dieses Wasser wird dann der installierten Heizanlage zugeführt und dort entweder zum Erwärmen des Brauchwassers oder direkt zum Heizen verwendet.

Neben den genannten Heizanlagen besteht die Möglichkeit der Beheizung mit Nachtspeicheröfen. Dabei benötigt man für jeden Raum, der beheizt werden soll, einen separaten Ofen, der mit preisgünstigem Nachtstrom arbeitet. Die Heizwärme wird in der Nacht hergestellt, gespeichert und am Tage bei Bedarf abgegeben. Die Anschaffungskosten von Nachtspeicherheizungen sind gegenüber Heizanlagen mit fossilen Brennstoffen deutlich geringer. Insbesondere der Installationsaufwand zum Verlegen der Kabel ist gegenüber einer Verrohrung günstiger. Allerdings sind die Verbrauchskosten höher. Zur Nachrüstung nicht mit Heizkörpern ausgestatteter Räume im Altbaubereich oder zur Beheizung von zusätzlich ausgebauten Wohnflächen waren die Nachtspeicheröfen in der Vergangenheit sehr praktisch. Durch den technischen

Fortschritt sind die Öfen heute nicht größer als herkömmliche Heizkörper und können daher bequem montiert werden. Durch die EnEV wird den Elektroheizungen ein derart hoher Primärenergieverlust zugewiesen, dass bei einer Heizungsmodernisierung Alternativen energetisch betrachtet oft günstiger abschneiden. In jedem Fall lohnt sich ein Gespräch mit dem Fachmann. Bei sehr alten Geräten sind die Verbrauchskosten im Vergleich zu heutigen Geräten zu hoch. Zudem sind immer noch Altgeräte in Gebrauch, bei denen Asbest mitverarbeitet wurde. Eine Gesundheitsgefahr besteht während des Betriebes nach Expertenmeinung nicht, allerdings besteht beim Abbau des Ofens die Gefahr, dass Asbestfasern freigesetzt werden können. Zudem müssen diese Öfen fachmännisch entsorgt werden.

Eine vor allem in Süddeutschland beliebte Ergänzungsheizung ist der Kachelofen. Sehr nützlich in den Übergangszeiten bietet er bei geringem Einsatz von Brennmaterial in den Abendstunden behagliche Wärme. Dies gilt auch für Schwedenöfen oder offene Kamine. Leider werden über den Kachelofen meist nur Wohn- und Esszimmer beheizt, so dass andere Räume im Gebäude kalt bleiben. Besitzer von Kachelöfen schwören allerdings auf die Art der Wärme, sie sei durch kein anderes Medium in der bekannt angenehmen Weise zu erzeugen.

2.2.4 Warmwasseraufbereitung

Die Aufbereitung von warmem Brauchwasser kann mit sog. Durchlauferhitzern erfolgen, die sowohl mit Gas als auch elektrisch betrieben werden können. Der gute alte Elektroboiler tut in manch altem Gebäude immer noch seinen Dienst. Oft ist er etwas unschön über dem Fußende der Badewanne angebracht. Der durchschnittliche Einfamilienhaushalt benötigt bei der Aufbereitung mittels Boiler einen Warmwasservorrat von mindestens 100 Litern.

Die ideale Lösung bei der Warmwasseraufbereitung ist eine Kombination mit der bestehenden Heizanlage. Dabei wird die zum Heizen verwendete Energie mit zur Aufbereitung des Brauchwassers verwendet. Die erwähnten solarthermischen Kollektoren sind gut geeignet, während der Sommermonate das

Brauchwasser vollständig zu erhitzen. Dies ist für den Fall ideal, wenn die Heizanlage über die Sommermonate komplett ausgeschaltet wird. Auch besteht die Möglichkeit, für diese Zeit das Wasser über einen mit der Heizanlage kombinierten Boiler aufzubereiten, der in der Zeit, in der die Heizanlage abgeschaltet wird, elektrisch betrieben werden kann.

Bei der Aufbereitung des Brauchwassers für die Küche scheint der altbewährte 5-Liter-Untertischboiler wieder eine Renaissance zu erleben. Viele Jahre verpönt als einfachste Bauausstattung, wird er heute wieder öfters bei Neubauten mit sonst gehobener Ausstattung verwendet. Da in der Küche für einen großen Zeitraum des Tages warmes Wasser vorgehalten werden muss, entstehen in Zirkulationsleitungen zentraler Warmwasserversorgungen hohe Wärmeverluste. Setzt man die Mehrkosten bei der Herstellung in Relation zu den Kosten des Untertischboilers, schneidet die Boilerlösung günstiger ab. Dies gilt allerdings nur für das Brauchwasser der Küche.

2.2.5 Umweltschonende Energien

Bereits im vorausgegangen Abschnitt wurden einige wichtige umweltschonende Energiequellen genannt. Wir haben festgestellt, dass derzeit viele Bauherren, Eigentümer und Renovierer gebrauchter Immobilien, das Energiesparen und den schonenden Umgang mit der Umwelt zu ihrem Thema rund um ihre Immobilie gemacht haben. Die Ideallösung wäre das völlig autarke Wohnhaus, das all seine Energie aus der Sonne oder aus Windkraft erzeugt. Es gibt derzeit einige Versuchshäuser, die all die zur Verfügung stehenden Energiequellen voll ausnutzen. Dabei wird zusätzlich zu Wind und Sonne auch noch Erdwärme mitgenutzt. Leider liegen die Kosten solcher Anlagen deutlich über den herkömmlichen im Handel erhältlichen Heizanlagen. Ein weiterer Punkt sind die geltenden Bebauungspläne, die beispielsweise das Aufstellen von Windrädern innerhalb allgemeiner Wohngebiete nicht zulassen.

In den vergangenen Jahren sind einige Pilotprojekte, vor allem in größeren Reihenhaussiedlungen, mit Holzhackschnitzel- oder

Holzpelletsheizanlagen realisiert worden. Im Vordergrund steht dabei die Nutzung erneuerbarer Energien und die positive CO_2-Bilanz.

Was keine Illusion mehr darstellt, sondern seinen Platz im Markt gefunden hat ist das Passivhaus. Allerdings zeigt die Erfahrung, dass sich größere Projekte, mit wirtschaftlichen Stückzahlen, wie z.B. das Expo-Projekt in Ulm, im Markt sehr schwer tun. Die im Verhältnis zum normalen Haus noch sehr hohen Einstandspreise, aber auch die Erfordernis, das gewohnte Wohnverhalten umzustellen und den physikalischen Bedürfnissen des Passivhauses zu unterwerfen, halten viele Interessenten noch zurück. So bleibt das Passivhaus hauptsächlich ein Produkt für einzelne Bauherren.

2.2.6 Kamin, Emission

Bei gebrauchten Immobilien sollte bei der Besichtigung in jedem Fall auf den vorhandenen Kamin geachtet werden. Ein Blick sollte auf den baulichen Zustand des Kaminkopfes geworfen werden, denn dieser ist ständig der Witterung ausgesetzt. Ein weiterer kritischer Punkt ist die Kaminverwahrung. Dabei handelt es sich um die Abdichtung des Kamins zur Dachfläche hin. Wurde über längere Zeit eine undicht gewordene Stelle nicht bemerkt, können sich Schäden an den Dachhölzern, aber auch an der Isolierung zeigen.

Wer hat sie nicht schon gesehen, die braunen hässlichen Flecken entlang den Kaminen, die auch vor Wohnräumen nicht Halt machen und gegen die kein Kraut gewachsen ist. Es handelt sich dabei um Schwitzwasser des Kamins. Ursache hierfür ist meist eine unsachgemäße Sanierung oder ein vorausgegangener Neueinbau einer Heizanlage. Aufgrund des technischen Fortschrittes sind die Abgastemperaturen geringer geworden. Der Kamin, der nach den Regeln der früheren Technik für höhere Abgastemperaturen errichtet wurde, hat plötzlich einen zu hohen Durchmesser. Der Rauch bzw. das Abgas steigt auf Grund seiner niedrigen Temperatur nicht mehr so schnell auf, kühlt ab und kondensiert an der Innenwand des Kamins. Die entstehende Flüssigkeit ist so aggressiv, dass sie durch die Kaminmauer entlang an die Oberfläche kommt. Eine Sanierung kann nur mit Hilfe einer Spezialfirma erfolgen, die von oben her eine Röhre mit kleinerem Durchschnitt in den Kamin einbaut. Diese sogenannte Verjüngung des Kamins muss regelmäßig dann erfolgen, wenn Heizanlagen von festen auf fossile Brennstoffe umgerüstet werden.

Recht praktisch ist auch, darauf zu achten, dass sämtliche Öffnungen des Kamins dem Kaminkehrer problemlos zugänglich sind. Ärgerlich sind Öffnungen in Schlaf- und Wohnräumen, weil regelmäßig Schmutz beim Kehren des Kamins anfällt.

Freunde von offenen Kaminen, Schweden- und Kachelöfen ist geraten, darauf zu achten, dass der Kamin zwei Züge hat. Es ist verboten, die Abgase verschiedener Brennstoffe in einen Kamin einzuleiten. Wer im Keller also eine Ölzentralheizung betreibt, braucht für den Einbau eines Holzkachelofens im Wohnzimmer einen zweiten Zug im bestehenden Kamin oder einen zweiten Kamin.

2.2.7 Elektrische Leitungen

Bei gebrauchten Immobilien ist darauf zu achten, dass in allen Räumen genügend Steckdosen und Schalter vorhanden sind, da sich die Bedürfnisse in den letzten Jahren vervielfacht haben. Neben der Unterhaltungselektronik stellen auch Küchengeräte, die heute zum täglichen Leben gehören, einen höheren technischen Anspruch an das Leitungssystem. Bei Altbauten kann es vorkommen, dass die installierten Leitungen zu schwach dimensioniert sind.

Nach heutigem Standard sollen die Leitungen in den Wohnräumen unter Putz verlegt sein. Die Führung erfolgt in sogenannten Leerrohren, so dass zu einem späteren Zeitpunkt Leitungen ausgetauscht oder zusätzliche Leitungen eingezogen werden können.

Ein wichtiger Punkt, den allerdings nur der Fachmann beurteilen kann, ist die Absicherung der verschiedenen Stromkreise. Wer hat nicht schon erlebt, dass bei älteren Gebäuden unter der Last von Stereoanlage und Fernseher die eine oder andere Sicherung durchbrennt. In solchen Fällen sind Verbesserungen am Leitungssystem erforderlich.

Grundsätzlich gilt für jeden noch so geübten Heimwerker: Veränderungen an der Elektroinstallation sind nur vom Fachmann auszuführen. Ihr und das Leben Ihrer Familie hängen daran.

2.3 Isolierung

2.3.1 Dach

Das Fachhandwerk unterscheidet zwischen einer Isolierung auf dem Dach, d.h. über den Sparren, und einer Isolierung zwischen den Sparren. Nicht wenige der älteren Einfamilienhäuser haben keine Dachisolierung. Vor allem, wenn der Dachboden nur als Abstellfläche genutzt wird, ist eine Isolierung nicht unbedingt nötig. Die erforderliche Wärmeisolierung befindet sich in solchen Fällen in der Deckenkonstruktion des obersten noch ausgebauten Geschosses. Soll Dachgeschossfläche nachträglich zu Wohnfläche ausgebaut werden, ohne dass dabei das ganze Dach abgedeckt werden soll, so wird in der Regel eine Isolierung zwischen den Sparren gewählt. Der Fachhandel bietet hier einige Systeme an.

Sind bei einem bestehenden Gebäude die Dachgeschosse ausgebaut, darf leider nicht immer daraus gefolgert werden, dass dem Ausbau eine fachmännische Isolierung der Dachflächen vorausgegangen ist. Indiz für unzureichende Isolierung ist das jeweilige Raumklima. Extrem heiße Dachkammern im Sommer und umgekehrt eiskalte Dachzimmer im Winter, wer kennt das nicht? Sind die Temperaturunterschiede zu den übrigen Räumen deutlich spürbar, lässt dies Rückschlüsse auf eine mangelhafte Dachisolierung zu.

2.3.2 Fenster

Rahmen und Flügel

Bei den Fenstern wurde in der Vergangenheit überwiegend Holz verwendet. Holz ist ein gut isolierendes Material und kann mit vielen verschiedenen Oberflächenbelägen verarbeitet werden.

Leidiges Thema von Holzfenstern ist die jährliche Behandlung gegen Witterungseinflüsse. In den letzten Jahren hat daher das Kunststoffenster mehr und mehr Marktanteil gewonnen. Es ist mittlerweile in allen erdenklichen Farben erhältlich, und auf eine künftige Pflege kann verzichtet werden. Durch wabenähnlichen Aufbau der Rahmenprofile wird ebenfalls eine sehr gute Wärmedämmung erreicht. Ebensowenig Pflegeaufwand wie das Kunststoffenster verursacht das Aluminiumfenster, das in seiner Anschaffung aber verhältnismäßig teuer ist.

Verglasung

Die Verglasung der Fenster ist bei älteren Gebäuden oft ein Problem. Die vielfach noch installierten Doppelfenster halten selbst bei einwandfreiem Zustand den heutigen Anforderungen der Energieeinsparverordnung nicht stand. Einfache Verglasungen sind eher selten zu beobachten. Bei älteren Thermopenverglasungen kann hin und wieder kondensierende Feuchtigkeit auf der Innenseite der Scheiben beobachtet werden. Diese Scheiben sind defekt und sollten erneuert werden. Hervorragende Isolierwerte werden heute damit erreicht, dass der Zwischenraum zweier Scheiben mit Gas gefüllt wird. Je nach Eigenschaft des Gases erhöht sich die Isolierwirkung bezüglich Wärme, aber auch bezüglich des Schallschutzes.

2.3.3 Wände

Massive Wände

Bei einem massiv aus Ziegeln gebauten Haus sollten nach heutigem Standart die Außenwände, wie im letzten Kapitel beschrieben, mindestens 36 cm stark sein. Die Anforderungen, denen das Mauerwerk für Neubauten standhalten muss, sind in der EnEV geregelt. Das heißt, gebrauchte Häuser erfüllen die Vorschriften der neuesten EnEV zum großen Teil nicht. Früher wurden Gebäude, ohne das Wissen um die Notwendigkeit des Energiesparens, mit geringeren Mauerstärken errichtet. Die Mauerstärke kann leicht durch Anlegen des Zollstockes festgestellt werden. Werden geringere Stärken festgestellt, kann dies entweder durch

Die Wohnumwelt	**günstig**	**ungünstig**	**nicht akzeptabel**
Erschließung über Straße			
Entfernung zum öffentlichen Verkehrsmittel			
Wie oft verkehrt es?			
Entfernung zum Arbeitsplatz			
Einkaufsmöglichkeiten			
Schulen			
Handwerker			
Medizinische Versorgung			
Entfernung zur Durchgangsstraße			
Umgehungsstraße geplant?			
Bahnlinie in der Nähe?			
Gewerbebetriebe			
Lärm			
Geruchsbelästigung			
Tierhaltung			
Zustand der Häuser und Gärten			
Nachbarschaft allgemein			

Das Grundstück	**günstig**	**ungünstig**	**nicht akzeptabel**
Größe			
Bei übergroßem Grundstück: Teilung möglich (Bauamt fragen!)			
Nutzgarten			
Ziergarten			
Kinderspielplatz			
Kfz-Einstellplätze			

Das Haus	**günstig**	**ungünstig**	**nicht akzeptabel**
Baujahr			
Wohneinheiten			
Wohnfläche			
Geschosszahl			
Besondere Nutzungen			
Kaufpreisforderung			

Zustand des Hauses	**gut**	**zu sanieren**	**zu ersetzen**
Fassade			
Sockel			
Außenwände			
Balkone			
Loggien			
Fenster			
Fenstermaterialien			
Fensterart			
Rollladen/Jalousien			
Fensterbänke			
Dach			
Dachraum genutzt			
Dacheindeckung			
Dachfenster			
Gauben			
Dach ausbaufähig			
Dachentwässerung			
Hauseingang			
Außentreppe			
Innentreppe			
Treppenhaus			
Keller			
Keller ausbaufähig?			
Feuchtigkeit erkennbar: wo?			
Innenräume			
Türen			
Wände			
Decken			
Böden			
Küche			
Bad			
Heizung			
Warmwasserbereitung: wo Anschlüsse?			
Kaltwasser: wo Anschlüsse?			
Elektro-Installation			
Wärmeschutz ausreichend			
Schallschutz ausreichend			
Brandschutz ausreichend			

Abb. 3: Bestandsbeurteilung Gebrauchtimmobilie (Quelle: Bausparkasse Schwäbisch Hall)

Verwendung eines Steines mit höherem Dämmwert erklärt oder mit einer zusätzlichen Wanddämmung ausgeglichen werden. Dies kann durch eine Beplankung von innen oder von außen erfolgen. Die ideale Lösung ist die Aufbringung eines Vollwärmeschutzes an der Außenwand. Der Handel bietet verschiedenste Isolierputze an. Die Hersteller geben darauf teilweise mehr als 5 Jahre Garantie. Wohnungstrennwände werden beim massiv gebauten Gebäude in 12,5 cm Stärke ausgeführt, wo es die Statik erfordert in 17,5 cm bis 24 cm. Bei den verwendeten Materialien reicht die Bandbreite von Ziegelsteinen über Porenbetonsteine, Gipsdielen bis hin zu Beton und Betonfertigteilen. In ganz alten Gebäuden kann man noch Mauern vorfinden, die mit Natursteinen ausgeführt sind.

Leichtbauweise, Holzbauweise

Bei nicht massiv errichteten Gebäuden sind die Mauern zweischalig. Sie werden beidseitig auf ein Gerüst aus Holz oder Metall aufgebracht. Zwischen der Außenhaut und der Innenhaut ist eine Isoliermasse eingebracht. Diese bestand früher aus Glas- oder Steinwolle. Heute werden auch umweltfreundliche Stoffe, teilweise Recyclingmaterial verwertet. Die Außenhaut dient entweder als Putzträger, oder wird zusätzlich noch verschalt. Die Innenseite wird meist so ausgeführt, dass auf ihr der Wandoberbelag angebracht werden kann. Im Wandaufbau ist dabei noch eine Dampfsperre, gegebenenfalls noch eine Windsperre miteingearbeitet. Die Rohinstallation kann vor dem Schließen der Wände in den Hohlräumen untergebracht werden. Holz- oder Fertighäuser haben zum aller größten Teil einen deutlich besseren Wärmewert als Massivhäuser. Dennoch ist der Marktanteil an massiv errichteten Gebäuden in der Bundesrepublik sehr viel höher (Abb. 3).

2.4 Typische Mängel

Unter diesem Punkt sollen häufige Mängel gebrauchter Immobilien angesprochen werden, die auch mühelos von einem Nichtfachmann zu erkennen sind. Oft genügt schon ein waches Auge bei der Besichtigung vor dem Kauf oder bei der Begehung der eigenen vier Wände, um wesentliche Punkte zu erkennen.

2.4.1 Feuchtigkeit

Dach

Zur Erkennung von Feuchtigkeitsschäden, die vom Dach herrühren, muss man ein waches Auge besitzen. Wände und Decken sowie die Schrägen der unter dem Dach eingebauten Zimmer sind sorgfältig nach Flecken zu untersuchen, Feuchtigkeit hinterlässt nämlich Spuren. Ist eine größere Wand- oder Deckenfläche einmal nass geworden, so bildet sich nach der Abtrocknung entlang der größten Ausdehnung der Nassfläche ein sichtbarer Rand. Ist eine Fläche mehrmals eindringender Feuchtigkeit ausgesetzt, wiederholt sich dieser Vorgang. So entsteht bei einem über längere Zeit nicht bemerkten Feuchtigkeitseintritt ein Bild, das Flüssen auf einer Landkarte gleicht. Diese Bilder, von Feuchtigkeit gezeichnet, können sich an Wänden, Decken, Isolierungen, Balken und auf dem Dachboden niederschlagen. Oft zeigen sich diese Schwachstellen an eingebauten Dachfenstern oder an der Kaminverwahrung. Je nach Art des verwendeten Dachziegels, haben diese eine garantierte Lebensdauer von 20 und mehr Jahren. Ist eine Dacheindeckung mehr als 30 Jahre alt, sollte ein kritischer Blick auf die Beschaffenheit der Dachziegel geworfen werden. Wind und Schneelast führen oft zu Rissen in einzelnen Dachziegeln, durch die Regenwasser unbemerkt eindringen kann.

Keller

Zur Erkennung von Feuchtigkeit im Untergeschoss genügt oft schon eine gute Nase. Moderig, faulig riechende Luft lässt oft den Rückschluss auf vorhandene Feuchtigkeit in Wänden und Fußböden des Untergeschosses zu. Bei der Feststellung derartiger Gerüche sollte das Untergeschoss genauer untersucht werden. Weiteres Indiz liefert von den Wänden abblätternder Putz oder Anstrich. Durch Kratzen am Wandbelag mit einem harten Gegenstand kann dies leicht geprüft werden. Sind Wände im Untergeschoss längere Zeit der Feuchtigkeit ausgesetzt, können sich an den Wänden

Salpeterkristalle bilden. Dabei handelt es sich um Substanzen, die durch ständige Feuchtigkeit aus dem Mauerverbund ausgelöst werden und sich in kristalliner Form an der Oberfläche der Innenwand niederschlagen. Die Kristalle können nur durch intensives Begutachten der Wand entdeckt werden. Sie weisen einen schwachen Glanz an der Oberfläche auf. Leider sind sie weiß und setzen sich farblich kaum von einer weißen Innenwandfarbe ab. Alle drei Indizien, Geruch, Abblätterungen und Salpeterausblühungen können gemeinsam mit Schimmelbildungen auftreten.

2.4.2 Schimmel und Schwammbildung

Jegliche Art von festgestelltem Schimmel innerhalb eines Gebäudes ist ein Zeugnis vorhandener Feuchtigkeit. Sporen, wie sie überall vorkommen, finden dort die ideale Zusammensetzung von Feuchtigkeit und Temperatur um ihre Fruchtkörper ausbilden zu können. Zu erkennen ist er als unregelmäßige Ansammlung von grauen bis schwarzen Flecken an den Wänden, von ähnlicher Konsistenz wie der Schimmel im Marmeladenglas. Dabei ist zu beachten, dass nicht nur die Feuchtigkeit in Wohnräumen die Gesundheit beeinträchtigt, sondern auch der Schimmel selbst. Ihm werden krebserregende Substanzen zugeschrieben.

Bei der Feststellung von Schimmelflecken darf allerdings nicht immer auf vorhandene Bauschäden geschlossen werden. Durch ungenügendes Beheizen und Belüften von Räumen bildet sich bevorzugt an exponierten Stellen Feuchtigkeit durch Kondensation. Wird längere Zeit unsachgemäß beheizt und belüftet, kann sich aus dieser Feuchtigkeit Schimmel bilden. Diese Erscheinung tritt allerdings nur entlang von Kanten und Ecken zur Außenwand sowie entlang den Fensterleibungen auf. Durch Abwischen der schadhaften Stellen und richtiges Beheizen und Belüften der Räume kann diese Erscheinung problemlos korrigiert werden.

Ist der Baustoff Holz über längere Zeit dauerhaft Feuchtigkeit ausgesetzt, so kann sich der gefährliche Hausschwamm bilden. Er ist ein sehr seltener Schädling und zählt zu der Gruppe der Pilze. Seine Fruchtkörper sind hellbraun und durchaus mit Pilzen zu vergleichen, die sich im Wald an abgestorbenen Baumstöcken entwickeln. Ist ein Gebäude mit Holzschwamm befallen, so hilft in den meisten Fällen nur die Abrissbirne.

2.4.3 Holzschädlinge

Bei der Untersuchung von Gebälk und Holzbauteilen sollte darauf geachtet werden, dass das Holz nicht mit Schädlingen befallen ist. Der bekannteste unter den Holzschädlingen ist der Holzwurm. Er kann relativ leicht ausgemacht werden. Da er sich von Holz ernährt, hinterlässt er Löcher und Kotreste im Holz, die mit bloßem Auge festgestellt werden können. Eine Sanierung ist durch Erhitzen der befallenen Gebäudeteile möglich. Dieses Verfahren kann nur durch Fachfirmen durchgeführt werden und ist sehr aufwändig.

Ein aktiver Holzbock-Befall in älteren Häusern ist äußerst unwahrscheinlich. Der Holzbock legt seine Eier nur im Splintholz ab. Diese brauchen zum Leben eine bestimmte Feuchtigkeit ca. 11%–13%. Da Hölzer in alten Gebäuden immer trockener sind als dieser Wert, stirbt ein Befall dann ab, wenn das Holz trockener wird als die ca. 11%. Die Trockenheit schützt das Holz gleichzeitig vor Neubefall. Das was wir oft Jahrzehnte später an Rieselspuren sehen, sind Zeugen eines längst ausgestorbenen Bestandes. Mit jeder Erschütterung und mit jedem Schritt auf dem Dachboden rieselt ehemaliges Fraßmehl nach, was wir fälschlicher Weise als aktive Schädlinge deuten.

2.4.4 Holzschutzmittel

Gegen diesen besagten Holzbock (Holzwurm) wurde in der Vergangenheit eine Vielfalt von Imprägniermitteln, Holzschutzmitteln und anderen Chemikalien zum Einsatz gebracht. (Oft unnötig, weil besagte Fehldiagnose stattgefunden hat.) Mittlerweile ist die Entwicklung in diesem Bereich weit vorangeschritten. Leider gibt es Gebäude, die zum Schutz gegen Schädlinge derart in Chemie getüncht worden sind, dass von den verwendeten Chemikalien nunmehr eine Gesundheitsgefahr auf die Bewohner ausgeht. Die gesundheitsgefährdenden Chemikalien sind über die Presse im Allgemeinen bekannt. Auskunft über verwendete Substanzen kann nur der jeweilige Eigentümer über die Zeit machen, während der er Eigentümer war. Um sicherzugehen, sollte bei Verdacht eine derartige Erklärung auch Niederschrift im Kaufvertrag finden, so dass gegebenenfalls daraus ein Schadenersatzanspruch abgeleitet werden kann.

2.4.5 Asbestzementverschalungen

Vor ca. 40 Jahren wurden vor allem bei der Fassadenrenovierung Asbestzementplatten verwendet. Mittlerweile wurde nachgewiesen, dass Asbest hoch krebserregend ist. Die betroffenen Fassaden müssen bei einer erneuten Renovierung durch Spezialfirmen abgenommen und einer gesonderten Entsorgung zugeführt werden. Von fest installierten Teilen aus Asbestzement geht dabei eine geringere Gefahr aus, da Asbest in hohem Maße nur beim Bearbeitungsvorgang freigesetzt werden kann. Das heißt für alle Häuslebauer und Renovierer: Sägen und Schleifen von Asbestzementplatten ohne Atemschutz ist gesundheitsgefährdend. Am Markt werden heute asbestfreie Faserzementplatten für Dach und Fassade angeboten.

3. Wirtschaftliche Beurteilung

3.1 Bewertung

Die Frage nach der Bewertung von Immobilien ist so alt wie die Marktwirtschaft. Letztlich ist eine Wohnimmobilie im weitesten Sinne ein Wirtschaftsgut, für das sich in der Marktwirtschaft zu jedem beliebigen Zeitpunkt, über Angebot und Nachfrage, ein Preis bildet. Diese Betrachtung mag grundsätzlich richtig sein. Sie bietet in der Praxis allerdings wenig Hilfestellung.

Bewertung und Finanzierung

Es gibt einige Anlässe, zu denen eine genaue Bewertung von Immobilien erforderlich ist. Abgesehen davon, dass beim Kauf einer Immobilie Käufer und Verkäufer bestrebt sind, durch Verhandlungen über den Grundstücksmakler den Marktpreis zu erzielen, hat neben dem tatsächlich gezahlten Kaufpreis die finanzierende Bank nachhaltiges Interesse, den Wert der erworbenen Immobilie genau unter die Lupe zu nehmen. Zur Absicherung von Hypothekendarlehen beleihen die Banken bebaute und unbebaute Grundstücke. Sie ermitteln Beleihungswert und Beleihungsgrenze für die Immobilie. Dabei macht die Bank ihre Abschläge nicht von einem für die Immobilie gezahlten Liebhaberpreis, sondern bewertet sie nach der durchschnittlichen Marktsituation.

Beim Verkauf

Haben sich Eigentümer zum Verkauf ihrer Immobilie entschieden, stehen sie vor der Frage, welcher Kaufpreis zu erzielen ist. Dabei liegen die Vorstellungen der jeweiligen Eigentümer unserer Erfahrung nach regelmäßig höher als der beim Verkauf maximal zu erzielende Preis. Zur Feststellung des Marktpreises und damit des richtigen Angebotspreises sowie zur Abwicklung des Verkaufes stehen den Verkäufern verschiedene Maklerunternehmen zur Seite. Aus den von uns festgestellten Praktiken am Immobilienmarkt kann abgeleitet werden, dass der Makler, der den mit Abstand höchsten Kaufpreis prognostiziert, in aller Regel auch der unseriöseste ist. Leider hat sich bei einigen Maklern die Unsitte eingeschlichen, über hohe Kaufpreiseinschätzungen mit dem anstehenden Verkauf einer Immobilie beauftragt zu werden. Wer erst einmal den Verkaufsauftrag hat, läuft kaum Gefahr, dass der Verkäufer den Makler wechselt, auch wenn der Verkaufspreis in solchen Fällen dann weit unter der ersten Kaufpreiseinschätzung liegt. Das Unseriöse dabei ist, dass die erste Verkaufsprognose jeglicher fachlichen Grundlage entbehrt und nur dazu dient, den Verkaufsauftrag zu erhalten. Natürliche Unterstützung erhält diese Vorgehensweise durch die von uns festgestellte hohe Kaufpreiserwartung der jeweiligen Eigentümer. Und wer hört schon nicht gerne, dass sein Haus noch mehr wert ist, als man ohnehin schon glaubt.

Beim Verkauf sollten sich Eigentümer daher die Mühe machen, nur ein seriöses Maklerunternehmen zu beauftragen, auch wenn es verlockend ist, sich von Mondpreisen blenden zu lassen.

Im Erbfall

Beim eingetretenen Erbfall stehen die Erben vor dem gleichen Problem. Ein Vermögen aus Geldwerten, Sachwerten und Immobilien sollte möglichst genau für eine Auseinandersetzung bewertet werden. Dabei kann der Bewertungszeitpunkt auch Jahre zurückliegen. Erschwert wird die Situation durch verschieden gelagerte Interessen der einzelnen Erben. In solchen Fällen kann nur eine Wertschätzung durch den Fachmann weiterhelfen. Dabei gilt es aber zu beachten:

Nichtamtliche Schätzung: Bei der nichtamtlichen Schätzung, beispielsweise durch den Makler oder durch die Immobilienabteilung einer Bank, kann man davon ausgehen, dass der festgestellte Wert einer Immobilie auch über den Verkauf zu erzielen ist. In der Regel haben Makler und Banken das nötige Know-how und, was noch viel wichtiger ist, jede Menge Erfahrung, um Immobilien marktgerecht zu bewerten. Ein Auftraggeber darf daher bei Dienstleistungsunternehmen der Immobilienbranche davon ausgehen, dass eine Schätzung in jedem Fall verkaufsorientiert erfolgt. Durch die ständige Präsenz am Immobilienmarkt können diese Unternehmen Trends im Ansatz erkennen, Änderungen im Markt feststellen und aktuell in die Wertprognose einfließen lassen. In dieser Marktnähe liegt die eigentliche Stärke des Gutachtens, was ein Vorteil für den Kunden ist, der verkaufen will und eine möglichst genaue Taxierung des zu erzielenden Verkaufspreises wünscht. Nachteil dieser Art von Schätzungen ist, dass sie keinerlei gutachterlichen Charakter besitzen und daher im Streitfall, beispielsweise bei einer Vermögensauseinandersetzung vor Gericht, völlig wertlos sind. Das heißt, im Erbfall oder bei Scheidung eignen sich diese Unternehmen nur bedingt, obwohl die Qualität der Werteinschätzung bis auf wenige Ausnahmen der Realität entspricht.

Amtliche Gutachter: Ein allgemein anerkanntes Gutachten für Immobilien, welches auch vor Gericht standhält, kann ein sog. öffentlich bestellter Gutachter erstellen. Eine Liste der öffentlichen Gutachter kann bei der jeweiligen Industrie- und Handelskammer angefordert werden. Neben einer bestimmten Fachausbildung müssen angehende Gutachter vor ihrer Bestellung zum öffentlichen Gutachter verschiedene Prüfungen ablegen und eine mehrjährige Branchenerfahrung nachweisen. Gutachter rekrutieren sich meist aus dem Personenkreis der Bauingenieure oder Architekten. Die erworbenen Qualifikationen der Gutachter sind unbestritten. Allerdings darf man ihnen gelegentlich den Vorwurf der fehlenden Markttransparenz nicht ersparen. Dies liegt daran, dass Gutachter in der Regel nie Immobilien verkaufen, sondern nur schätzen.

Eine weitere Möglichkeit, ein amtliches Gutachten erstellen zu lassen, bietet sich bei der Gemeinde. Jede größere Kommune verfügt über einen Gutachterausschuss. Dieser Gutachterausschuss ist ein aus einem Vorsitzenden und drei weiteren Personen bestehendes, vom Gemeinde- bzw. Stadtrat vorgeschlagenes Gremium, das durch das Landratsamt bzw. den Kreistag bestätigt werden muss. Meist werden von den Gemeindevertretern für dieses Amt ortsansässige Fachleute vorgeschlagen, die in aller Regel auch bestätigt werden (Maurermeister, Architekten, Bauingenieure). Der Gutachterausschuss verfügt darüber hinaus über die wahrscheinlich vollständigste regionale Kaufpreissammlung. Durch Gesetz sind sämtliche Notare verpflichtet, von jedem Grundstückskaufvertrag eine Durchschrift für die Kommune zu fertigen. Dies ist ein Fundus, auf den alle anderen Schätzer und Gutachter gerne zurückgreifen wollten.

3.1.1 Sachwertverfahren

Bauwert

Bei der Beurteilung von Immobilien kann man verschiedene Denkansätze zur genauen Preisfindung heranziehen. Ein Verfahren ist das sog. Sachwertverfahren. Bei dieser Betrachtung geht man über die Herstellkosten an eine Beurteilung der Immobilie heran. Sämtliche Material- und Lohnkosten, die beim Bau des Gebäudes entstanden sind, sollen möglichst genau erfasst werden. Die Summe aller Material- und Lohnkosten ergibt die Baukosten. Um die Baukosten an das Alter des Gebäudes anzupassen, gibt es zwei Möglichkeiten.

Baukosten aus dem Baujahr sind bekannt: Liegen dem Eigentümer genaue Aufstellungen über die tatsächlichen Kosten im Jahr der Herstellung vor, so können diese Kosten über den sog. Baupreisindex dem heutigen Preisniveau angepasst werden.

Baukosten sind unbekannt: Meist liegen jedoch keine genauen Kostenangaben aus dem Baujahr vor, so dass man zu einer weiteren, weit verbreiteten Methode greifen muss. Dabei ist die Vorgehensweise so, dass bei der Wertermittlung auf die Herstellungskosten eines Kubikmeters umbauten Raumes im Jahr 1913 zurückgegriffen wird. Dabei wird die heutige Ausstattung in folgende fünf verschiedene Ausstattungskategorien eingeteilt: Man unterscheidet einfache Ausstattung, mittlere Ausstattung, gute Ausstattung, sehr gute Ausstattung und aufwändige Ausstattung. Diesen Ausstattungen werden verschiedene Kubikmeterpreise auf der Basis von 1913 zugeordnet. Multipliziert man den zugeordneten Kubikmeterpreis mit dem Rauminhalt des Gebäudes, erhält man den Neupreis von 1913. Über den Baupreisindex 1913 (Wert 1913,

Index = 100), der laufend fortgeschrieben wird, muss dieser Preis auf das heutige Niveau angepasst werden. Dabei wird ein Altersabschlag eingearbeitet. Die zugewiesenen Bewertungen von 1913 reichen von 13 RM für eine einfache Ausstattung bis ca. 35 RM für eine aufwändige Ausstattung. Kritik an dieser Bewertungsmethode ist durchaus angebracht, weil durch die immense Hebelwirkung des Index bei der Multiplikation kleinste Fehleinschätzungen zu großen Abweichungen führen können.

Ein Gutachterausschuss kann seine Bewertung auch auf die Normalherstellungskosten 2000 beziehen, herausgegeben vom Bundesministerium für Verkehr, Bau- und Wohnungswesen, die nach Gebäudetypen und -arten noch wesentlich differenzierter ausgestaltet sind.

Alternative: Bei Gebäuden jüngeren Alters wird häufig eine vereinfachte Betrachtung herangezogen. Man versucht, das Gebäude mit den eingehend besichtigten Ausstattungsmerkmalen gedanklich und rechnerisch nochmals zu erstellen und ermittelt so die heutigen Baukosten. Dieser Wert muss dann lediglich um das Lebensalter des Gebäudes korrigiert werden. Das heißt, es wird ein Altersabschlag für die technische Alterswertminderung vorgenommen.

Bodenwert: Zu dem so ermittelten Bauwert, entweder nach der einen oder nach der anderen Methode, kommt zur Berechnung des Sachwertes noch der Bodenwert hinzu. Der Preis für Grund und Boden ist sehr leicht festzustellen. Viele Kommunen verfügen über sog. Bodenrichtwerttabellen, in denen die Gemeindegemarkung in verschiedene Wertzonen mit verschiedenen Quadratmeterpreisen eingeteilt ist. Bei der Berechnung des Bodenwertes für bebaute Grundstücke darf nicht der volle Quadratmeterpreis für voll erschlossenes Bauland angesetzt werden. Im Grundstücksverkehr geht man davon aus, dass ein bebautes Grundstück 25% weniger Wert verkörpert als ein nicht bebautes Grundstück. Dies hängt damit zusammen, dass die individuellen Gestaltungsspielräume bei einem bereits bebauten Grundstück eingeschränkt sind. Dieser Bebauungsabschlag hat auch seinen Niederschlag in der Wertermittlungsverordnung gefunden.

Besonderheiten beim Bodenwert: Darüber hinaus gilt es bei der Bodenbewertung darauf zu achten, dass die Größe des Flurstückes in angemessenem Verhältnis zur genehmigungsfähigen Bebauung steht. Unverhältnismäßige Relationen erfordern eine Aufteilung des Grundstücks in verschiedene Wertzonen. So kann zum Beispiel ein Grundstück mit einer Größe von 6000 qm, auf dem lediglich ein Wohnhaus mit ca. 150 qm Wohnfläche erstellt werden darf, nicht mit der gesamten Größe zum Baulandpreis angesetzt werden. Hier muss entweder eine Einteilung des Grundstückes in Bauland und Gartenland erfolgen, oder der Quadratmeterpreis für erschlossenes Bauland muss entsprechend als Ergebnis einer Mischkalkulation angesetzt werden.

Gemeindepreis im Gegensatz zu Marktpreis: Außerhalb von Ballungsgebieten stellt man bei der Beobachtung des Marktes fest, dass es verschiedene Preise für Grund und Boden gibt.

Viele Gemeinden haben zur Einschränkung des Bevölkerungszuzuges Regeln bei der Vergabe von gemeindeeigenem Bauland aufgestellt. So können z. B. Grundstücke nur von Bürgern der Gemeinde erworben werden, die länger als 3 Jahre ortsansässig sind oder die länger als 5 Jahre in der Gemeinde ihren Arbeitsplatz haben. Dabei kann festgestellt werden, dass gemeindeeigenes Bauland regelmäßig günstiger ist als privates Bauland. Diese Begünstigung von sog. öffentlichen Bauplätzen ist dabei an eine Einschränkung beim Wiederverkauf gekoppelt. Sie kann z. B. lauten, dass bei Veräußerung innerhalb eines bestimmten Zeitraumes, der auf Grund und Boden entfallende Mehrerlös an die Gemeinde zurückerstattet werden muss.

Sachwert: Bodenwert und Bauwert ergeben zusammen den Sachwert einer Immobilie. Der Sachwert bzw. das Sachwertverfahren findet überwiegend bei der Bewertung von Ein- und Zweifamilienhäusern seine Anwendung. Die hohe Individualität der Immobilie, die überwiegend zur Eigennutzung angeschafft worden ist, rechtfertigt das an den Herstellungs- und Beschaffungskosten orientierte Verfahren. Das Ziel, einen Ertrag zu erwirtschaften bzw. eine Rendite zu erreichen, steht im Hintergrund.

3.1.2 Ertragswertverfahren

Kern des Ertragswertverfahrens ist die Absicht, einen Gewinn zu erzielen. Ideelle Werteinschätzungen sowie individuelle Spielereien treten völlig in den Hintergrund. Das, was letztlich zählt, ist die Ertragskraft der Immobilie. Voraussetzung solcher Objekte ist die vielseitige Verwendbarkeit, respektive Vermietbarkeit.

Wohnraum

Die Fachliteratur geht davon aus, dass bei Mehrfamilienhäusern ab 3 Wohneinheiten die Absicht, einen Ertrag zu erzielen, im Vordergrund steht. Der Ertrag ist umso höher, je besser die Lage und Qualität der einzelnen Wohnungen sind.

Gewerberäume

Beim Ertragswert von Gewerberäumen kommt es verstärkt auf die branchenvielseitige Vermietbarkeit an. Je breiter die Schicht der möglichen Mieter nach Branchen sich gestaltet, desto besser ist die nachhaltige Vermietbarkeit der gewerblichen Räume.

Berechnung

Bei der Ermittlung des Ertragswertes wird die Summe aller Mieteinkünfte als Ausgangswert der eigentlichen Berechnung herangezogen. Maßgeblich für die Festsetzung ist nicht die derzeit gezahlte Miete, sondern die Miete, die unter normalen Umständen vom durchschnittlichen Mietinteressenten zum Bewertungszeitpunkt gezahlt wird. Das bedeutet, dass zur Berechnung des Ertragswertes die aktuelle und auch nachhaltig über einen längeren Zeitraum erzielbare Miete herangezogen werden muss.

Die Marktmiete gilt

Dabei spielt es zunächst keine Rolle, ob ein Objekt viel zu billig vermietet ist, wenngleich Kaufinteressenten auf nicht angepasste Mieten zurückhaltend reagieren. In der Ertragswertermittlung auch keinen Niederschlag finden kann der Umstand, wenn eine Immobilie weit über dem aktuellen Marktniveau vermietet ist. Diese Überzahlung mag zwar für den derzeitigen Eigentümer bzw.

den Käufer recht interessant sein, aber auf Grund der nicht gegebenen Nachhaltigkeit kommt sie bei der Bewertung nicht in Betracht.

Absetzung des anteiligen Grund und Bodens

Die Miete, die für eine Immobilie gezahlt wird, ist die Gegenleistung in Geld für die Überlassung eines Gebäudes mit dem dazugehörenden Grund und Boden. Werden Grundstückswert bzw. Bodenwert analog der Sachwertmethode bestimmt, so muss von der vereinnahmten Miete der Teil abgezogen werden, der rechnerisch auf Grund und Boden entfällt. Das Produkt von Bodenwert und Liegenschaftszinssatz wird von der Bruttomiete abgezogen. Damit erhält man den Anteil des Mietertrages, der rein auf die Gebäulichkeiten entfällt. Über Vervielfältigungstabellen wird die aktuelle Verzinsung des jeweiligen Immobilientyps mit der entsprechenden Restnutzungsdauer gemäß dem Lebensalter der Immobilie aufgezinst, so dass bei diesem Verfahren neben der Ertragsfähigkeit auch die technische Alterswertminderung Berücksichtigung findet. Den um den Bodenanteil neutralisierten Mietanteil multipliziert man mit der entsprechenden Zinszahl und erhält somit den Gebäudeertragswert. Durch Addition des zuvor schon bestimmten Bodenwertes erhält man den Ertragswert einer Immobilie.

Vereinfachung möglich

Dieses Verfahren kann auch verkürzt werden, indem man auf die Ausgrenzung des auf Grund und Boden entfallenden Mietanteils verzichtet. Die Abweichung im Ergebnis ist unter normalen Bedingungen dabei eher gering.

3.1.3 Vergleichswertverfahren

Das Vergleichswertverfahren ist keine für sich abgeschlossene Methode zur Bestimmung des Verkehrswertes, sondern ist nichts anderes als ein Blick ins Archiv. Vergleichswerte werden oft zur Ergänzung der beiden vorausgegangen klassischen Wertermittlungsmethoden herangezogen.

Äpfel nicht mit Birnen vergleichen

Vergleichswerte können allerdings nur dann aussagekräftig zur Wertfindung herangezogen werden, wenn möglichst viele Kriterien des zu bewertenden Objektes mit dem Vergleichsobjekt übereinstimmen. Dabei spielt insbesondere Lage, Größe, Bauweise und Ausstattung eine Rolle. Die Vergleichswerte sollten idealerweise Kaufpreise sein, die durch einen freien Verkauf möglichst zeitnah zum Bewertungszeitpunkt erzielt worden sind.

Bezug zum Immobilienmarktgeschehen

Der Vorteil dieser Vergleichswerte liegt eindeutig darin, dass von ihnen eine sehr große Beweisfähigkeit ausgeht. Durch Angebot und Nachfrage hat sich ein Marktpreis gebildet, von dem Rückschlüsse auf ähnlich gelagerte Objekte gezogen werden können. Je mehr solcher Vergleichswerte vorliegen, desto präziser kann eine Werteinschätzung erfolgen.

Das Vergleichswertverfahren tritt in der Praxis meist als Ergänzung zu den vorgenannten Verfahren, selten als eigenständiges Instrument zur Wertfindung von Immobilien auf.

3.1.4 Begriffsbestimmungen

Liegenschaftszins: Der Liegenschaftszins beschreibt den Zinssatz, mit dem sich eine Immobilie jährlich verzinst. Er verändert sich mit dem Markt und berücksichtigt dabei die regionalen Unterschiede, wie auch die verschiedenen Immobilienarten.

Rendite: Rendite ist die Verzinsung, die ein Kapitalanleger unter Einrechnung sämtlicher Faktoren – Mietertrag, Steuerersparnis, Finanzierungskosten, Bewirtschaftungskosten – erzielt.

Bewirtschaftungskosten: Die Bewirtschaftungskosten sind Kosten, die durch das Eigentum an der Immobilie verursacht werden und laufend anfallen. Dazu zählen die Abschreibung, die Verwaltungskosten, die Betriebskosten, die Instandhaltungskosten und ein kalkulatorisches Mietausfallwagnis.

Altersabschlag: Der Altersabschlag ist eine prozentuale Größe und soll den Preisnachteil eines Gebäudes, verursacht durch dessen Alter, berücksichtigen. Dabei wird einem massiv erstellten

Gebäude eine Lebensdauer von 100 Jahren unterstellt, während einem Fertighaus nur eine Lebensdauer von 80 Jahren zugesprochen wird. Die Lebensdauer von gewerblich genutzten Immobilien liegt bei ca. 60 Jahren (Abb. 4).

Lebensalter des Gebäudes	Wertminderung bei einer Lebensdauer von	
	80 Jahren	100 Jahren
5	3,3	2,6
10	7,0	5,5
20	15,6	12,0
30	25,8	19,5
40	37,5	28,0
50	50,8	37,5
60	65,6	48,0
70	82,0	59,5
80	100,0	72,0
90		85,5
100		100,0

Abb. 4: Technische Wertminderung von Gebäuden in v.H. des Herstellungswertes

Restnutzungsdauer (RND): Ist die Lebensdauer eines Gebäudes überschritten, so benötigt man für die Errechnung des Altersabschlages eine weitere Größe, die Restnutzungsdauer. Je nach erfolgter Renovierung bzw. Sanierung erhöht sich die Lebensdauer eines Gebäudes. Für jede Verbesserungsmaßnahme lässt sich die damit verbundene Erhöhung der Lebensdauer genau bestimmen. Diese die Lebensdauer erhöhenden Maßnahmen finden dann über die Alterswerttabelle ihre Berücksichtigung bei der Errechnung des Alterswertabschlages.

Verkehrswert: Der angemessene Kaufpreis, der unter normalen Bedingungen am Markt erzielt werden kann, wird als Verkehrswert bezeichnet.

Beleihungswert: Der Beleihungswert ist eine überwiegend bankinterne Größe. Üblicherweise werden vom Verkehrswert Risikoabschläge vorgenommen. Daraus ergibt sich der Beleihungswert. Das ist der Wert eines Objektes, für den ein Kreditinstitut Finanzierungsmittel gegen Grundpfandrechte gewährt. Als Grundregel gilt, der Beleihungswert beträgt ca. 60% des Verkehrswertes, die Beleihungsgrenze 80% des Verkehrswertes. Darlehen innerhalb des Beleihungswertes werden in der Regel mit einem erstrangigen Grundpfandrecht abgesichert. Darlehen die darüber hinaus gehen werden entweder nachrangig mit Grundpfandrechen oder mit anderweitigen Sicherheiten abgesichert.

3.1.5 Hilfsmittel zur Bewertung

Bauunterlagen

Neben dem Know-how sind sämtliche vorliegenden Bauunterlagen wichtige Hilfsmittel für die Durchführung einer qualifizierten Bewertung. Die Hauptunterlagen findet man im Baugesuch: Grundrisspläne aller Geschosse, Wohnflächenberechnungen, Angaben über die Größe des umbauten Raumes. Ist ein Baugesuch nicht mehr auffindbar, kann das Bauamt meist gegen eine Gebühr aus seinem Archiv weiterhelfen. Bleibt diese Maßnahme erfolglos, so ist ein Aufmessen der Räume erforderlich, um möglichst genaue Maße zu erhalten.

Grundbuchunterlagen

Grundsätzlich schadet zur Bewertung einer Immobilie ein Blick ins Grundbuch nicht. Zum einen findet man darin die genaue Flächenangabe des Grundstücks, zum anderen können wertmindernde, im Grundbuch eingetragene Belastungen erkannt werden. Grundstücke können nämlich durch unterschiedliche Belastungen in ihrem Wert stark differieren. Vom Geh- und Fahrrecht über Leitungsführungsrechte bis hin zum Wohnrecht können sich die verschiedensten Eintragungen im Grundbuch finden.

Baulastenbuch

Neben dem Grundbuch können weitere Belastungen im sog. Baulastenbuch der zuständigen Baubehörde eingetragen sein. Dabei handelt es sich überwiegend um Be- und Einschränkungen, die aus dem öffentlichen Recht herrühren. Beispielsweise können darin höhere Grenzabstände zum Gebäude des Nachbarn, verbotene Fensteröffnungen und Überbauungsverbote eingetragen sein. Erst nachdem in beiden Büchern Einsicht genommen worden ist, kann der Wert eines Grundstücks vorbehaltlos festgestellt werden.

Baubeschreibung

Sehr wichtig für die Bewertung der Gebäulichkeiten ist die Baubeschreibung. Anhand dieser können Rückschlüsse auf die Qualität der Bauweise gezogen werden. Meist liegt jedoch keine qualifizierte Baubeschreibung vor, so dass man auf eine genaue Besichtigung der Immobilie angewiesen ist. Hohe Materialkunde sowie langjährige Erfahrung sind dabei von Vorteil. Im aufwändigsten Fall muss vom Keller bis zum Dach jedes Detail begutachtet werden. Dann kann daraus cin Rückschluss auf die Bauqualität gezogen werden.

Literatur

Neben vielerlei Fachliteratur zum Thema Wertermittlungen sind die Tabellen zur Festlegung des technischen Alterswertabschlages sowie die Auf- und Abzinsungstabellen die wichtigsten mathematischen Hilfsmittel zur genauen Wertermittlung.

3.1.6 Sonderfaktoren

Objekte

Im Rahmen der Wertermittlung gibt es einige Besonderheiten zu beachten. Für die allermeisten Wohnimmobilien kann zu jedem erdenklichen Zeitpunkt ein aktueller Verkehrswert bestimmt werden. Dies ist auf die Tatsache zurückzuführen, dass die überwiegende Anzahl der bestehenden Wohnimmobilien verkehrsfähig ist. Das heißt, die Ausstattungs- und Aufteilungsmerkmale sind so gestaltet, dass eine ganze Menge von Interessenten sich mit diesen Gegebenheiten identifizieren kann.

Regelmäßig dann bekommen Wertermittler Probleme, wenn Immobilien überzogen individuell errichtet wurden. Zum Beispiel verkörpert ein Haus mit 200 qm Wohnfläche einen bestimmten Sachwert. Ist aber im ganzen Haus kein Kinderzimmer zu finden, so lässt sich ein Verkehrswert nur sehr schwer ermitteln.

Wohnrechte

Ein Wohnrecht ist eine im Grundbuch eingetragene persönliche Dienstbarkeit. Sie gestattet einer Person, in dem entsprechenden Gebäude auf Lebenszeit unentgeltlich zu wohnen. Vor allem im ländlichen Bereich trifft man bei ursprünglich landwirtschaftlich genutzten Gebäuden häufig Wohnrechte an. Das Wohnrecht bürgt für einen Eigentümer bzw. Erwerber gleichermaßen Chance und Risiko in sich. Kalkulatorisch geht man bei der Bewertung von Wohnrechten auf die Sterbetabellen der Lebensversicherer zurück. Dabei wird aus der durch das Wohnrecht entgangenen kalkulatorischen Miete der Barwert zum Bewertungszeitpunkt, bezogen auf die errechnete Lebensdauer des Berechtigten, unter Hinzuziehung einer marktüblichen Verzinsung, gebildet. Dieser Barwert wird von dem vorläufig errechneten Verkehrswert abgezogen. Üblicherweise erlischt das Wohnrecht mit dem Tod des Begünstigten. Ein finanzieller Ausgleich findet nicht statt. Stirbt der Begünstigte vor dem mit der Sterbetabelle errechneten Zeitpunkt, kann die Wohnung früher genutzt werden. Der fiktive Kaufpreis wird daher im Nachhinein günstiger. Lebt der Begünstigte weit über den errechneten Sterbezeitpunkt hinaus, so verteuert sich der fiktive Kaufpreis.

3.2 Kosten

3.2.1 Kostenverteilung

Abb. 5 gibt darüber Aufschluss, wie die Kosten eines Gebäudes abgeschätzt werden können.

Bauarbeiten	Gewicht	Vorjahres-quartal	Vorquartal	Berichts-quartal	Veränderung Berichtsquartal gegenüber	
					Vorjahres-quartal	Vorquartal
	‰	1985 = 100			%	
a) Neubau von Wohngebäuden – Bauleistungen am Bauwerk – (einschließlich Mehrwertsteuer)						
Wohngebäude insgesamt	1000	125,7	129,4	131,5	+ 4,6	+ 1,6
Erdarbeiten	28,27	123,7	127,8	130,0	+ 5,1	+ 1,7
Verbauarbeiten	1,68	117,2	120,5	121,2	+ 3,4	+ 0,6
Rammarbeiten	0,32	130,8	131,1	131,1	+ 0,2	–
Entwässerungskanalarbeiten	10,70	124,9	128,0	127,2	+ 1,8	- 0,6
Mauerarbeiten	150,00	130,1	134,2	135,6	+ 4,2	+ 1,0
Beton- und Stahlbetonarbeiten	205,37	127,4	130,2	131,1	+ 2,9	+ 0,7
Naturwerksteinarbeiten	9,37	127,5	130,2	135,1	+ 6,0	+ 3,8
Betonwerksteinarbeiten	7,73	120,6	123,2	125,8	+ 4,3	+ 2,1
Zimmer- und Holzbauarbeiten	52,13	125,8	126,9	131,2	+ 4,3	+ 3,4
Stahlbauarbeiten	0,21	112,7	117,1	117,9	+ 4,6	+ 0,7
Abdichtungsarbeiten	8,28	128,1	129,8	133,3	+ 4,1	+ 2,7
Dachdeckungs- und Dachabdichtungs-arbeiten	40,25	123,5	129,7	131,1	+ 6,2	+ 1,1
Putz- und Stuckarbeiten	83,24	126,6	130,0	133,7	+ 5,6	+ 2,8
Gerüstarbeiten	5,18	115,3	115,7	118,8	+ 3,0	+ 2,7

Rohbauarbeiten	602,73	127,1	130,4	132,4	+ 4,2	+ 1,5
Klempnerarbeiten	16,00	130,9	136,9	140,1	+ 7,0	+ 2,3
Fliesen- und Plattenarbeiten	32,70	128,0	131,5	133,1	+ 4,0	+ 1,2
Estricharbeiten	18,97	125,3	132,4	133,8	+ 6,8	+ 1,1
Asphaltbelagarbeiten	0,28	109,7	110,4	112,5	+ 2,6	+ 1,9
Tischlerarbeiten	80,36	117,7	120,4	121,4	+ 3,1	+ 0,8
Parkettarbeiten	3,57	134,8	141,2	145,0	+ 7,6	+ 2,7
Rollladenarbeiten	8,47	111,3	117,9	118,0	+ 6,0	+ 0,1
Metallbauarbeiten, Schlosserarbeiten	37,65	124,0	128,1	131,0	+ 5,6	+ 2,3
Verglasungsarbeiten	2,87	123,0	127,4	128,2	+ 4,2	+ 0,6
Maler- und Lackiererarbeiten	21,67	119,6	120,3	122,6	+ 2,5	+ 1,9
Bodenbelagarbeiten	13,99	125,5	128,9	131,4	+ 4,7	+ 1,9
Tapezierarbeiten	7,93	121,3	121,3	122,2	+ 0,7	+ 0,7
Raumlufttechnische Anlagen	3,95	123,1	128,0	129,7	+ 5,4	+ 1,3
Heizanlagen und zentrale Wasser-erwärmungsanl.	47,00	124,0	130,2	132,9	+ 7,2	+ 2,1
Gas-, Wasser- und Abwasser-Installationsarbeiten	48,32	128,8	137,1	141,8	+ 10,1	+ 3,4
Elektrische Kabel- und Leitungsanlagen	40,60	124,6	127,4	130,0	+ 4,3	+ 2,0
Blitzschutzanlagen	0,48	124,1	125,0	127,4	+ 2,7	+ 1,9
Dämmarbeiten an technischen Anlagen	6,19	121,9	125,1	130,5	+ 7,1	+ 4,3
Förderanlagen	6,27	122,6	124,5	127,1	+ 3,7	+ 2,1
Ausbauarbeiten	397,27	123,5	127,9	130,3	+ 5,5	+ 1,9

Abb. 5: Preisindizes für Bauwerke in Baden-Württemberg im Mai 1992 nach Art der Bauarbeiten (Quelle: Statistisches Landesamt Baden-Württemberg)

Aus den einzelnen Wertansätzen können ganz grob Ableitungen auf die Kosten einzelner Gewerke gezogen werden. Dabei können als Baukosten für ein neues Einfamilienhaus derzeit ca. 230 € bis 280 € pro Kubikmeter umbauten Raumes, je nach Ausstattung, angenommen werden. Die Ansätze in der Tabelle sind beim Erstellen eines Neubaus so angeordnet, dass ein Arbeitsschritt dem anderen folgt. Bei gebrauchten Immobilien ist zu bedenken, dass diese Kette von einzelnen Gewerken nicht immer gegeben ist. Oft muss für das eigentliche Gewerk noch der eine oder andere Handgriff erledigt werden, so dass unter dem Strich die Kosten bei Einzelrenovierung von Gewerken tendenziell höher sind als die aus der Tabelle.

3.2.2 Typische Renovierungskosten

Do it yourself

Die überwiegende Zahl der „Häuslebauer" übernimmt gerne einen großen Teil der Maler- und Tapezierarbeiten im und am Haus. Gespart werden kann hier bei ein wenig Geschick die Arbeitsleistung des Fachhandwerkers. Für kompliziertere Angelegenheiten oder für Anstriche am Außenputz sollte aber dennoch ein Malermeister hinzugezogen werden.

Sehr beliebt ist auch die Einbringung von Holzdecken, Bodenbelags- und Fliesenarbeiten. Der Fachhandel bietet jede Menge an Materialauswahl und Anleitungshilfen.

Für Leute mit „grünem Daumen" ist der Eingriff in die Gestaltung der Außenanlage sicher kein Problem. Dies geht in manchen Fällen so weit, dass Terrassen und Wege neu angelegt werden, bis hin zum selbstständigen Anlegen eines Zierteiches.

Die nachträgliche Isolierung des Daches zählt auch zu den häufigen Eigenleistungen, die beim Erwerb eines Einfamilienhauses eingebracht werden. Voraussetzung ist allerdings, dass der übrige Dachstuhl von guter Qualität ist. Der Fachhandel bietet hier hervorragende Systeme an, neuerdings auch verstärkt mit natürlichen Baustoffen (Kokosfaserplatten usw.).

Nur vom Profi

Im Zuge der aktuellen EnEV stehen neben der Heizung, der Fassade und der Dachisolierung auch die Fenster bei den Renovierungsmaßnahmen an erster Stelle. Dabei bietet der Fachhandwerker heute bereits preiswerte und saubere Systeme an. Das sind beispielsweise Fenster, die auf einen bestehenden Stockrahmen aufgesetzt werden und keine Beiputzarbeiten erfordern.

Sollte neben der erforderlichen Dachisolierung gleichzeitig die Dachdeckung sowie der Austausch einzelner konstruktiver Teile am Dach erforderlich sein, so kann nur der Profi weiterhelfen.

Dies gilt genau so bei Ausbesserungs- bzw. Erneuerungsarbeiten am Außenputz. Über den Putz atmet das Haus, dabei wird Feuchtigkeit aufgenommen und wieder abgegeben. Falsche Materialien oder falsches Auftragen können zu Schäden führen, die u. U. nur sehr kostenintensiv zu beheben sind.

Ähnlich wie bei der Heizungsinstallation ist auch dringend anzuraten, die Elektroinstallation vom Fachhandwerker durchführen zu lassen. Fehler bei der Elektromontage können zu schweren Unfällen bis hin zu Todesfällen führen.

3.3 Wirtschaftlichkeit

Die Wirtschaftlichkeit einer Immobilie drückt sich für den Kapitalanleger in der Rendite aus. Dabei werden die laufenden Mieteinnahmen, die Steuervorteile und die beim Verkauf erzielte Wertsteigerung mit einbezogen. Daher ist die Frage erlaubt: Wo liegt die Wirtschaftlichkeit beim Eigennutzer.

Diese Frage kann zum einen über Zahlen beantwortet werden: Setzt man bei einer durchschnittlichen Finanzierung eine Laufzeit von 30 Jahren an, bis sämtliche Darlehen abbezahlt sind, so ist man bei der Miete zu lebenslanger Zahlung verpflichtet. Errechnet man aus beiden Möglichkeiten – Kauf oder Miete – den aktuellen Barwert, so schneidet der Käufer besser ab. Auch die volkswirtschaftliche Betrachtung, dass der Grundbesitzer der Inflationsgewinner ist, mag an dieser Stelle richtigerweise seinen Niederschlag finden.

Zum anderen hat die Immobilie für den Eigennutzer mit Wirtschaftlichkeit wieder gar nichts zu tun. Es ist das Streben des einzelnen nach Unabhängigkeit, Selbstständigkeit, Selbstverwirklichung, Ansehen, Besitzstand, Reichtum und Vermögen. Hinzu kommen Wertbegriffe wie „die eigenen vier Wände", „den Kindern eine bessere Zukunft bieten" usw. Die Vielzahl dieser Behauptungen lässt sich nicht in Zahlen ausdrücken.

3.3.1 Bewirtschaftungskosten

Abb. 6 zeigt, mit welchen Kosten der Eigentümer einer Immobilie zu rechnen hat. Sie gibt zudem Aufschluss darüber, welche dieser Kosten bei Vermietung an den Mieter weitergegeben werden können.

3.3.2 Herstellkosten

Kostenplanung

Ein weiteres Kriterium der Kostenseite sind die Herstellkosten oder Anschaffungskosten. Der Erwerb einer gebrauchten Immobilie erfordert eine exakte Kostenplanung. Sämtliche Anschaffungskosten und die Kosten der erforderlichen Reparaturen bilden die Ausgangsbasis für die Aufstellung der Finanzierung. Nach Verbrauch des Eigenkapitals muss für den noch fehlenden Restbetrag eine Finanzierung aufgestellt werden, die der monatlichen Liquidität des Eigentümers so viel Freiraum lässt, dass der Lebensunterhalt für Nahrung, Kleidung, Auto, Urlaub, Versicherungen und Altersvorsorge bestritten werden kann.

Zeitplanung

Sehr wichtig erscheint auch die genaue Zeitplanung der Reparaturen und Instandsetzungen. Empfehlenswert ist eine Aufstellung über die Dringlichkeit der einzelnen Maßnahmen. Sind beispielsweise Fenster alt, aber in gutem Zustand, kann man sicher noch einige Jahre damit leben. Bei der Aufstellung dieses Prioritäten-Planes muss auch berücksichtigt werden, dass für verschleißbedingte Reparaturen ein entsprechendes Budget einkalkuliert wird.

§ 27 II. BVO, die Vorschrift die bestimmt, was Betriebskosten sind, wird ergänzt durch eine Anlage (Anlage 3), in welcher die Betriebskosten abschließend und vollständig aufgezählt sind, nämlich:

1. die laufenden öffentlichen Lasten des Grundstücks (Grundsteuer);
2. die Kosten der Wasserversorgung;
3. die Kosten der Entwässerung;
4. die Heizkosten;
5. die Kosten des Betriebs der zentralen Warmwasserversorgungsanlage;
6. die Kosten verbundener Heizungs- und Warmwasserversorgungsanlagen;
7. die Kosten des Betriebs des maschinellen Personen- oder Lastenaufzugs;
8. die Kosten der Straßenreinigung und Müllabfuhr;
9. die Kosten der Hausreinigung und Ungezieferbekämpfung;
10. die Kosten der Gartenanlage;
11. die Kosten der Beleuchtung;
12. die Kosten der Schornsteinreinigung;
13. die Kosten der Sach- und Haftpflichtversicherung;
14. die Kosten für den Hauswart;
15. a) die Kosten des Betriebs der Gemeinschaftsantennenanlage;
    b) die Kosten des Betriebs der mit einem Breitbandkabelnetz verbundenen privaten Verteilanlage;
16. die Kosten des Betriebs der maschinellen Wascheinrichtung;
17. sonstige Betriebskosten.

Diese Aufzählung ist abschließend.

Abb. 6: Betriebskosten (Quelle: Christian E. Ostermann, Aktuelles Rechts- und Formularhandbuch der Hausverwaltung, WEKA-Baufachverlag)

3.3.3 Mieterträge

Wer die Immobilie als Geldanlage betrachtet, will Einkünfte aus Vermietung und Verpachtung erzielen. Bei wohnwirtschaftlich genutzten Objekten wird der Eigentümer daher stets versuchen, den höchsten Mietertrag zu erzielen. Dies bedeutet, dass im Rahmen der gesetzlich zulässigen Grenzen stets Mieterhöhungen, angepasst an die allgemeine Preisentwicklung, durchzuführen sind. Renditeorientiert betrachtet ist diese Vorgehensweise sicherlich korrekt und wünschenswert. In der Praxis stellt man allerdings fest, dass Mietverhältnisse, deren Mieten sich nicht am oberen Limit bewegen, sehr oft die besseren Mietverhältnisse sind. Ein Mieter, der eine geringere Miete bezahlt, ist nach unserer Erfahrung eher bereit, die eine oder andere Kleinreparatur auf seine Kosten zu übernehmen und die Wohnung angemessen zu pflegen. Zudem haben wir festgestellt, dass bei gemäßigten Mietpreisen die Anzahl der Mieterwechsel deutlich abnimmt. Da häufiges Ein- und Ausziehen einen hohen Verschleiß an der Wohnung und am Gebäude verursacht, hat ein moderater Mietpreis so gesehen Vorteile. Daher kann weniger oft mehr sein.

4. Eigentumsformen

Beispiel: Herr Müller ist entschlossen, eine gebrauchte Immobilie zu erwerben. Sein Traum wäre ein freistehendes Einfamilienhaus im Grünen mit möglichst großem Garten und altem Baumbestand. Nachdem er sich jedoch über Zeitungsanzeigen und mehrere Angebote von Maklern ein Bild über die Preislage seiner Wunschimmobilie gemacht hat, kommt er zu dem Schluss, dass er sich dies wohl nicht leisten kann. So gibt er sich nunmehr auch mit anderen, offensichtlich günstigeren Eigentumsformen ab. Schnell stellt er dabei fest, dass die Rechtsverhältnisse, insbesondere Eigentumsverhältnisse bei diesen alternativen Eigentumsformen unterschiedlich sind.

Der folgende Abschnitt verschafft einen Überblick über die verschiedenen Eigentumsformen und ihre rechtliche Bedeutung.

4.1 Einfamilienhaus

Hierunter versteht man üblicherweise das freistehende Einfamilienhaus, das sich auf einem eigenen Grundstück befindet. Der Eigentümer des Einfamilienhauses ist Alleineigentümer von Haus und Grundstück.

4.2 Doppelhaus

Als Doppelhaus wird ein Gebäude bezeichnet, das vertikal in zwei Haushälften geteilt ist. Jede Haushälfte verfügt über einen separaten Eingang. Gebäude und Grundstück sind „real" geteilt. Dies bedeutet, dass beide Eigentümer jeweils das Alleineigentum an ihrer Haus- und Grundstückshälfte haben. Voraussetzung hierfür ist, dass die Trennwand zwischen den Haushälften zweischalig, also doppelt ausgeführt ist und die Grundstückshälften separat vermessen sind. Beide Haushälften müssen jeweils für sich allein „funktionieren", also zum Beispiel über eine eigene Heizungsanlage verfügen.

4.3 Reihenhaus

Das Reihenhaus unterschiedet sich vom Doppelhaus nur dadurch, dass hier mindestens drei Wohnhäuser zusammenhängen. Die Voraussetzungen für die reale Teilung in Alleineigentum für den jeweiligen Reihenhauseigentümer müssen ebenfalls gegeben sein.

4.4 Mehrfamilienhaus

Im Mehrfamilienhaus befinden sich mehrere Wohnungen, die entweder einem Eigentümer alleine oder bei Eigentumswohnungen verschiedenen Eigentümern gehören.

4.5 Eigentumswohnung

Die Eigentumswohnung hat in den letzten Jahren gegenüber allen anderen Eigentumsformen an Bedeutung gewonnen. Der Grund hierfür liegt vor allem in den wesentlich geringeren Erwerbskosten. Im Folgenden wird deshalb ausführlicher auf diese Eigentumsform eingegangen.

Von Eigentumswohnungen spricht man in der Regel bei Geschossbauten. In mehreren Etagen befinden sich Wohnungen, die jeweils einzeln erworben werden können (Abb. 7).

Beispiel: Herr Müller hat eine ältere Eigentumswohnung besichtigt, die ihm recht gut gefällt. Obwohl er noch nicht ganz zum Kauf entschlossen ist, befasst er sich schon mit einigen Details. Da sich die Wohnung im Dachgeschoss befindet, hat sich Herr Müller insbesondere für den Zustand des Daches interessiert, zumal er im Wohnzimmer an der Decke eine feuchte Stelle entdeckt hat. Der Makler erklärte ihm, dass im Falle eines Schadens am Dach nicht nur der Eigentümer der Dachgeschosswohnung für die Reparatur zu sorgen hat. Die Kosten würden durch alle Eigentümer im Haus geteilt.

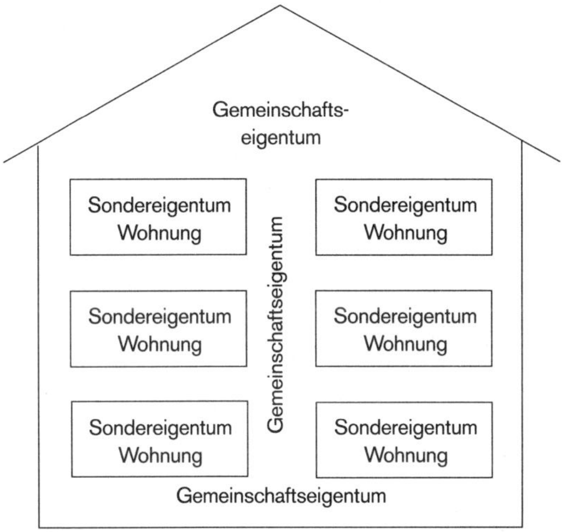

Abb. 7: Wohnungseigentumsformen

Herr Müller möchte das jetzt schon genau wissen. Was gehört in so einem Mehrfamilienhaus eigentlich wem? Wer muss für Kosten zu welchem Anteil aufkommen?

Die folgenden Abschnitte gehen auf die im Beispiel gestellten Fragen ein.

4.5.1 Rechtsgrundlagen der Eigentumswohnung

Geregelt werden die Rechtsverhältnisse bei Eigentumswohnungen im Wohnungseigentumsgesetz. Man unterscheidet:

Alleineigentum – Miteigentum – Sondereigentum

Der entscheidende rechtliche Unterschied zwischen Einfamilienhäusern und Eigentumswohnung liegt in der Form des Eigentums. Der Käufer eines Hauses erwirbt, wie zuvor beschrieben, das Alleineigentum an einem Grundstück mit Gebäude. Im Gegensatz hierzu hat der Käufer einer Eigentumswohnung einen Miteigentumsanteil am gesamten Gebäude und Grundstück sowie ein Sondereigentum an der Eigentumswohnung.

Das Gemeinschaftseigentum betrifft alle Bewohner

Falls sich Herr Müller zum Kauf der Dachgeschosswohnung entschließt, bedeutet dies für ihn: Seine Wohnung liegt zwar unmittelbar unter dem Dach, das Dach gehört jedoch allen Eigentümern zusammen. An einer Reparatur haben sich somit alle Eigentümer im Haus zu beteiligen. Dies trifft natürlich für alle Teile des Gebäudes zu, die nicht zu einzelnen Wohnungen gehören, sondern an denen alle Wohnungseigentümer einen Miteigentumsanteil haben, wie z. B. die gemeinsame Haustüre, das gemeinsame Treppenhaus, die Heizungsanlage usw. Diese Teile stellen zusammen mit dem Grundstück das Gemeinschaftseigentum dar.

Beispiel: Herr Müller ist nun richtig neugierig geworden. Was kostet ihn die Reparatur des Daches, falls dies wirklich undicht ist?

Diese und ähnliche Fragen können durch die Teilungserklärung beantwortet werden.

4.5.2 Teilungserklärung und Teilungsplan

Die Teilungserklärung regelt auf der Grundlage des Wohnungseigentumsgesetzes das Verhältnis der einzelnen Wohnungseigentümer in einem Haus untereinander. Sie ist ein äußerst wichtiges Dokument, welches notariell beurkundet werden muss. Umso verwunderlicher ist es, dass viele Käufer von Eigentumswohnungen erfahrungsgemäß die Teilungserklärung nur oberflächlich, oft gar nicht lesen. Da der Notar beim Abschluss eines Kaufvertrages in aller Regel nur auf die Teilungserklärung verweist, diese aber nicht vorliest, kommt es nicht selten vor, dass Wohnungseigentümer den Inhalt der Teilungserklärung gar nicht kennen.

Die Teilungserklärung wird vom Bauherrn oder Eigentümer des Mehrfamilienhauses abgegeben. Sehr häufig ist dies ein Bauträger, der beabsichtigt, die einzelnen Wohnungen als Eigentumswohnungen zu verkaufen. In der Teilungserklärung wird zunächst festgelegt, wie das Gebäude aufgeteilt ist, insbesondere

- was zum **Gemeinschaftseigentum** und was zum **Sondereigentum,** also zu einzelnen Wohnungen gehört (welcher Kellerraum gehört zu welcher Wohnung?). Im sogenannten **Teilungsplan** wird diese Aufteilung noch zusätzlich bildlich dargestellt.

- die Höhe des **Miteigentumsanteils** jeder einzelnen Wohnung am Gemeinschaftseigentum
  Des Weiteren werden in der Teilungserklärung geregelt:
- eventuelle **Sondernutzungsrechte** (z. B. an Gartenanteilen auf der gemeinschaftlichen Grünfläche) für einzelne Wohnungen,
- **Verteilung der Kosten** von Instandhaltungsmaßnahmen am Gemeinschaftseigentum (in der Regel nach Miteigentumsanteilen) und der weiteren Kosten,
- **Gebrauchsregelungen** (z. B. „nur für Wohnzwecke"),
- **Stimmrechte** der einzelnen Eigentümer in den Eigentümerversammlungen (z. B. nach Miteigentumsanteilen oder nach Zahl der Wohnungen).
- Eventuell ist eine **Baubeschreibung** in der Teilungserklärung enthalten, die dem Käufer einer gebrauchten Wohnung interessante Informationen zur Bauqualität geben kann (vgl. Abb. 8).

Beispiel: Herr Müller stellt anhand der Teilungserklärung fest, dass die angebotene Dachgeschosswohnung einen Miteigentumsanteil in Höhe von 118,03 Tausendsteln am Gemeinschaftseigentum hat. Die Teilungserklärung sieht vor, dass die Kostenverteilung nach Miteigentumsanteilen erfolgt. Die Dachreparatur würde ihn also mit diesem Anteil treffen.

4.5.3 Checkliste „Teilungserklärung und Teilungsplan"

Die Regelungen in der Teilungserklärung können mitentscheidend für den Wert einer gebrauchten Eigentumswohnung sein. Die nachfolgende Checkliste ist eine Hilfe für die Überprüfung von Punkten der Teilungserklärung, die in der Praxis oft übersehen werden.

- Ist die Verteilung der Kosten anders als über die Miteigentumsanteile geregelt?
- Ist die Stimmrechtsverteilung ungewöhnlich geregelt?
  (Also nicht nach Miteigentumsanteilen oder nach der Zahl der Wohnungen?)
- Gibt es Sondernutzungsrechte, die für eine Wohnung positiv, für die anderen aber negativ sein können? (z. B. Sondernutzungsrecht am gesamten Garten für eine Erdgeschosswohnung

Baubeschreibung (Auszug)

1. Planung

(1) Baueingabepläne im Maßstab 1:100, 5fach, einschl. Bauantrag und entsprechende Formulare

(2) Prüffähige statische Berechnung mit Ausführungszeichnungen im Maßstab 1:50

(3) Bauleitung für die von uns ausgeführten Leistungen

2. Erdarbeiten

(1) Abheben des Mutterbodens und seitliche Lagerung auf dem Baugrundstück in einer Entfernung bis 10 m ab Gebäude

(2) Aushub der Baugrube (bis zu Bodenklasse 5) und seitliche Lagerung auf dem Baugrundstück in einer Entfernung bis 10 m ab Gebäude

(3) Wiederanfüllen der Arbeitsräume mit vorhandenem Aushubmaterial an den mit einer normalen Raupe zugänglichen Bereichen, bis zur Höhe des vorhandenen Geländes, ohne evtl. erforderliche Beifuhr

3. Beton-, Maurer- und Fertigteilarbeiten

(1) Schnurgerüst erstellen (das Einschneiden erfolgt durch den Geometer)

(2) Einbau einer Kiesfilterschicht d = 20 cm

(3) Entwässerungsleitungen aus Hart-PVC für Schmutzwasser und Regenwasser im Mischsystem bis 1 m über Hausgrund, ohne Maßnahmen wegen Rückstaugefahr oder wegen zu hoch liegendem Kanal, einschl. Standrohre für die Regenfallrohre, 1 Bodeneinlauf im Untergeschoss

(4) Einbau der Streifenfundamente nach statischer Erfordernis bei einer angenommenen Bodenpressung von mindestens 250 KN/m^2, jedoch ohne Vertiefung bei Hanglage und bei frostfreier Gründung

(5) Einbau der Bodenplatte d = 10 cm

(6) Einbau einer Ringdrainage samt Sickerkiespackung

(7) Anbringen einer Hohlkehle an den Kelleraußenwänden

(8) Außenwände und Tragwände im Untergeschoss aus zweischaligen Betonfertigteilen d = 20 cm, h = 2,30 m, mit Betonverguss an der Baustelle, Trennwände im Untergeschoss aus Betonfertigteilen d = 10 cm

(9) Tankraumbrüstung in erforderlicher Höhe

(10) Decke über Untergeschoss als Stahlbetonmassivplattendecke mit Betonverguss an der Baustelle

Abb. 8: „Baubeschreibung“ (Quelle: Anliker, Riedlingen, Massivhaus-Baubeschreibung)

und somit keine Nutzungsmöglichkeit für die Eigentümer der übrigen Erdgeschosswohnungen)

- Ist die Instandhaltung der Balkongeländer Sache der Eigentümergemeinschaft oder des betreffendenden Wohnungseigentümers?
- Gibt es besondere Regelungen bezüglich der Instandhaltung von Grundstück oder gemeinschaftlichen Gebäudeteilen? (z.B. Kostentragung für die Pflege der Grünflächen nur durch die Eigentümer der Erdgeschosswohnungen)
- Können im Gebäude auch Gewerbe ausgeübt werden und in welchem Umfang? Sind diese unter Umständen störend für die Bewohner?
- Stimmt die im Teilungsplan vorgesehene Gebäudeplanung mit dem Baugesuch und dem tatsächlich erstellten Gebäude überein? Sind nachträgliche Änderungen des Gebäudes genehmigt worden?

4.5.4 Hausverwaltung

Beispiel: Herr Müller macht sich bereits Gedanken, ob die Heizkosten in einem älteren Gebäude, vor allem in einer Dachgeschosswohnung nicht extrem hoch sind. Von seinem Makler verlangt er deshalb die letzte **Nebenkostenabrechnung** für die Wohnung, an deren Kauf er interessiert ist. Aus dieser Abrechnung kann Herr Müller die Heizkosten sowie alle anderen Kosten der Wohnanlage und den entsprechenden Anteil für die Dachgeschosswohnung in der letzten Abrechnungsperiode ablesen. Außerdem kann er auch die Umlageschlüssel für die einzelnen Kosten (z.B. nach Miteigentumsanteilen oder tatsächlichem Verbrauch) erkennen.

Die Heizkosten erscheinen Herrn Müller nicht besonders hoch. Aber er macht sich nach wie vor Sorgen über die Dichtigkeit des Daches. Ist das Dach tatsächlich beschädigt? Kommen auf ihn eventuell anteilige Kosten zu, wenn er die Wohnung gekauft hat? Vielleicht haben die bisherigen Wohnungseigentümer hierüber bereits beschlossen?

Der Wohnungsverwalter beruft mindestens einmal jährlich eine Eigentümerversammlung ein, an der unter anderem über erforderliche Instandhaltungsmaßnahmen beraten und beschlossen wird. Hierüber schreibt der Verwalter ein **Versammlungsprotokoll.**

ABRECHNUNG

Nebenkosten-Abrechnung Wohnung Nr. 6 für den Zeitraum vom 1. 1. 20 .. bis 31. 12. 20 ..
Ihr Abrechnungs-Zeitraum: 1. 1. 19 .. bis 31. 12. 20 .. = 365 Tage

Ausgaben	Ges.Uml. €	Umlage-Ant./Schlüssel	Ihr Anteil €
Heizung Verbrauch	11469.04	Externe Heizkostenabrechnung	1542.52
Verwalter-Vergütung	3082.03	1/9 Wohneinh.	342.45
Hausmeister-Vergütg.	1553.62	118.03/1000.00 Miteig.Ant	183.37
Hausreinigung	1969.74	118.03/1000.00 Miteig.Ant	232.49
Außenanlagen-Pflege	60.01	118.03/1000.00 Miteig.Ant	7.08
Allgemein-Strom	114.50	118.03/1000.00 Miteig.Ant	13.51
Versicherung Brandv.	733.18	118.03/1000.00 Miteig.Ant	86.54
Versicherung Haftpfl.	386.99	118.03/1000.00 Miteig.Ant	45.68
Versicherung sonst.	784.19	118.03/1000.00 Miteig.Ant	92.56
Nebenk. des Geldverk.	105.27	118.03/1000.00 Miteig.Ant	12.43
Instandhaltung	1213.60	118.03/1000.00 Miteig.Ant	143.24
Zuführ. zu Rücklage	2000.00	118.03/1000.00 Miteig.Ant	236.06
Sonstige Kosten	0.01	Kein Umlageanteil	
Kabelgebühren	1101.89	1/9 Wohneinh.	122.43
Umlage gesamt:	24574.07	Ihr Anteil:	3060.36
Zwischensumme			3060.36
Saldo Ihres Kontos am Ende der Abrechnungsperiode (Guth.)			2600.00
Die von Ihnen zu leistende Nachzahlung beträgt			460.36
Der Betrag wird bei Fälligkeit per Lastschrift eingezogen.			

Abb. 9: Nebenkostenabrechnung (Quelle: Wohnbau- und Grundstücksgesellschaft mbH, Aulendorf; WEKA Baufachverlag-Software)

Beispiel: Herr Müller verlangt von seinem Makler auch Einsicht in die letzten Versammlungsprotokolle sowie in den **Wirtschaftsplan,** der alle geplanten Kosten und somit auch eventuell vorgesehene Renovierungsaufwendungen enthält. Dabei stellt er fest, dass eine Dachsanierung von den Eigentümern beschlossen wurde. Der Kostenvoranschlag beläuft sich auf 65 000 €.

Aus dem letzten Protokoll ist zu erkennen, dass die Rücklagen, die die Eigentümergemeinschaft für solche Maßnahmen jährlich bildet, hierfür nicht ausreichen. Diese belaufen sich nur auf 14 000 €. Dies bedeutet, dass jeder Eigentümer gemäß seinem Miteigentumsanteil an den Kosten, die durch die Rücklage nicht gedeckt werden, beteiligt wird. Für die betreffende Dachgeschosswohnung würde dies heißen:

Kosten der Dachsanierung	65 000 €
./. Rücklagen	14 000 €
Fehlbetrag	51 000 €

Daraus 118,03 Tausendstel = 6019,53 €

Beispiel: Herr Müller ist nicht bereit, diese Kosten zu tragen. Er wird die Wohnung nur kaufen, wenn der Verkäufer sich zur Übernahme der Kosten verpflichtet oder sich der Kaufpreis für die Wohnung entsprechend reduziert.

4.5.5 Hausordnung

Beispiel: Herr Müller hatte sich ursprünglich nur mit dem Kauf eines Einfamilienhauses beschäftigt. Nachdem er jahrelang in einer Mietwohnung gelebt hatte, träumte er davon, unabhängig zu sein und nicht mehr länger auf andere Rücksicht zu nehmen. An seinem bisherigen Mietvertrag war eine Hausordnung angehängt, die er mit Unterzeichnung des Mietvertrages anerkannt hatte.
Herr Müller fragt sich, ob er in einer Eigentumswohnung, ähnlich wie in einer Mietwohnung, auch gewissen Regularien unterworfen ist.

In der Hausordnung (s. Abb. 10) wird das Verhältnis zwischen Vermieter und Mieter geregelt. Der Vermieter eines Mehrfamilienhauses kann von jedem einzelnen Mieter die Anerkennung dieser Hausordnung verlangen. In einer Gemeinschaft von mehreren

Hausordnung

1. Der Mieter hat seine Räumlichkeiten samt den dazugehörigen Treppen und Vorplätzen rein und in Ordnung zu halten.

Durch Instandsetzungsarbeiten, gleichgültig, von wem sie veranlasst wurden, anfallende Verunreinigung in den Räumen, an Fenstern und Türen hat der Mieter zu beseitigen.

2. Das Reinigen der Treppen und Treppenhausfenster haben die Mieter jeweils für ihr Stockwerk zu besorgen; wohnen mehrere Mieter auf einem Stockwerk, so hat die Reinigung abwechslungsweise zu geschehen. Verunreinigungen, und zwar auch solche, die durch Instandsetzungsarbeiten anfallen, sind sofort zu beseitigen.

Das Reinigen der Treppen vom oberen Stockwerk auf den Dachboden, der Vorplätze der Treppe gegen das Untergeschoss und den Keller, der Vorplätze dort, das Kehren des Hofes, der Einfahrt und der Straße, ausreichende Bestreuung und die Beseitigung von Schnee und Eis sowie das Reinigen etwa gemeinschaftlich benutzter Geräte und Gefäße wechselt von Woche zu Woche zwischen sämtlichen Haushaltungen in fortlaufender Reihe, und zwar so, dass mit jedem Montag früh der Nachfolger eintritt. Die Schlussreinigung hat am Samstag zu erfolgen. Die Reinigung der Straße bzw. der Gehwege muss nach den jeweiligen Polizeivorschriften, mindestens 1 × wöchentlich, bei Bedarf täglich, vorgenommen werden. Der Vermieter ist nicht verpflichtet, Reinigungsgeräte und Streumaterial zu stellen. Der bei der Kaminreinigung anfallende Ruß ist von der Partei, welche die Kehrwoche hat, sofort gründlich zu entfernen.

3. Die Lagerung der Brennstoffe darf nur in den hierfür angewiesenen Räumen erfolgen. Schwamm- oder holzwurmverdächtiges Holz darf nicht eingelagert werden. Öfen und Herde dürfen nur mit dem jeweils geeigneten Brennstoff geheizt werden.

4. Gemeinschaftseinrichtungen dürfen nur zu den dafür vorgesehenen Zwecken benutzt werden.

Das Einstellen von Krafträdern einschl. Kleinstkrafträdern (Mopeds und dgl.) ist in den zur Alleinbenützung gemieteten Haupt- und Nebenräumen nicht gestattet.

Dem Vermieter steht das Recht zur Benützung des Hofes insoweit zu, als er sie nicht dem Mieter zu anderen Zwecken (Wäscheaufhängen oder gewerblicher Benützung) vertragsgemäß eingeräumt hat.

Das Betreten und Begehen des Daches ist verboten.

5. Der Hof ist seitens der MIeter freizuhalten und darf nicht verunreinigt werden.

Bei Anlieferung von Brennstoffen müssen etwaige Verunreinigungen vom Belieferten sofort wieder beseitigt werden.

6. Bezüglich der Reihenfolge in der Benützung der Waschküche und des Trockenplatzes hat sich der Mieter rechtzeitig mit dem Vermieter oder dessen Beauftragten ins Benehmen zu setzen. Die Schlüssel sind sogleich nach der Benützung dem Vermieter oder dessen Beauftragten zurückzugeben, falls nicht Sonderabmachungen vorliegen. Während des Waschens ist die Waschküchentüre geschlossen zu halten.

Auch sind nach jeder Wäsche die Waschküche, deren Fenster, der Waschkessel und sämtliche Geräte zu reinigen.

7. Das Haus wird im Sommer um 21.00 und im Winter um 19.00 Uhr abgeschlossen. Nach dieser Zeit noch Ein- und Ausgehende haben

die Haustüre wieder abzuschließen. Der Hausschlüssel darf nur an Familienmitglieder oder Untermieter überlassen werden.

8. Der Wassersteinseiher darf nicht herausgenommen werden. Abfälle dürfen nicht ins WC geworfen werden.

9. Hinsichtlich der Wasserversorgung unterwirft sich der MIeter den Bedingungen des Wasserwerks.

10. Der Mieter ist verpflichtet, alle zu Gebote stehenden Maßnahmen zu ergreifen, um ein Einfrieren von Leitungen zu verhindern.

11. Ab minus 5 Grad Celsius kann die Wasserleitung abgestellt werden. Befindet sich der Haupthahn in den Räumen des Mieters, so muss dieser das Betreten bei Bedarf gestatten oder bei Weggang die Schlüssel zurücklassen. Die Zeit der Wasserentnahme bestimmt der Hauseigentümer.

Verlässt der Mieter für mehr als 3 Tage die Wohnung, so hat er für eine ausreichende Lüftung Vorsorge zu tragen und die Schlüssel zu denjenigen Räumen, in welchen sich Gas- und Wasserleitungen befinden, an den Vermieter abzugeben oder einen nahewohnenden Vertreter zu bestellen.

12. Die Badeeinrichtung darf nur zu Badezwecken benützt werden. Medizinalbäder mit irgendeinem Zusatz von Säure, Salz, Moorerde usw. sind nicht gestattet. Nur in Ausnahmefällen darf von 22.00 Uhr bis 6.00 Uhr früh mit Rücksicht auf die Mitbewohner gebadet oder geduscht werden.

13. Rundfunk- und Fernsehlautsprecher dürfen nur in geschlossenen Räumen und mit Zimmerlautstärke betätigt werden. Dies gilt auch für Musizieren. Ruhestörungen dürfen nicht auftreten. Das Anbringen von Außenantennen darf nur mit Zustimmung des Vermieters in sachgemäßer Ausführung erfolgen. Außenantennen sind zu entfernen, wenn der Vermieter nachträglich eine Gemeinschaftsantenne anbringt.

In allen Stockwerken, die über bewohnten Räumen liegen, sind Nähmaschinen auf schalldämpfende Unterlagen zu stellen.

Ebenso sind alle belästigenden Geräusche, insbesondere Türenzuwerfen und störendes Treppenlaufen im Hinblick auf die Ruhe und gegenseitige Rücksicht zu vermeiden.

14. Vom Dunkelwerden bis zum Schließen des Hauses um 21.00 Uhr sind Hauseingang und Treppenhaus gut zu beleuchten. Soweit nicht der Vermieter die Treppenhausbeleuchtung übernommen hat, muss jeder Mieter das Treppenhaus seines Stockwerkes, der Mieter des Erdgeschosses auch den Hauseingang, beleuchten. Beschaffung der Glühbirnen ist in jedem Fall Sache des Mieters. Bei Störungen der elektrischen Treppenhausbeleuchtung ist der Mieter verpflichtet, bis zur Behebung der Störung für eine Beleuchtung zu sorgen, ohne Anspruch auf Kostenersatz. Für den Schaden, welcher durch von einem Mieter unterlassenen Beleuchtung entsteht, ist dieser allein verantwortlich und ersatzpflichtig.

15. Im Interesse des Feuerschutzes dürfen leicht brennbare Gegenstände in den Keller- und Bodenräumen nicht gelagert werden.

16. Bei Vermietung von Gescshäftsräumen gelten die Bestimmungen der Hausordnung entsprechend wie bei Haushaltungen.

Abb. 10: Hausordnung aus Mietvertrag des Haus- und Grundbesitzervereins

Eigentümern ist jedoch zunächst das Verhältnis der Eigentümer untereinander zu regeln. In den meisten Fällen wird der Rahmen dieser für alle Eigentümer gültigen Hausordnung anlässlich einer Eigentümerversammlung beraten und beschlossen. Diese Hausordnung wird in der Regel nicht so eng gefasst sein wie in einem Mietvertrag, da sie den Eigentümer in seinen Eigentumsrechten nicht einschränken darf. Teilweise wird dieses Problem auch dadurch gelöst, dass die für alle Eigentümer gültige Hausordnung bereits in der Teilungserklärung beurkundet wird. Mit Unterzeichnung des Kaufvertrages anerkennt jeder Käufer einer Wohnung diese Bedingungen.

Beispiel: Für Herrn Müller bedeutet dies, dass er sich zunächst erkundigt, ob eine allgemein gültige Hausordnung besteht. Die darin enthaltenen Bedingungen würden ihn betreffen, wenn er die Wohnung selbst bezieht. Würde er die Wohnung kaufen und dann vermieten, müsste er mit seinem Mieter eine Hausordnung vereinbaren, die mindestens sämtliche Bedingungen der allgemein gültigen Hausordnung enthält. Sinnvollerweise würde er jedoch darüber hinaus eine detaillierte Hausordnung dem Mietvertrag beifügen (Abb. 11).

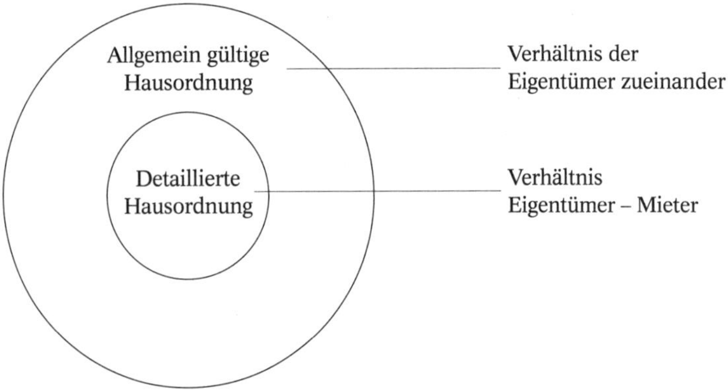

Abb. 11: Hausordnungen

4.6 Häuser in Form von Wohnungseigentum

Beispiel: Nehmen wir an, dass Herr Müller mit dem Verkäufer der Dachgeschosswohnung wegen des Preises nicht einig geworden ist, so dass er weiter nach einem geeigneten Objekt sucht. Dabei stößt er auf ein Angebot über eine Doppelhaushälfte, deren Preis seinen Möglichkeiten entsprechen würde. Bei der Besichtigung des Hauses stellt er jedoch fest, dass es sich hierbei eigentlich nicht um eine „normale" Doppelhaushälfte handelt. Zwar befinden sich hier auch zwei Wohnungen nebeneinander, jedoch haben sie einen gemeinsamen Eingang und einen gemeinsamen Windfang sowie eine gemeinsame Heizungsanlage. Zudem erklärt der Eigentümer Herrn Müller, dass das Grundstück nicht in zwei Hälften geteilt ist, sondern den Eigentümern jeweils gemeinschaftlich zur Nutzung zusteht.

Herr Müller ist auf ein Objekt gestoßen, das von der Bauweise zunächst einem Doppelhaus gleicht. Die Voraussetzungen dafür, das Haus real in zwei Haushälften zu teilen, sind jedoch nicht gegeben (siehe hierzu Kapitel 4.2). Rechtlich handelt es sich bei diesem Gebäude um ein Zweifamilienhaus, das nach Wohnungseigentumsgesetz per Teilungserklärung in Miteigentumsanteile, verbunden mit Sondereigentum an den beiden Eigentumswohnungen, aufgeteilt ist. Dieser Fall kann auch bei Reihenhäusern vorkommen.

Vorteile dieser „Häuser in Form von Eigentumswohnungen" liegen in der höheren Wirtschaftlichkeit. Flächen können gemeinsam genutzt werden, z. B. für eine zentrale Tiefgarage, gemeinsame Zufahrten, Heizungsanlage usw.

Für den Käufer eines solchen Hauses ist das Studieren der Teilungserklärung samt Teilungsplan von allerhöchster Bedeutung! Hierin findet er Hinweise zur Nutzung des Grundstückes, der gemeinschaftlichen Räume usw. Vor allem bei „Doppelhäusern", die von privaten Bauherrn ohne entsprechende Erfahrung gebaut und aufgeteilt wurden, ist höchste Aufmerksamkeit geboten. Eine ungeschickt formulierte Teilungserklärung kann im Extremfall den Wert eines solchen Hauses erheblich mindern.

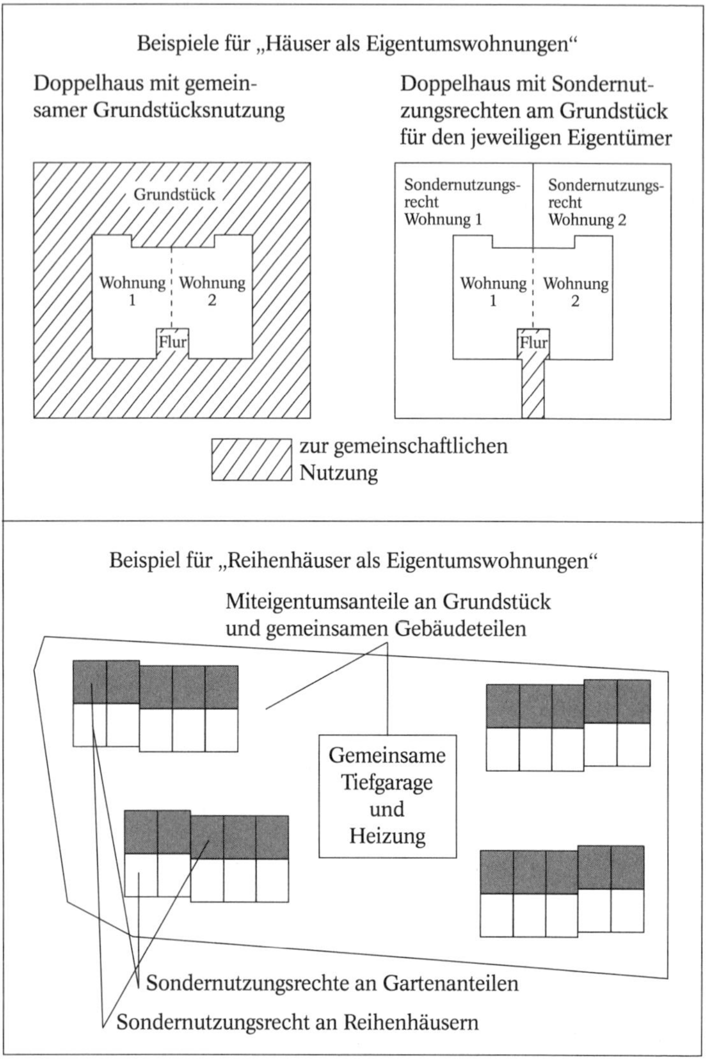

Bild 12: Beispiele für „Häuser als Eigentumswohnungen" (Quelle: Falkenstein, Architekten und Ingenieure, Aulendorf, Baugesuchsplanung für Reihenhäuser in Aulendorf, Sandweg)

Als Ergänzung zur Checkliste „Teilungserklärung und Teilungsplan“ (siehe Kapitel 4.5.3) sollten folgende Punkte bei gebrauchten „Häusern in Form von Wohnungseigentum“ unbedingt beachtet werden:

- Wird das gesamte Grundstück gemeinsam genutzt oder sind bestimmte Flächen einzelnen Häusern zur ausschließlichen Nutzung zugeordnet (Sondernutzungsrechte)?
  Dies ist besonders beim Doppelhaus zu beachten, bei dem üblicherweise die Teilung des Grundstücks als selbstverständlich angesehen wird!
- Sind Kellerräume im Teilungsplan den Wohnungen zugeordnet? Welche Räume werden gemeinsam genutzt?
- Sind die Garagen und PKW-Stellplätze im Freien zugeordnet?
- Gibt es eine gemeinsame Heizungsanlage? Ist das getrennte Ablesen der Verbrauchswerte (Heizung, Warmwasser, Kaltwasser) durch getrennte Verbrauchsmesser möglich?
- Ist die Pflege und Instandhaltung von Gebäudeteilen, die Gemeinschaftseigentum sind, einzelnen Eigentümern auferlegt (Dach, Außenfassade usw.)?

Denken Sie vor dem Kauf eines solchen Objektes daran: Mit Unterzeichnung des Kaufvertrages anerkennen Sie die Teilungserklärung. Selbstverständlich kann eine Teilungserklärung jederzeit notariell geändert werden. Dies bedarf aber der **Zustimmung aller Eigentümer!**

5. Ergänzende Rechtsfragen

5.1 Flächennutzungs- und Bebauungsplan

Gegenüber dem Bauherrn einer neuen Immobilie steht der Erwerber eines Gebrauchtobjektes quasi vor „vollendeten Tatsachen". Deshalb hat er oftmals den Wunsch, das Gebäude oder Teile davon umzuplanen. Diese Pläne können vom einfachen Versetzen einer Zimmertrennwand bis zum Anbau oder Aufstocken des Gebäudes reichen. Sinnvoll ist es in jedem Falle, wenn der Käufer einer Gebrauchtimmobilie sich vor Kaufvertragsabschluss bereits überlegt, welche Umbaumaßnahmen für ihn unbedingt erforderlich sind und möglichst weitgehend abklärt, ob diese Maßnahmen realisierbar sind. Hierbei sind gegebenenfalls die Festlegungen von Flächennutzungsplan und Bebauungsplan von Bedeutung.

Der **Flächennutzungsplan** stellt praktisch die Vorstufe zum Bebauungsplan dar. In ihm wird die langfristige städtebauliche Entwicklung eines Stadt- oder Gemeindegebietes geplant. Im Wesentlichen wird hier festgelegt, welche Flächen für Wohnzwecke, gewerbliche Nutzung, gemischte Nutzung bzw. besondere Nutzung vorgesehen sind. Einen Anspruch auf Genehmigung eines Bauvorhabens kann der Eigentümer eines Grundstücks aus diesem Plan nicht ableiten.

Der **Bebauungsplan** enthält detaillierte Bestimmungen über die Art der Bebauung von im Geltungsbereich des Bebauungsplanes liegenden Grundstücken. Die für den Erwerber einer gebrauchten Immobilie wichtigsten Bestimmungen eines Bebauungsplanes sind:

- Art und Maß der baulichen Nutzung,
- Zahl der Vollgeschosse,
- höchstzulässige Zahl der Wohnungen,
- Mindestgröße, -breite und -tiefe der Baugrundstücke,
- Firstrichtung,

- Dachform, -neigungen und
- Baugrenzen.

Ferner ist bei Erweiterungsbauten zu beachten, dass die im Bebauungsplan festgelegten **Grundflächen-, Geschossflächen- und Baumassenzahlen** nicht überschritten werden. Diese errechnen sich wie folgt:

$$\text{Grundflächenzahl (GRZ)} = \frac{\text{Bebaubare Fläche}}{\text{Grundstücksgröße}}$$

$$\text{Geschossflächenzahl (GFZ)} = \frac{\text{Geschossflächen}}{\text{Grundstücksgröße}}$$

$$\text{Baumassenzahl (BMZ)} = \frac{\text{Baumasse in } m^3}{\text{Grundstücksfläche}}$$

Der Erwerber eines Altbaus sollte sich deshalb nach dem Bestehen eines Bebauungsplanes erkundigen. Falls ein solcher vorhanden ist, muss abgeglichen werden, inwiefern sich geplante bauliche Änderungen mit den Bestimmungen des Bebauungsplanes vereinbaren lassen. Sollten Befreiungen von Bestimmungen des Bebauungsplanes für das Bauvorhaben erforderlich sein, hat hierüber der Gemeinde- oder Stadtrat bzw. der Technische Ausschuss der Gemeinde oder Stadt zu befinden. Hierbei ist es ratsam, sich im Vorfeld mit dem Bauamt abzusprechen. Dort erhält man in der Regel qualifiziert Auskunft darüber, ob ein Befreiungsantrag Aussicht auf Erfolg hat, oder ob man sich die Zeit des Wartens bis zur nächsten Sitzung des entsprechenden Gremiums sparen kann und lieber gleich umplant.

Der Bebauungsplan ist für den Käufer einer gebrauchten Immobilie von Bedeutung, falls er beabsichtigt:

- das Gebäude umzubauen, anzubauen, aufzustocken;
- das Gebäude abzubrechen und ein neues Gebäude zu errichten;
- auf dem Grundstück eine weiteres Gebäude zu errichten;
- die Nutzung des Gebäudes oder einzelner Teile zu ändern (z. B. Einrichtung eines Gewerbebetriebes in bisherige Wohnräume);
- Teile des Grundstückes weiterzuveräußern.

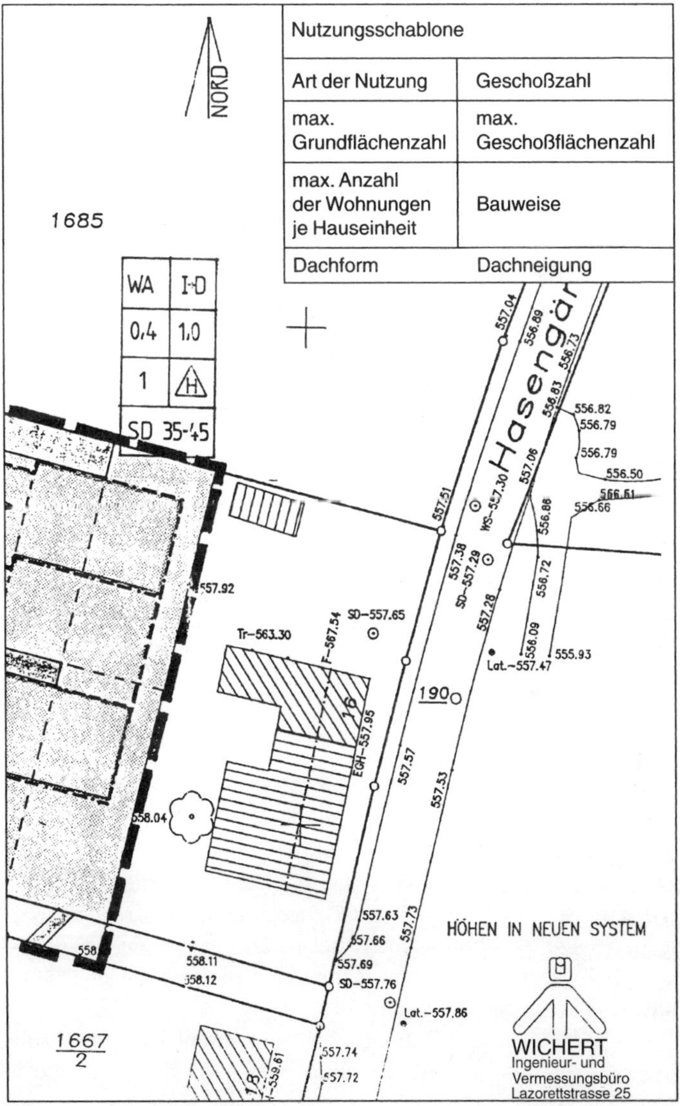

Abb. 13: Beispiel eines Bebauungsplans mit Nutzungsschablone

Umgebungsbebauung

Liegt das Grundstück nicht im Bereich eines Bebauungsplanes, jedoch innerhalb von im Zusammenhang bebauten Ortsteilen, ist das Bauvorhaben zulässig, falls es sich in die bestehende Umgebungsbebauung einpasst und die Erschließung gesichert ist. Für die Beurteilung, inwieweit sich das Gebäude der Umgebung anpasst, sind folgende Faktoren ausschlaggebend:

- Art und Maß der baulichen Nutzung,
- Bauweise und
- Größe der Grundstücksfläche, die überbaut werden soll.

Ferner soll das Ortsbild nicht beeinträchtigt werden.

Bei diesen, in der Behördensprache oft als „34er Regelung“[1] bezeichneten Fällen, empfiehlt es sich für den Bauherrn, bereits eine Vorkonzeption seines Vorhabens (z. B. Gebäudeaufstockung) mit der Genehmigungsbehörde abzustimmen. Dadurch können Zeit und unnötige Planungskosten eingespart werden. Gegebenenfalls bietet sich auch die Einreichung einer Bauvoranfrage an, die weit kostengünstiger als eine Baugesuchsplanung zu erstellen ist. Anhand der Bauvoranfrage kann beispielsweise ein technischer Ausschuss die „Anpassung in die bestehende Umgebungsbebauung“ beurteilen, so dass der Bauherr eine höhere Planungssicherheit für die Erstellung des Baugesuches erhält.

Bauen im „Außenbereich“

Liegt ein Grundstück weder im Bereich eines Bebauungsplanes noch im Bereich von im Zusammenhang bebauten Ortsteilen, spricht man vom sogenannten Außenbereich. In diesem Bereich bestehen für Baumaßnahmen die höchsten „Hürden“. Geregelt werden diese Fälle im § 35 des Baugesetzbuches. Die Vorschriften dieses Paragraphen können beispielsweise für den Käufer eines landwirtschaftlichen Anwesens, der Um-/Erweiterungsbauten plant, von Bedeutung sein.

Grundsätzlich ist ein Bauvorhaben im Außenbereich nur zulässig, wenn öffentliche Belange nicht entgegenstehen und die Er-

[1] Da im Baugesetzbuch in § 34 geregelt.

schließung gesichert ist. Ferner ist der Zweck des Bauvorhabens von Bedeutung. Im Wesentlichen sei hier der Wohnzweck für einen Landwirt unter bestimmten Voraussetzungen sowie die Zweckdienlichkeit für einen landwirtschaftlichen Betrieb genannt. Sogenannte „Sonstige Vorhaben" können im Einzelfall zugelassen werden. Beispielsweise ist die Neuerrichtung eines Wohngebäudes an gleicher Stelle möglich, wenn die Modernisierung wirtschaftlich unangemessen wäre. Erweiterungsbauten sollen im Verhältnis zum vorhandenen Gebäude angemessen sein.

Für den Käufer eines im Außenbereich liegenden Gebäudes empfiehlt sich deshalb im Besonderen die vorherige Rücksprache mit der Genehmigungsbehörde, falls Umbauten geplant sind.

5.2 Baugenehmigung

Für den Erwerber eines Altbaus, der das Gebäude ändern möchte, ist von Bedeutung, dass

- die Errichtung eines weiteren Gebäudes,
- die Änderung des Gebäudes,
- die Nutzungsänderung,
- der Abbruch eines Gebäudes

genehmigungspflichtig ist. Grundsätzlich kann erst nach Vorlage der Baugenehmigung sowie der Baufreigabe („Roter Punkt") mit der Baumaßnahme begonnen werden. Das Bauantragsverfahren ist in Abb. 14 übersichtlich dargestellt.

Bauen „ohne Genehmigung"

In den letzten Jahren wurden durch Änderung der Landesbauordnungen die Baugenehmigungsverfahren in verschiedenen Bundesländern vereinfacht, teilweise ist gar eine Baugenehmigung im eigentlichen Sinne nicht mehr erforderlich. Im sogenannten „Anzeigeverfahren" legt der Bauherr seine Bauunterlagen vor und kann nach Ablauf einer bestimmten Frist mit dem Bau beginnen, sofern ihm seitens der Genehmigungsbehörde dies nicht untersagt wird. Abb. 15 gibt einen kurzen Überblick über die unterschiedlichen Regelungen in einzelnen Bundesländern.

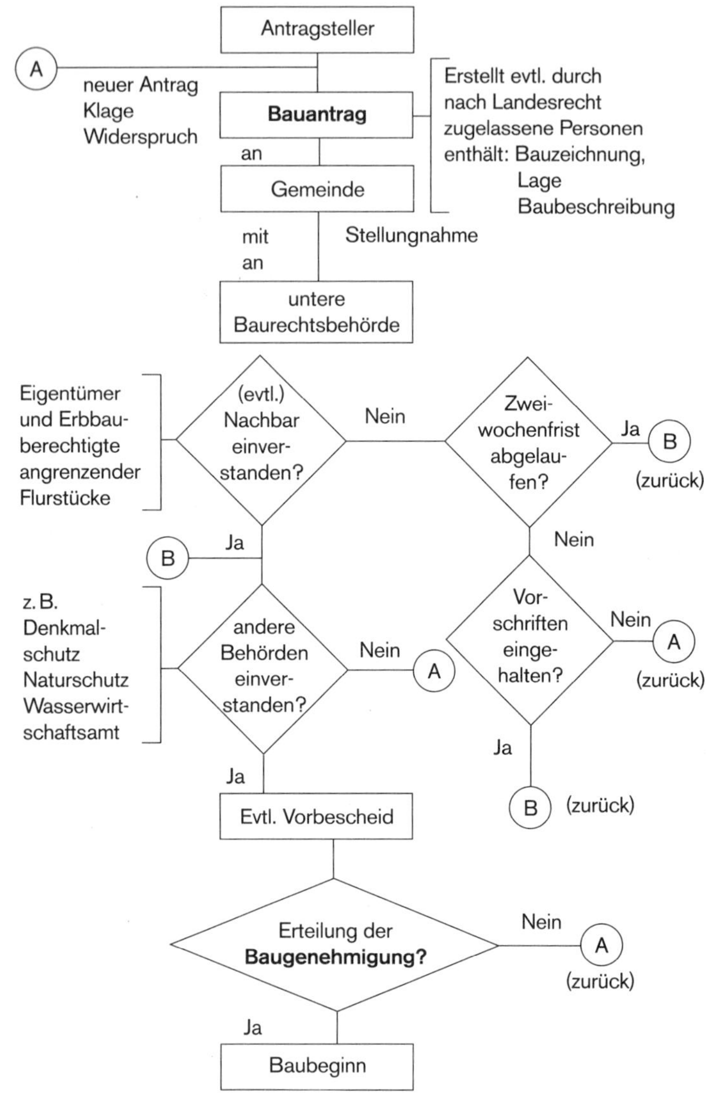

Abb. 14: Von der Antragstellung zur Baugenehmigung (Quelle: Herrling/ Federspiel: Wege zum Wohneigentum)

Bundesland	**Regelung**
Baden-Württemberg	Anzeigeverfahren: Gilt für den Bau von Wohngebäuden. Bauherr informiert Bauaufsichtsbehörde über das Vorhaben. Zwei Wochen nach bestätigtem Eingang der Anzeige kann er mit dem Bau beginnen. Baubehörde kann das Bauvorhaben nur innerhalb der Zwei-Wochen-Frist beanstanden.
Bayern	Anzeigeverfahren: Gilt für den Bau von Wohngebäuden mit geringer Höhe. Voraussetzungen: 1. Der Fußboden des obersten Geschosses darf nicht höher als sieben Meter über der Erdoberfläche liegen. Es handelt sich in aller Regel um Gebäude mit höchstens drei Vollgeschossen. Die Anzahl der Wohnungen ist ohne Bedeutung. 2. Das Gebäude muss im Geltungsbereich eines qualifizierten Bebauungs-, Vorhabens- oder Erschließungsplans liegen. Fehlt ein solcher Plan, ist eine Baugenehmigung erforderlich, die in einem vereinfachten Verfahren erteilt wird. 3. Das Vorhaben muss nach geltenden planungsrechtlichen Regelungen zulässig sein. 4. Der Bauherr ist verpflichtet, der Behörde den Beginn und das Ende des Bauvorhabens mitzuteilen. 5. Der Bauherr muss seine Nachbarn über sein Vorhaben informieren.
Berlin	Freistellung von der Baugenehmigungspflicht: Gilt für Wohngebäude mit bis zu zwei Wohnungen und zwei Vollgeschossen.
Brandenburg	Anzeigeverfahren: Gilt für den Bau von Wohngebäuden mit geringer Höhe (zu den Voraussetzungen siehe Bayern). Der Bau muss innerhalb eines Bebauungs-, Vorhabens- und Erschließungsplans errichtet werden.
Bremen	Vereinfachtes Baugenehmigungsverfahren: Gilt für Wohngebäude mit geringer Höhe (bis zu drei Wohnebenen, zu den Voraussetzungen siehe Bayern). Die zuständige Behörde muss innerhalb von drei Monaten über den Bauantrag entscheiden. Danach gilt das Vorhaben automatisch als genehmigt. Die Baubehörde prüft nur hinsichtlich der zulässigen Grenzabstände sowie der erforderlichen Kinderspiel- und Stellplätze.
Hamburg	Anzeigeverfahren: Gilt für Wohngebäude mit geringer Höhe. Voraussetzungen:

Bundesland	Regelung
	1. Bis zu drei Geschosse, in denen sich nicht mehr als zwei Wohnungen befinden sowie 2. das Gebäude muss im Rahmen eines qualifizierten Bebauungsplans errichtet werden. Mit dem Bau darf zwei Wochen nach bestätigtem Eingang der Bauanzeige begonnen werden.
Hessen	Vereinfachtes Baugenehmigungsverfahren: Gilt für Wohngebäude bis zu vier Geschossen. Die zuständige Behörde muss innerhalb von drei Monaten über den Bauantrag entscheiden. Eine Fristverlängerung um zwei weitere Monate ist nur bei Vorliegen eines wichtigen Grundes möglich. Danach gilt das Vorhaben automatisch als genehmigt. Die Baubehörde prüft nur die Einhaltung des Bauplanungs-, Bauneben- und Ortsbaurechts sowie die zulässigen Grenzabstände und die erforderliche Zahl der Stellplätze.
Mecklenburg-Vorpommern	Anzeigeverfahren: Gilt für Wohngebäude mit geringer Höhe (zu den Voraussetzungen siehe Bayern) und nicht mehr als zwei Wohnungen.
Niedersachsen	Anzeigeverfahren: Gilt für Wohngebäude mit geringer Höhe (zu den Voraussetzungen siehe Bayern) im Geltungsbereich eines Bebauungsplans. Die Baubehörde prüft lediglich die Einhaltung der zulässigen Grenzabstände, der Vorschriften des Wärmeschutzes, die erlaubte Grund- und Geschossfläche sowie die Baumasse.
Nordrhein-Westfalen	Anzeigeverfahren: Gilt für Wohngebäude bis zur Hochhausgrenze (22 Meter) im Geltungsbereich eines Bebauungsplans. Vor Beginn des Bauvorhabens muss der Bauherr die Bauunterlagen bei der zuständigen Behörde einreichen. Mit dem Bau darf nach Ablauf eines Monats nach bestätigtem Eingang begonnen werden. In Gebieten ohne Bebauungsplan wird ein vereinfachtes Baugenehmigungsverfahren mit einer Bearbeitungsdauer von höchstens sechs Wochen eingeführt.
Rheinland-Pfalz	Anzeigeverfahren: Gilt für Wohngebäude mit geringer Höhe (bis zu drei Geschossen, zu den Voraussetzungen siehe Bayern) im Geltungsbereich eines Bebauungsplanes.
Saarland	Anzeigeverfahren: Gilt für Wohn-, Verwaltungs- und Bürogebäude bis zu drei Geschossen im Geltungsbereich eines qualifizierten Bebauungsplans. Für Bauvorhaben außerhalb eines Bebauungsplans wird ein vereinfachtes Genehmi-

Bundesland	Regelung
	gungsverfahren mit einer Bearbeitungsdauer von höchstens drei Monaten eingeführt. Mit dem Bau darf nach Ablauf einer Frist von zwei Wochen nach bestätigtem Eingang der Anzeige begonnen werden.
Sachsen	Anzeigeverfahren: Gilt für die Errichtung von Wohngebäuden mit geringer Höhe (zu den Voraussetzungen siehe Bayern) im Geltungsbereich eines Bebauungs-, Vorhabens- oder Erschließungsplans. Die Baubehörde ist verpflichtet, den Eingang der Bauanzeige innerhalb von fünf Werktagen zu bestätigen.
Sachsen-Anhalt	Vereinfachtes Baugenehmigungsverfahren: Gilt für die Errichtung von Wohngebäuden mit nicht mehr als drei Geschossen über dem Keller im Geltungsbereich eines Bebauungs-, Vorhabens- oder Erschließungsplans. Es gilt eine Bearbeitungszeit von höchstens zehn Arbeitstagen. Übergangsweise ist vom 1. 9. 1994 bis zum 28. 2. 1995 die doppelte Bearbeitungsdauer von 20 Arbeitstagen vorgesehen. Nach Ablauf der Genehmigungsfrist gilt die Baugenehmigung als erteilt.
Schleswig-Holstein	Vereinfachtes Baugenehmigungsverfahren: Gilt für Wohngebäude mit geringer Höhe im Geltungsbereich eines Bebauungsplans. Die Behörde prüft lediglich, ob die bauplanungsrechtlichen Vorschriften eingehalten werden.
Thüringen	Anzeigeverfahren: Gilt für Wohngebäude bis zu drei Geschossen mit geringer Höhe (zu den Voraussetzungen siehe Bayern) im Geltungsbereich eines Bebauungsplans. Nach Ablauf einer Frist von vier Wochen nach bestätigtem Eingang der Bauanzeige darf mit dem Vorhaben begonnen werden.

Abb. 15: Baugenehmigung und Anzeigeverfahren (Quelle: „DOMUS“-Magazin)

5.3 Energieeinsparverordnung

Die seit 2002 gültige Energieeinsparverordnung (EnEV) hat die frühere Wärmeschutzverordnung und die Heizungsanlagenverordnung zusammengeführt, zugleich aber auch eine ganz neue

Denkweise in die Bauplanung eingeführt: Erstmals wird eine ganzheitliche energetische Betrachtung verlangt, die Gebäudehülle und Anlagentechnik einbezieht. Begrenzt wird der zulässige Jahres-Primärenergieverbrauch des Gebäudes.

Die Anforderungen der EnEV richten sich in erster Linie an Neubauten. Das mit Abstand größte Potenzial zur Energieeinsparung bietet jedoch der Gebäudebestand. Deshalb stellt die EnEV auch hier entsprechende Forderungen. Sie betreffen sowohl das Gebäude als auch die Anlagentechnik. Dabei ergeben sich allerdings Einschränkungen, insbesondere durch zwei Bedingungen.

(1) Eine konkrete Verpflichtung zum Handeln enthält die EnEV vor allem für die Eigentümer von Mehrfamilienhäusern, für **Ein- und Zweifamilienhäuser** bestehen Ausnahmeregelungen wie folgt:
Für Wohngebäude mit einer oder zwei Wohnungen, von denen eine am 1. Februar 2002 vom Eigentümer selbst bewohnt war, sind die Nachrüstung für die Heizung, die Leitungen und Armaturen sowie die Wärmedämmung der obersten Geschossdecke erst zwei Jahre nach einem Eigentumsübergang zu erfüllen, frühestens zum 31. Dezember 2006 bzw. bei nach dem 1. 11. 1996 mit einem neuen Brenner nachgerüsteten Heizungsanlagen frühestens zum 31. Dezember 2008. Der Eigentumsübergang kann durch Verkauf, Erbfolge, vorweggenommene Erbfolge oder Schenkung eintreten. Beim Verkauf trifft die Verpflichtung den Käufer. Erwerber also aufgepasst! Innerhalb von zwei Jahren ist nachzurüsten. Die erforderlichen Maßnahmen sind bei der Kaufentscheidung einzukalkulieren. Der Kaufpreis ist entsprechend niedriger anzusetzen!

(2) Andere Anforderungen gelten nur bedingt, weil dabei das so genannte **Wirtschaftlichkeitsgebot** zu berücksichtigen ist.
Bei der Erweiterung von beheizten Gebäuden mit mindestens 30 m³ in einem Raum oder Raumteil sind für den erweiterten Teil des Gebäudes die für Neubauten geltenden Vorschriften über neu zu errichtende Gebäude einzuhalten. Dies erfordert eine Jahresprimärenergiebedarfsrechnung. Werden Gebäude mit normalen Innentemperaturen auf diese Weise wesentlich

geändert, ist ein Energiebedarfsausweis wie bei Neubauten auszustellen.

Allgemein gelten folgende Anforderungen für Altbauten:

Einbau neuer Wärmeerzeuger

Der Austausch veralteter Wärmeerzeuger, die mit hohen Verlusten arbeiten, gehört zu den wirksamsten Energiesparmaßnahmen. Er kann die Umweltbelastung durch heizungsbedingte Emissionen deutlich verringern und gleichzeitig die Betriebskosten nachhaltig senken. Öl- und Gas-Heizkessel, die vor dem 1. 10. 1978 eingebaut wurden, müssen bis zum 31. 12. 2006 außer Betrieb genommen werden. Dies gilt nicht für Anlagen, die bereits über Brennwert- oder Niedertemperaturkessel verfügen oder deren Nennleistung weniger als 4 Kilowatt oder mehr als 400 Kilowatt beträgt.

Unabhängig von der EnEV, die den Austausch von Wärmeerzeugern bestimmten Alters verlangt, gelten nach wie vor die Anforderungen der Bundes-Immissionsschutzverordnung (BImSchV). Sie legt Abgasverlust-Grenzwerte für neue oder wesentlich geänderte Gas- und Ölfeuerungsanlagen fest. So müssen ab 1. 11. 2004 folgende Grenzwerte laut Prüfprotokoll des Schornsteinfegers eingehalten werden:

Nennwärmeleistung des Heizkessels (in kW):

- über 4 bis 25 maximal 12%
- über 25 bis 50 maximal 11%
- über 50 maximal 10%

Diese Grenzwerte sind häufig nur mit neuen Wärmeerzeugern zu erreichen.

Dämmung von Rohrleitungen

Die Eigentümer von bestehenden Gebäuden müssen gleichzeitig ungedämmte zugängliche Wärmeverteilungs- und Warmwasserleitungen und Armaturen, die sich in beheizten Gebäuden befinden, bis zum 31. 12. 2006 nachträglich gegen Wärmeverluste dämmen. dies gilt auch, wenn keine Nachrüstung der Heizungsanlage vorgeschrieben ist. Die Anforderungen sind im Anhang 5 der EnEV festgelegt.

EU-Heizkesselrichtlinie

Neue Heizungen, die in ein bestehendes Gebäude eingebaut werden, müssen die Bestimmungen der EU-Heizkesselrichtlinie erfüllen. Dazu gehört z. B.

- In der Regel sind Niedertemperatur- oder Brennwertkessel zu verwenden.
- Die Heizungen müssen außentemperaturgesteuert sein.
- Umwälzpumpen müssen sich in drei Stufen selbstständig anpassen.
- Zirkulationspumpen zur Warmwasserversorgung müssen sich selbstständig ein- und ausschalten können.
- Heizungs- und Warmwasserleitungen sind nach den Anforderungen der EnEV zu dämmen.

Maßnahmen bei der Sanierung von Gebäuden

Insbesondere bei einer Sanierung oder Erweiterung von Gebäuden sind unter anderem folgende Maßnahmen zu treffen, die in erster Linie der Verbesserung des Wärmeschutzes dienen:

- Erneuerung des Außenputzes bei einer bestehenden Wand mit hohem k-Wert
- Erneuerung der Ausfachungen in Fachwerkwänden
- Erneuerung der Verglasung von Fenstern oder Fenstertüren
- Einbau zusätzlicher Vor- oder Innenfenster
- Einbau von Feuchtigkeitssperren oder Drainagen im Kellerbereich
- neue Fußbodenaufbauten
- Dämmung oberster Geschossdecken

Allerdings gelten die Vorschriften nicht, wenn der Nachweis erbracht wird, dass entsprechende Werte für Neubauten um nicht mehr als 40% überschritten werden.

Abschnitt 3 der EnEV. Bestehende Gebäude und Anlagen

§ 8 Änderung von Gebäuden. (1) Soweit bei beheizten Räumen in Gebäuden nach § 1 Abs. 1 Änderungen gemäß Anhang 3 Nr. 1 bis 5 durchgeführt werden, dürfen die in Anhang 3 Tabelle 1 festgelegten Wärmedurchgangskoeffizienten der betroffenen Außenbauteile nicht überschritten werden. Dies gilt nicht für Änderungen, die

1. bei Außenwänden, außen liegenden Fenstern, Fenstertüren und Dachflächenfenstern weniger als 20 vom Hundert der Bauteilflächen gleicher Orientierung im Sinne von Anhang 1 Tabelle 2 Zeile 4 Spalte 3 oder
2. bei anderen Außenbauteilen weniger als 20 vom Hundert der jeweiligen Bauteilfläche

betreffen.

(2) Absatz 1 Satz 1 gilt als erfüllt, wenn das geänderte Gebäude insgesamt den jeweiligen Höchstwert nach Anhang 1 Tabelle 1 oder Anhang 2 Tabelle 1 um nicht mehr als 40 vom Hundert überschreitet.

(3) Bei der Erweiterung des beheizten Gebäudevolumens um zusammenhängend mindestens 30 Kubikmeter sind für den neuen Gebäudeteil die jeweiligen Vorschriften für zu errichtende Gebäude einzuhalten. Ein Energiebedarfsausweis ist nur unter den Voraussetzungen des § 13 Abs. 2 auszustellen.

5.4 Grundbuch

Der Wert einer gebrauchten Immobilie hängt nicht nur vom Zustand des Gebäudes, der Lage usw. ab. Ein Grundstück und das darauf stehende Gebäude kann durch Belastungen im Grundbuch theoretisch wertlos werden. Deshalb ist die Einsicht in das Grundbuch und das Erkennen von maßgeblichen Eintragungen für einen Immobilienkäufer von höchster Bedeutung.

Einsichtnahme

Grundbücher werden beim Grundbuchamt, im Allgemeinen bei den Amtsgerichten geführt.

Wer ein berechtigtes Interesse nachweisen kann (z.B. ein Kaufinteressent für ein Grundstück), kann in das Grundbuch Einsicht nehmen. Der einfachste Weg ist in der Regel, wenn der Eigentümer des Grundstücks dem Interessenten die Einsichtnahme erlaubt oder gleich einen **Grundbuchauszug** zustellen lässt.

Einteilung

Zur groben Orientierung sei hier kurz die Einteilung des Grundbuches erklärt (s. Abb. 18):

Aufschrift: enthält die Angabe des zugehörigen Amtsgerichtes, Grundbuchbezirks sowie Band- und Blattnummer

Amtsgerichtsbezirk	Grundbuchamt	Grundbuch von	Einlegeblatt
Neustadt	Neustadt	Burghausen	Bestandsverzeichnis 1

Laufende Nummer der Grundstücke	Bisherige laufende Nummer der Grundstücke	Bezeichnung der Grundstücke und der mit dem Eigentum verbundenen Rechte: a) Gemarkung (Nur bei Abweichung v. Grundbuchbez.) b) Karte	Flurstück	c) Wirtschaftsart und Lage	Größe: ha	a	m²
1	2	3			4		
1	-	SO 7031	263/3	Hasenwinkel 4/1 Gebäude- und Freifläche Wohnhaus, Garage	--	05	45
2 zu 1		Überfahrtsrecht über Flst. 262					

Amtsgerichtsbezirk	Grundbuchamt	Grundbuch von	Einlegeblatt
Neustadt	Neustadt	Burghausen	Bestandsverzeichnis 1 R

Bestand und Zuschreibungen: Zur lfd. Nr. der Grundstücke		Abschreibungen: Zur lfd. Nr. der Grundstücke	
5	6	7	8
1	Von Blatt 1314 Best.Verz. 1 hierher übertragen am 7.Mai 1981 Lane		
2 zu 1	Vermerkt am 13. Mai 1983 Lane		

Amtsgerichtsbezirk	Grundbuchamt	Grundbuch von	Einlegeblatt
Neustadt	Neustadt	Burghausen	Erste Abteilung 1

Lfd. Nr. der Eintragungen	Eigentümer	Lfd. Nr. der Grundstücke im Bestandsverzeichnis	Grundlage der Eintragung
1	2	3	4
1 a 1 b	A l t Eugen, Angestellter, Burghausen, geboren am 2. Mai 1941, A l t Iris, geb. Neu, Hausfrau, Burghausen, geboren am 12. Juni 1945, - lit. a und b: je zur Hälfte -	1	Auflassung vom 3. Mai 1983 Den 13. Mai 1983 Lane

Amtsgerichtsbezirk	Grundbuchamt	Grundbuch von	
Neustadt	Neustadt	Burghausen	Zweite Abteilung – Einlegeblatt 1

Lfd. Nr. der Eintragungen	Laufende Nummer der betroffenen Grundstücke im Bestandsverzeichnis	Lasten und Beschränkungen
1	2	3
1	- 1 -	Grunddienstbarkeit für Flst. 264, bestehend in einem Geh- und Fahrrecht. Bezug: Bewilligung vom 14. August 1985 Den 17. August 1985 Lane
2	- 1 -	Dienstbarkeit für die Gemeinde Burghausen bestehend in dem Recht zur Haltung einer Abwasserleitung. Bezug: Bewilligung vom 12. Oktober 1985 Den 16. Okt. 1985 Lane

Amtsgerichtsbezirk	Grundbuchamt	Grundbuch von	
Neustadt	Neustadt	Burghausen	Dritte Abteilung – Einlegeblatt 1

Lfd. Nr. der Eintragungen	Laufende Nummer der belasteten Grundstücke im Bestandsverzeichnis	Betrag	Hypotheken, Grundschulden, Rentenschulden
1	2	3	4
1	- 1 -	127.000,00	Grundschuld für die Deutsche Bausparkasse AG, Frankfurt a.M., im Betrag von - einhundertsiebenundzwanzigtausend Deutsche Mark- nebst 15 v.H. Zinsen jährlich. Sofort vollstreckbar gegen den jeweiligen Grundstückseigentümer. Bezug: Bewilligung vom 12. Mai 1986 Den 15. Mai 1986 Lane
2	- 2 -	33.000,00	Grundschuld ohne Brief für die Sparkasse Neustadt in Neustadt im Betrag von - dreiunddreißigtausend Deutsche Mark - Sofort vollstreckbar gegen den jeweiligen Grundstückseigentümer. Bezug: Bewilligung vom 20. Mai 1986 Den 23. Mai 1986 Lane

Abb. 18: Beispiel für eine Grundbucheintragung

Bestandsverzeichnis: Grundstücksbeschrieb nach Lage, Art und Größe

Abteilung I: Eigentümer und Erwerbsgrund (z. B. Auflassung, Erbfolge, Zwangsversteigerung)

Abteilung II: Lasten und Beschränkungen

Abteilung III: Grundpfandrechte (Grundschulden, Hypotheken)

Für den Käufer einer Immobilie gilt es insbesondere zu überprüfen, ob Eintragungen im Grundbuch zu Wertbeeinträchtigungen führen. Zunächst sind die Belastungen der Abteilung II zu prüfen. Diese können in den meisten Fällen nicht beseitigt werden, da hierzu regelmäßig die Zustimmung des Begünstigten erforderlich ist. Besonders belastend können sich auswirken:

Wohnrechte: Diese berechtigen eine oder mehrere Personen zur Nutzung des Gebäudes, in der Regel bis zum Tode.

Geh- und Fahrrechte: Diese berechtigen in der Regel den Inhaber eines angrenzenden Grundstücks, das belastete Grundstück zu überfahren. Für den Inhaber des belasteten Grundstücks bedeutet dies, dass er die Überfahrt ständig ermöglichen muss, was die Nutzbarkeit des Grundstücks einschränken kann (z. B. für Erweiterungsbauten).

Bebauungsverbote: Diese können für das gesamte Grundstück oder für ein Teilgrundstück bestehen, was z. B. einen Erweiterungsbau unmöglich macht.

Leitungsführungsrechte: Diese kommen sehr häufig vor, vor allem zugunsten von Versorgungsunternehmen (Strom, Gas) oder zugunsten von angrenzenden Grundstücken (z. B. für Abwasserkanäle). Eine wesentliche Beeinträchtigung des belasteten Grundstücks ist durch diese Rechte in der Regel nicht gegeben. Bei Baumaßnahmen mit damit verbundenen Tiefbauarbeiten kann sich jedoch eventuell ein höherer Aufwand ergeben (Leitungsverlegung).

Die in Abteilung III eingetragenen Grundschulden oder Hypotheken sind für den Käufer des Grundstücks eigentlich unbedeutend, sofern in einem Kaufvertrag die Löschung dieser Belastungen vereinbart wird. Häufig werden eingetragene Grundschulden vom Käufer übernommen, wobei in diesem Fall innerhalb einer Treuhandregelung mit einem Notar oder einer Bank die „valutafreie" Übertragung auf den Käufer gewährleistet wird.

Rangfolge von Belastungen

Welche der in Abteilung II oder III eingetragenen Belastungen Vorrang vor der nächsten hat, wird durch das Eintragungsdatum bestimmt.

Öffentlicher Glaube

Das Grundbuch genießt öffentlichen Glauben. Dadurch kann sich jeder auf die Eintragungen verlassen und berufen. Dies trifft jedoch nicht auf öffentliche Lasten und Beschränkungen zu. Ein Immobilienkäufer hat deshalb zu beachten, dass z. B. rückständige Grundsteuern und Erschließungsbeträge auf dem Grundstück lasten können, auch wenn sie nicht im Grundbuch eingetragen sind.

Ferner ist zu berücksichtigen, dass die im Bestandsverzeichnis angegebene Grundstücksfläche evtl. nicht den tatsächlichen Gegebenheiten entspricht. Hierzu gibt das Liegenschaftskataster verlässliche Auskunft (siehe nachfolgendes Kapitel).

Grundakte

Ist aus der Eintragung im Grundbuch der Umfang der Belastung nicht genau erkennbar, hilft die Grundakte weiter. In ihr sind sämtliche Urkunden, die zu Grundbucheintragungen geführt haben, enthalten.

Besondere Grundbücher

Bei Eigentumswohnungen werden Wohnungsgrundbücher angelegt, in denen im Bestandsverzeichnis die Miteigentumsanteile an dem gemeinsamen Grundstück und das Sondereigentum an der jeweiligen Eigentumswohnung eingetragen werden.

Bei einem Erbbaurecht wird das Recht, ein Gebäude auf einem fremden Grundstück errichten zu dürfen, als Belastung eingetragen. Für das Gebäude selbst wird ein Erbbaugrundbuch geführt, so dass es rechtlich verkehrsfähig wird, also veräußert werden kann.

5.5 Baulastenverzeichnis

Neben den Belastungen eines Grundstückes, die in Abteilung II des Grundbuches eingetragen werden, können Belastungen im Baulastenverzeichnis bestehen. Diese Belastungen basieren auf einem öffentlich-rechtlichen Verhältnis und müssen deshalb nicht im Grundbuch eingetragen werden. Am häufigsten trifft man Baulasten im Zuge von Grenzbebauungen oder grenznahen Bebauungen an. Hierbei wird beispielsweise dem Bauherrn gestattet, auf dem begünstigten Grundstück ein Gebäude zu errichten und dabei die vorgeschriebenen Grenzabstände nicht einzuhalten. Für das „belastete" Grundstück bedeutet dies, dass die Baugrenze entsprechend „nach innen rückt".

Für den Käufer einer Gebrauchtimmobilie, die sich auf einem belasteten Grundstück befindet, kann dies Konsequenzen haben. Plant er beispielsweise einen Anbau, muss er den vorgeschriebenen Grenzabstand einhalten. Ist durch die eingetragene Baulast die Baugrenze erheblich in sein Grundstück gerückt, ist der Anbau im schlechtesten Fall nicht realisierbar, obwohl ein ausreichender Abstand zur Grundstücksgrenze vorhanden ist.

Ferner kann ein Grundstück in der Weise belastet sein, dass nur eine bestimmte Nutzung, beispielsweise als Stellplatz, gestattet ist.

Es empfiehlt sich deshalb, vor Abschluss eines Kaufvertrages bei der Gemeinde bzw. Stadt nachzufragen, ob auf dem Grundstück Baulasten ruhen.

5.6 Kataster

Das Liegenschaftskataster ist ein amtliches Verzeichnis von Grundstücken, das bei den Katasterämtern (Vermessungsämtern) geführt wird. Die Angaben über die Grundstücke genießen öffentlichen Glauben.

Gemarkungen/Flure/Flurstücke

Das Kataster ist in Katasterbezirke oder Gemarkungen eingeteilt. Die Gemarkung ist meist der Gemeindebezirk und wird in

Flure gegliedert. Für jede Flur ist eine Flurkarte angelegt. Die Flur wiederum ist in Flurstücke aufgeteilt, die mit Flurstücksnummern versehen sind. Diese Flurstücksnummern entsprechen der Eintragung im jeweiligen Grundbuch.

Einsicht

Wie bei den Grundbuchämtern ist auch beim Vermessungsamt jedem die Einsicht gestattet, der ein berechtigtes Interesse hat. Unter Angabe der Gemarkung und Flurstücksnummer kann ein Auszug aus dem Liegenschaftsbuch sowie eine Flurkarte angefordert werden. Dies empfiehlt sich für einen Kaufinteressenten, um den tatsächlichen Flächengehalt und Grenzverlauf eines Grundstückes zu erfahren. Ferner kann er in der Flurkarte ersehen, ob das auf dem Grundstück stehende Gebäude bereits in der Karte erfasst ist. Falls dies nicht der Fall ist, wird dies das Vermessungsamt bei nächster Gelegenheit tun und dem jeweiligen Grundstückseigentümer eine Gebührenrechnung übersenden.

5.7 Denkmalrecht

Begriff des Denkmals

In den Landesschutzgesetzen wird „Denkmal“ und „Kulturdenkmal“ gleichartig verwendet. Es heißt beispielsweise: „Kulturdenkmäler sind bewegliche und unbewegliche Sachen, Sachgesamtheiten und Teile von Sachen, an deren Erhaltung aus geschichtlichen, künstlerischen, wissenschaftlichen oder städtebaulichen Gründen ein öffentliches Interesse besteht“. Die Eigenschaft einer Sache als Denkmal setzt ihre Denkmalfähigkeit und Denkmalwürdigkeit voraus. Denkmalfähig ist eine Sache, wenn einer der gesetzlichen Schutzgründe für ihre Erhaltung spricht. Diese Eigenschaft wird aus landesgesetzlichen Schutzgründen abgeleitet. So verlangt beispielsweise das Land Rheinland-Pfalz „wissenschaftliche, künstlerische oder städtebauliche Gründe, Förderung des geschichtlichen Bewusstseins bzw. der Heimatverbundenheit oder Belebung und Werterhöhung der Umwelt“.

Als Denkmalarten werden unterschieden:

- Baudenkmäler, also bauliche Anlagen entsprechend den Baugesetzen der Länder;
- Zubehör wie historische Gartenanlagen können dem Denkmalbegriff gleichgestellt sein;
- bewegliche Denkmäler;
- Bodendenkmäler.
- Dazu kann ein sogenannter „Ensembleschutz" für die Erhaltung historischer Gebäudegruppen treten.
- Schutzobjekte müssen Zeugnisse der Vergangenheit, auch der jüngsten Vergangenheit, sein.

Denkmalschutzgesetze sind Ländergesetze

(1) **Baden-Württemberg:** Gesetz zum Schutz der Kulturdenkmale (Denkmalschutzgesetz – DSchG) i. d. F. v. 6. 12. 1983,

(2) **Bayern:** Gesetz zum Schutz und zur Pflege der Denkmäler (Denkmalschutzgesetz – DSchG) v. 25. 6. 1973;

(3) **Berlin:** Gesetz zum Schutz von Denkmalen in Berlin (Denkmalschutzgesetz Berlin – DSchGBln) v. 24. 4. 1995;

(4) **Brandenburg:** Gesetz über den Schutz und die Pflege der Denkmale und Bodendenkmale im Land Brandenburg (Denkmalschutzgesetz) v. 22. 7. 1991;

(5) **Bremen:** Gesetz zur Pflege und zum Schutz der Kulturdenkmäler (Denkmalschutzgesetz – DSchG) v. 27. 5. 1975;

(6) **Hamburg:** Denkmalschutzgesetz v. 3. 12. 1973;

(7) **Hessen:** Gesetz zum Schutz der Kulturdenkmäler (Denkmalschutzgesetz) i. d. F. v. 5. 91986,

(8) **Mecklenburg-Vorpommern:** Denkmalschutzgesetz (DSchGM-V) i. d. F. v. 6. 1. 1998;

(9) **Niedersachsen:** Niedersächsisches Denkmalschutzgesetz v. 30. 5. 1978;

(10) **Nordrhein-Westfalen:** Gesetz zum Schutz und zur Pflege der Denkmäler im Lande Nordrhein-Westfalen (Denkmalschutzgesetz -DSchG) v. 11. 3. 1980;

(11) **Rheinland-Pfalz:** Landesgesetz zum Schutz und zur Pflege der Kulturdenkmäler (Denkmalschutz- und -pflegegesetz – DSchPflG) v. 23. 3. 1978;

(12) **Saarland:** Gesetz zum Schutz und zur Pflege der Kulturdenkmäler im Saarland (Saarländisches Denkmalschutzgesetz-SDSchG) v. 12. 10. 1977;

(13) **Sachsen:** Gesetz zum Schutz und zur Pflege der Kulturdenkmale im Freistaat Sachsen (Sächsisches Denkmalschutzgesetz-SächsDSchG) v. 3. 3. 1993;

(14) **Sachsen-Anhalt:** Denkmalschutzgesetz des Landes Sachsen-Anhalt v. 21. 10. 1991;

(15) **Schleswig-Holstein:** Gesetz zum Schutz der Kulturdenkmale (Denkmalschutzgesetz-DSchG) i. d. F. v. 21. 11. 1996;

(16) **Thüringen:** Gesetz zur Pflege und zum Schutz der Kulturdenkmale im Land Thüringen (Thüringer Denkmalschutzgesetz-ThDSchG) v. 7. 1. 1992.

Denkmalschutzverfahren

Der denkmalrechtliche Schutz zielt auf die Verhinderung denkmalbeeinträchtigender Maßnahmen und auf die Erhaltung und Instandsetzung von Denkmälern ab. Bei der Realisierung des Denkmalschutzes wirken das Land, die Gemeinden, Landkreise sowie die Eigentümer und Besitzer der Denkmale zusammen. Höhere Denkmalschutzbehörden sind die Bezirksregierungen, oberste Denkmalschutzbehörde ist das jeweils zuständige Ministerium. Die höheren Denkmalschutzbehörden üben die Rechts- und Fachaufsicht über die unteren Denkmalschutzbehörden aus. Die Vollziehung der Denkmalschutzgesetze geschieht durch die unteren Denkmalschutzbehörden der Länder. Diese Aufgaben übernehmen meistens die Landkreise und kreisfreien Städte. Für Baugenehmigungen sind die Baugenehmigungsbehörden im Regelfall zuständig.

Es werden **zwei Verfahren** unterschieden:

- Eintragungsprinzip: Berlin, Brandenburg, Bremen, Hamburg, Nordrhein-Westfalen, Rheinland-Pfalz. Hier wird der Schutz davon abhängig gemacht, dass das Denkmal in ein Verzeichnis (Denkmalbuch oder Denkmalliste) aufgenommen worden ist.
- Gesetzesprinzip: Alle Gegenstände, welche die Begriffsmerkmale des Gesetzes erfüllen, stehen kraft Gesetzes unter Denkmalschutz. Eine Denkmalliste hat lediglich rechtsbekundenen Charakter.

In allen Ländern ist eine vorläufige Unterschutzstellung möglich. Damit können Baumaßnahmen zunächst unterbunden werden.

Der Vollzug der Denkmalschutzgesetze vor Ort obliegt den unteren Denkmalschutzbehörden der Länder, die von Denkmalfachbehörden beraten werden. Die Aufgaben der Denkmalschutzbehörden werden überwiegend von den Landkreisen bzw. Landratsämtern und den kreisfreien Städten wahrgenommen.

Organisatorische Sonderregelungen gelten für die Stadtstaaten. In Berlin sind untere Denkmalschutzbehörden die Bezirksämter, in Bremen ist zuständig das Landesamt für Denkmalpflege und der Landesarchäologie und in Hamburg die Kulturbehörde.

Pflichten des Eigentümers

Das Eigentum an einem Denkmal unterliegt ganz besonders der Sozialpflicht nach Art. 14 des Grundgesetzes. Haben denkmalschützerische Maßnahmen enteignungsgleiche Wirkungen, bestehen grundsätzlich Entschädigungsansprüche.

Über ein denkmalgeschütztes Gebäude kann der Eigentümer nicht mehr nach Belieben verfahren und muss bei dem Verkauf wegen der umfangreichen denkmalrechtlichen Beschränkungen und Pflichten mit erheblichen finanziellen Einbußen rechnen.

Über Veränderungen der Eigentums- und Besitzverhältnisse durch Veräußerung von Denkmälern, durch Veränderungen ihres Standortes sowie des baulichen Zustands von Baudenkmälern möchten die Denkmalschutzbehörden zur Wahrnehmung ihrer Aufgaben häufig informiert werden (s. Abb. 19).

Die Folge der Behandlung eines Bauwerks als Denkmal ist, dass alle Maßnahmen, die sich auf den Bestand, die Substanz und das Erscheinungsbild eines Denkmals in irgendeiner Weise auswirken, der Erlaubnis der Denkmalschutzbehörde bedürfen. Dazu gehören auch alle Maßnahmen, die sonst nicht baugenehmigungspflichtig sind, beispielsweise die Änderung des Fassadenanstrichs oder der Fensterart.

Insbesondere sind genehmigungspflichtig:

- Zerstören oder Beseitigen des Denkmals und
- Veränderungen am Denkmal sowie
- Verbringen des Denkmals an einen anderen Ort.

Bezeichnung:	Ehem. Wohnstallhaus an der Stadtmauer
Lage:	5 km östlich von Vaihingen an der Enz, 2 km von der Bundesstraße 10 Karlsruhe – Stuttgart entfernt, am Rand des alten Stadtkerns von Oberriexingen, Hauptstraße 5.
Beschreibung:	Das verputzte, gestelzte, dreigeschossige Fachwerkhaus stammt aus dem 16./17. Jahrhundert. Im Norden ist es unmittelbar an die ehemalige Stadtmauer angebaut, im Süden schließt es an eine kleine Gasse, den Ortsweg Nr. 9 an. Das im Norden anschließende Gebäude Nr. 3, das ehemalige Torwärterhäuschen, weist auf die Nachbarschaft zum ehemaligen Stadttor hin.
Grundstück:	Das Grundstück entspricht praktisch der überbauten Fläche und mißt einschließlich der noch vorhandenen Stadtmauer 78 qm.
Nutzung:	Derzeit dienen zwei Vollgeschosse dem Wohnen. Künftig sind auch solche Nutzungen möglich, die in einem Mischgebiet zulässig sind. Im Erd- und im Dachgeschoss sind Nebenräume möglich. Das Gebäude liegt in einem Sanierungsgebiet.
Kosten:	Preisvorstellung: 35 000,00 € Geschätzte Renovierungskosten ca. 200 000,00 €
Eigentümer:	Stadt Oberriexingen Hauptstraße 14 71739 Oberriexingen
Verhandlungspartner:	Bürgermeister

Abb. 19: Denkmalangebot in Baden-Württemberg

Genehmigungspflichtig sind regelmäßig auch Wiederherstellungs- und Instandsetzungsarbeiten oder das Anbringen einer Außenwerbung u. a.

Eine Genehmigung darf nur abgelehnt werden, wenn sie den Maßnahmen des Denkmalschutzes entgegenstehen würde. Das öffentliche Interesse und das private Interesse müssen im Rahmen einer Ermessensentscheidung gegeneinander abgewogen werden. Eine Grenze ist beispielsweise erreicht, wenn die Kosten der Unterhaltung des Denkmals in einem krassen Mißverhältnis zur Nutzwert stehen würden und der Staat nicht die Folgekosten übernehmen will.

Wer Eigentümer eines Denkmals ist, unterliegt grundsätzlich dem Erhaltungs- und Instandsetzungsgebot. Dies schließt aber nur die Sicherung des Bestandes, nicht die Restauration ein. Eine Sanierung kann also grundsätzlich nicht verlangt werden. Diese Gebote können durch ein Nutzungsgebot ergänzt werden. Die Baudenkmäler sollen ihrer Zweckbestimmung gemäß genutzt werden, soweit dies zumutbar erscheint. Der Schutz des Denkmals bezieht sich auch auf seine Umgebung. Dies kann die Errichtung von Werbeanlagen betreffen.

Wird eine Maßnahme ohne rechtliche Erlaubnis durchgeführt, wird regelmäßig die Wiederherstellung des ursprünglichen Zustandes verlangt. Ein Nutzungsgebot kann zusätzlich ausgesprochen werden.

Anzeigepflicht

Das Auftreten von Schäden und Mängeln ist anzeigepflichtig in Baden-Württemberg (hier nur bei eingetragenen Denkmälern), Brandenburg, Bremen, Hamburg, Hessen, Niedersachsen, Rheinland-Pfalz, Saarland, Sachsen, Sachsen-Anhalt, Thüringen. In Sachsen ist auch die Nutzungsänderung von Denkmälern anzeigepflichtig. In Brandenburg hat jedermann unverzüglich Anzeige zu erstatten, wenn an einem Denkmal Besonderheiten festgestellt werden, die dessen Denkmaleigenschaft vermuten lassen.

Denkmalförderung

Die Landesdenkmalgesetze sehen jeweils Zuschussmittel des Landes oder der Gemeinden zur Erhaltung der Baudenkmäler vor. Ein Rechtsanspruch auf solche Zuschüsse besteht aber nicht. Wirksamer sind häufig die steuerlichen Regelungen. Allerdings hat der Eigentümer keinen Anspruch auf Eintragung der Denkmaleigenschaft eines Gebäudes, damit er in den Genuss von Steuervorteilen kommt.

Zuschussfähig sind alle Baumaßnahmen, die mit den denkmalbegründenden Teilen des Objekts zusammenhängen. Dies sind hauptsächlich Arbeiten an der Fassade oder auch Restaurierungsmaßnahmen für die Vertäfelung im Gebäudeinneren.

Im Allgemeinen wird versucht, die Mehrkosten, z. B. Sprossenfenster statt ungeteilter Einscheibenfenster, die bei diesen Arbeiten anfallen, aufzufangen. Es gilt „Verfall vor Schönheit" in der Reihenfolge der Zuschüsse. Unter gar keinen Umständen sollte man aber damit rechnen, dass die eventuellen Zuschüsse die Gesamtkosten der Baumaßnahme decken.

Bei der Vergabe der Zuschüsse wird sowohl die Bedeutung des denkmalwerten Objekts als auch die denkmalpflegerische Notwendigkeit berücksichtigt. Vorrang hat insbesondere, was zu verfallen droht.

Benötigte Unterlagen für eine Antragstellung sind neben Kostenvoranschlägen häufig Fotografien und Planzeichnungen.

Bei Baudenkmalen kann die Gemeinde neben allgemeinen Instandsetzungskosten und neben Modernisierungskosten auch solche zusätzlichen Kosten für die Instandsetzung in die Förderung einbeziehen, die gerade durch den besonderen Charakter des Gebäudes verursacht sind. Die Kosten der Baumaßnahme können in diesem Fall ausnahmsweise 70% einer vergleichbaren Neubaumaßnahme überschreiten. Der Zuschuss beträgt beispielsweise in Baden-Württemberg bei privaten Eigentümern von Kulturdenkmalen in der Regel 50% der denkmalbedingten Mehraufwendungen. Zu den denkmalbedingten Mehraufwendungen gehört z. B. der Preisunterschied zwischen einer Biberschwanz-Doppeldeckung und einer Dachdeckung mit Falzziegeln.

Städtebausanierung

Städtebauliche Sanierungsmaßnahmen nach dem Baugesetzbuch (§ 136 Abs. 2 Satz 1 BauGB) sind Maßnahmen, durch die ein Gebiet zur Behebung städtebaulicher Missstände wesentlich verbessert oder umgestaltet wird.

Missstände liegen vor, wenn

(1) das Gebiet nach seiner vorhandenen Bebauung oder nach seiner sonstigen Beschaffenheit den allgemeinen Anforderungen an gesunde Wohn- und Arbeitsverhältnisse oder an die Si-

cherheit der in ihm wohnenden oder arbeitenden Menschen nicht entspricht (bestandsbezogene Mißstände) oder

(2) das Gebiet in der Erfüllung der Aufgaben erheblich beeinträchtigt ist, die ihm nach seiner Lage und Funktion obliegen (funktionale Mißstände).

Baumaßnahmen, auch Modernisierung und Instandsetzung, unterliegen im Sanierungsgebiet der Genehmigungspflicht nach § 144, Abs. 1 Nr. 1 BauGB. Die Gemeinde kann außer durch spezielle Anreize auch die zwangsweise Modernisierung durchsetzen.

Modernisierung ist die Beseitigung von Mißständen durch bauliche Maßnahmen, die unter Fortbestand der bisherigen Nutzung entsprechend den Sanierungszielen den Gebrauchswert von Gebäuden nachhaltig erhöhen.

Instandsetzung ist die Behebung von baulichen Mängeln durch Maßnahmen, die entsprechend den Sanierungszielen die bestimmungsgemäße Nutzung oder den städtebaulich gebotenen Zustand von Gebäuden wiederherstellen.

Instandhaltung ist die laufende Unterhaltung des Gebäudes.

Die Förderung kann durch Kostenerstattung durch die Gemeinde, meistens auf Grund einer Modernisierungsvereinbarung mit der Gemeinde, erfolgen.

In förmlich festgelegten Sanierungsgebieten ist die Sanierungsförderung möglich. Dabei können jedoch Kosten, die ausschließlich für Aufgaben der Denkmalpflege anfallen, bei der Sanierungsförderung nicht berücksichtigt werden (Wandgemälde, Ziergitter). Bei Baudenkmalen kann die Gemeinde neben allgemeinen Instandsetzungskosten und neben Modernisierungskosten auch solche zusätzliche Kosten für die Instandsetzung in die Förderung einbeziehen, die gerade durch den besonderen Charakter des Gebäudes verursacht sind. Die Kosten der Baumaßnahme können in diesem Fall ausnahmsweise 70% einer vergleichbaren Neubaumaßnahme überschreiten.

Durchführungsplanung von Sanierungsmaßnahmen

Checkliste für Instandsetzung

- Erster Kontakt mit Denkmalschutzbehörde
- Untersuchung des Gebäudes
- Planung mit Architekt des Denkmalinstandsetzungskonzepts
- Absprache mit Gebietskonservator
- Baufirma mit Erfahrung in Altbausanierung einschalten
- Instandsetzungsmaßnahmen
- Gründliche Untersuchung
- Alle Bauschäden und Mängel von Fachleuten als Bauaufmaß feststellen lassen
- Genaue Planung der Fassade
- Renovierung vor Erneuerung
- Farbauswahl mit Denkmalschutzbehörde abstimmen
- Thermographie der Konstruktion durchführen lassen
- Auf sachgerechte Wärmedämmung achten
- Schriftliche Genehmigung vor Baubeginn abwarten
- Erfahrene Baufirmen wählen

Am besten ist es, wenn der Eigentümer zusammen mit der Denkmalschutzbehörde und unter Miteinbeziehung eines auf Denkmäler spezialisierten Architekten einen Sanierungs- und Nutzungsplan entwirft, damit eine gütliche Einigung schon im Vorfeld erreicht wird und Unannehmlichkeiten mit den Behörden aus dem Wege gegangen wird.

Anschriften

Deutsche Stiftung Denkmalschutz, Dürenstraße 8, 53173 Bonn

Baden-Württemberg: Landesdenkmalamt Baden-Württemberg, Berliner Straße 12, 73728 Esslingen a. N.

Bayern: Bayerisches Landesamt für Denkmalpflege, Hofgraben 4, 80539 München

Berlin: Senatsverwaltung für Stadtentwicklung und Umweltschutz, Lindenstr. 20, 10969 Berlin

Bremen: Landesamt für Denkmalpflege Bremen, Sandstraße 3, 28195 Bremen

Hamburg: Denkmalschutzamt Hamburg, Imstedt 18–20, 22083 Hamburg

Hessen: Landesamt für Denkmalpflege, Schloß Biebrich, 65203 Wiesbaden

Mecklenburg-Vorpommern: Landesamt für Denkmalpflege, Schlachterstraße 17, 19055 Schwerin

Niedersachsen: Niedersächsisches Landesverwaltungsamt, Institut für Denkmalpflege, Scharnhorststr. 1, 30175 Hannover

Nordrhein-Westfalen: Landschaftsverband Rheinland, Rheinisches Amt für Denkmalpflege, Abtei Brauweiler, Ehrenfriedstr. 19, 50259 Pulheim

Landschaftsverband Westfalen-Lippe: Westfälisches Amt für Denkmalpflege, Erbdrostenhof, Salzstraße 38, 48143 Münster

Rheinland-Pfalz: Landesamt für Denkmalpflege, Göttelmannstr. 17, 55130 Mainz

Saarland: Staatliches Konservatoramt, Schloßplatz 16, 66119 Saarbrücken

Sachsen: Landesamt für Denkmalpflege, Auguststr. 1, 01067 Dresden

Sachsen-Anhalt: Landesamt für Denkmalpflege, Alter Markt 27, 06108 Halle

Schleswig-Holstein: Landesamt für Denkmalpflege, Schloß, Wall 74, 24103 Kiel

Thüringen: Thüringes Landesamt, Petersberg, Haus 12, 99084 Erfurt

Altlasten

Bei Verträgen über Grundstücke in den neuen Bundesländern spielt die Altlastenproblematik oft eine bedeutende Rolle. Für die häufig vorhandenen Belastungen des Bodens mit Ablagerungen haftet der Grundstückseigentümer polizeirechtlich als Zustandsstörer neben dem Verursacher, der häufig nicht auszumachen oder aber insolvent ist. Sind Bodenverunreinigungen bekannt oder ist mit solchen zu rechnen, sollte im Kaufvertrag detailliert geregelt werden, ob der Verkäufer sich noch zur Sanierung auf eigene Kosten verpflichtet, oder der Käufer das mangelhafte Grundstück unter Berücksichtigung dieses Fehlers bei der Kaufpreisbemessung erwirbt. Es ist zu prüfen, ob durch die Altlastenfreistellungsklausel der Bund die Eigentümer von den Kosten freistellt. Dies gilt in erster Linie nur für bestimmte gewerblich genutzte Grundstücke. Privatrechtliche Ansprüche wegen nachteiliger Umwelteinwirkungen sowie Schadenersatzansprüche können erhebliche Hindernisse bilden. Auch hiervon ist eine Freistellung möglich.

Herstellungs- oder Erhaltungsaufwand

Im Steuerrecht werden anstelle der Begriffe Modernisierung und Instandsetzung die Begriffe Herstellungsaufwand und Erhaltungsaufwand verwendet. Während nur ein Teil der baulichen Maßnahmen, die Modernisierung sind, unter den steuerrechtlichen Begriff des Herstellungsaufwandes fallen, rechnen die Instandsetzung und Instandhaltung sowie ein Teil der Modernisierung lediglich zum Erhaltungsaufwand.

Zum Erhaltungsaufwand zählen die Maßnahmen, die das Grundstück im ordnungsgemäßen Zustand erhalten sollten und regelmäßig in ungefähr gleicher Höhe wiederkehren und im Allgemeinen durch die gewöhnliche Nutzung des Grundstücks veranlasst werden.

Die bauliche Umgestaltung eines vorhandenen Gebäudes kann grundsätzlich nicht als Herstellung eines neuen Gebäudes angesehen werden, solange das Gebäude in seiner wesentlichen Substanz nicht beeinträchtigt wird. Der grundlegende Umbau eines Gebäudes steht nur dann einem Neubau gleich, wenn die neu eingefügten Gebäudeteile dem Gesamtgebäude das bautechnische Gepräge eines neuen Gebäudes verleihen. Das ist insbesondere der Fall, wenn verbrauchte Teile ersetzt werden, die für die Nutzungsdauer des Gebäudes bestimmend sind, wie z. B. Fundamente, tragende Außen- und Innenwände, Geschossdecken und die Dachkonstruktion (BFH Urteil vom 31. 3. 1992 IX R 175/87).

Modernisierung und Instandsetzung sind Maßnahmen zum Erhalt der vorhandenen Bausubstanz, also im Ergebnis Reparaturarbeiten zur Beseitigung von Mißständen oder Mängeln.

Je höher die Sanierungskosten im Verhältnis zum Kaufpreis sind, desto günstiger schneidet die Investition beim Fiskus ab. Größere Erhaltungsaufwendungen können bei Wohngebäuden auf zwei bis fünf Jahre gleichmäßig verteilt werden.

Baugenehmigung

Instandsetzungsarbeiten zur Behebung baulicher Mängel können im Regelfalle ohne Genehmigung durchgeführt werden. Modernisierungsarbeiten umfassen auch Änderungen des Grundrisses. Für solche Maßnahmen sind Baugenehmigungen erforderlich. Wollen Sie aber das Kaufobjekt ganz abreißen und ein neues Gebäude auf dem Grundstück errichten, sind die z.Z. geltenden Baurichtlinien maßgebend, so dass Sie u.U. das Haus nicht mehr in dem bisherigen Umfang errichten können.

5.8 Erwerb aus Zwangsversteigerung

Gebrauchte Immobilien können auch im Wege der Zwangsversteigerung erworben werden. Hier allerdings ein echtes „Schnäppchen“ zu machen, ist nicht einfach, da regelmäßig „Profis“ von Banken und anderen Gläubigern mitbieten.

Läuft ein Zwangsversteigerungsverfahren, wird dies im Amtsblatt veröffentlicht. Im Bundesanzeiger können überregionale Termine erkundet werden. Die Termine hängen auch im Amtsgericht aus. Der vom Gericht durch ein Gutachten festgestellte Verkehrswert wird mit veröffentlicht, so dass eine gewisse Orientierung gegeben ist. Eine eingehende Besichtigung ist bei Zwangsversteigerungen kaum möglich. Eine Garantie, dass der Versteigerungstermin auch stattfindet, gibt es nicht. Wer anreist, sollte am Tag vorher nochmals beim Gericht anrufen, ob der Termin noch besteht.

In dem ersten Versteigerungstermin muss mindestens die Hälfte des Verkehrswertes geboten werden, damit ein Zuschlag erfolgt. Unter Umständen können nachrangige Gläubiger den Zuschlag hinausschieben, wenn nicht mindestens 7/10 des Verkehrswertes geboten werden. Es ist dringend empfehlenswert, vor dem Termin das Grundbuch einzusehen. Voreintragungen müssen übernommen werden und sind als „geringstes Gebot" nicht in den Geboten enthalten. Ein scheinbar billiges Gebot von 100 000 € kann also durchaus eine vorrangige Grundschuld von 300 000 € einschließen. Für einen Teil des Bargebots, zum Beispiel 10%, kann sofortige Sicherheit verlangt werden. Es empfiehlt sich, hierfür bestätigte Bundesbankschecks in unterschiedlicher Betragsstückelung parat zu haben. Mit dem Zuschlag wird das Eigentum erworben und es gehen sofort alle Lasten auf den neuen Eigentümer über! Der Erwerb über Versteigerung unterliegt ebenfalls der Grunderwerbsteuer.

Im ersten Teil des Versteigerungstermins werden die Rechtsgrundlagen und die Gläubiger bzw. deren Vertreter bekanntgegeben. Anschließend können bei Unklarheiten Fragen gestellt werden. Die Bietung selbst erfolgt in der „Bieterstunde", meist aber erst kurz vor deren Ende. Man sollte sich dann an seine selbst gesetzten Ziele erinnern und sich nicht von der etwaigen Hektik mitreißen lassen.

6. Der vermietete Altbau

Der Erwerb einer gebrauchten Immobilie zur Kapitalanlage ist mit steuerlichen Nachteilen gegenüber dem Neuerwerb verbunden. Trotzdem sprechen einige Gründe für den Kauf eines Altbaus zur Vermietung. Befindet sich beispielsweise eine Altbau in einer ausgesprochen guten Lage, kann die Aussicht auf eine bessere Wertentwicklung sowie die bessere, nachhaltigere Vermietbarkeit gegenüber einem Neubau in zweitklassiger Wohnlage letztendlich die steuerlichen Nachteile aufwiegen.

6.1 Mietvertrag

Grundlage eines jeden Mietverhältnisses ist der Mietvertrag, in dem möglichst alle zwischen Vermieter und Mieter besprochenen Bedingungen schriftlich vereinbart werden. Um die wichtigsten Positionen des Vertragsverhältnisses vollständig zu dokumentieren, empfiehlt sich die Verwendung eines Mietvertragvordruckes (s. Abb. 20). Die Praxis zeigt, dass oftmals Mietverträge fehlerhaft oder unvollständig ausgefüllt werden. Wichtige, oft nicht beachtete Positionen des Mietvertrages sind:

Wohnungszubehör: Einrichtungsgegenstände, die vom Vermieter in die Wohnung eingebracht wurden, sollten detailliert aufgeführt werden, um für den Fall des Mieterwechsels die Eigentumsverhältnisse klarzustellen.

Benutzungsregelung: Darf der Mieter, der beispielsweise selbstständig ist, in der Wohnung einen Büroraum unterhalten und darin Kunden empfangen?

Ist dies mit der Teilungserklärung bzw. Hausordnung zu vereinbaren? Ist die Mitbenutzung des Gartens vorgesehen?

Nebenkosten: Nur Nebenkosten, die im Mietvertrag genannt sind, können auf den Mieter umgelegt werden. Sie sind deshalb voll-

§ 3 Mietzins

1. Der Mietzins beträgt monatlich für

a) Wohnung ____________ €

b) Geschäftsräume ____________ €

c) Sonstiges (Garage, Einstellplatz, Garten) ____________ €

d) Heizkosten / Warmwasser-Vorauszahlung ____________ €

e) sonstige Betriebskosten-Vorauszahlungen (siehe folg. Ziffer 2). ____________ €

zusammen ____________ €

2. Betriebskosten

Im Mietzins sind die Heiz- und Warmwasserkosten (siehe § 13) sowie die Betriebskosten gemäß § 27 Abs. 1 Anl. 3 der II. BVO, nicht enthalten und daher zusätzlich zu bezahlen, insbesondere:

● **Zu zahlende Positionen unbedingt ankreuzen** ●

☐ Grundsteuer
☐ Gebäudebrand- und Elementarschadenversicherungsumlage
☐ Entwässerungskosten
☐ Hausreinigungskosten
☐ Müllabfuhrkosten
☐ Wasserversorgungskosten
☐ Hausbeleuchtungskosten
☐ Kosten der Reinigung und Wartung von Warmwassergeräten und Etagenheizungen
☐ Kehr- und Überprüfungsgebühren des Schornsteinfegers
☐ Sach- / Haftpflichtversicherungen
☐ Fahrstuhlkosten
☐ Hauswartkosten
☐ Gartenpflegekosten
☐ Betriebskosten der Gemeinschaftsantenne oder des Breitbandkabelanschlusses
☐ sonstige Betriebskosten

a) Für die vorstehend aufgeführten Kosten wird eine monatliche Vorauszahlung, wie in § 3 Abs. 1 Ziff. e) festgelegt, erhoben; einmal jährlich erfolgt Endabrechnung.

b) Die Verteilung der einzelnen Kosten erfolgt nach Wahl des Vermieters
nach dem Verhältnis der Miete zur Gesamtmiete des Hauses oder
nach Verhältnis der Wohnfläche und Nutzfläche zur Gesamtwohn- und Nutzfläche des Hauses oder
nach Kopfzahlen oder
nach gemessenem Verbrauch oder nach Miteigentumsanteilen.

3. Werden nach Vertragsabschluß das Hausgrundstück betreffende Steuern, öffentliche Abgaben und Gebühren sowie sonstige Betriebskosten im Sinne des § 27 Abs. 1 samt Anlage 3 der II. Berechnungsverordnung in der jeweils gültigen Fassung erhöht oder neu eingeführt, so ist der Vermieter berechtigt, die Erhöhung umzulegen. (Siehe § 3 Ziffer 2)

4. Der Vermieter ist berechtigt, im Fall einer Änderung der Betriebskosten um mehr als 10% die monatliche Vorauszahlung entsprechend der eingetretenen Änderung neu festzusetzen, und zwar ab dem auf die Mitteilung folgenden nächsten Monatsersten.

5. Vereinbarung über Staffelmiete

Die Miete (ohne Heiz- und Betriebskosten) beträgt

ab ____________________ € ____________

ab ____________________ € ____________

ab ____________________ € ____________

ab ____________________ € ____________

6. Der Mietzins ist monatlich im voraus, spätestens am dritten Werktag des Kalendermonats, an den Vermieter oder an die von ihm jeweils zur Entgegennahme ermächtigte Person oder Stelle derzeit auf Konto-Nr. ____________ bei der ____________________ kostenfrei zu entrichten.

Soweit Betriebskosten gesondert angefordert werden, sind diese binnen zwei Wochen ab Anforderung zu bezahlen. Für die Rechtzeitigkeit der Zahlung kommt es nicht auf die Absendung, sondern die Ankunft des Geldes an.
Auf das Recht des Mieters zur Belegeinsicht wird hingewiesen.

§ 4 Aufrechnung, Minderung, Zurückbehaltungsrecht

1. Der Mieter kann gegenüber dem Mietzins mit einer Gegenforderung nur aufrechnen oder ein Minderungs- oder Zurückbehaltungsrecht am Mietzins nur ausüben, wenn er dies mindestens einen Monat vor Fälligkeit des Mietzinses dem Vermieter schriftlich angekündigt hat.

2. Dies gilt nicht für die Minderung bei Wohnräumen.

3. Die Aufrechnungen von Gegenforderungen des Mieters von Geschäftsräumen ist auf monatliche Teilbeträge beschränkt, die 20% des monatlichen Mietzinses nicht übersteigen dürfen.

§ 5 Übergabe der Mieträume

1. Der Mieter hat offensichtliche Mängel innerhalb eines Monats nach Einzug schriftlich anzuzeigen. Unterläßt er eine solche Meldung, so kann er sich bei Auszug nicht darauf berufen, daß ein Mangel bereits bei Einzug vorhanden war.

2. Ist die Mietsache zum Zeitpunkt der Überlassung mit einem versteckten Mangel behaftet, den der Vermieter nicht kennt, so haftet der Vermieter nicht dafür und auch nicht für daraus resultierende Folgeschäden. Der Mieter anerkennt ferner, daß ihm wegen nichtverschuldeter Verzögerung in der Fertigstellung der Zufahrtswege und Außenanlagen bei Neubauwohnungen kein Recht zusteht, die Miete zu mindern, Schadensersatz zu verlangen oder ein Zurückbehaltungsrecht auszuüben, auch nicht bei späteren Straßenarbeiten.

§ 6 Instandhaltung der Mieträume

1. Schäden in den Mieträumen hat der Mieter, sobald er sie bemerkt, dem Vermieter anzuzeigen.

2. Der Mieter haftet dem Vermieter für Schäden und übermäßige Abnützung, die nach dem Einzug durch ihn, seine Familienangehörigen, Hausgehilfen, Angestellten, Arbeiter, Untermieter, sowie die von ihm beauftragten Handwerker, Lieferanten und dgl. schuldhaft verursacht werden. Insbesondere haftet er für Schäden, die durch fahrlässiges Offenstehenlassen von Türen, Fenstern, Fensterläden, Rolläden, Markisen, Jalousien oder durch Versäumung einer vom Mieter übernommenen sonstigen Pflicht (Beleuchtung usw.) entstehen.

3. Die jährliche Reinigung der Öfen (Einzel- oder Kachelöfen) und die jährliche Wartung von Gas- oder Elektroheizgeräten gehen voll zu Lasten des Mieters, jedoch nur bis zu einem Gesamtbetrag von 8% der Jahresnettomiete innerhalb von 12 Monaten. Auf Verlangen des Vermieters ist durch Vorlegen der Rechnung der Nachweis hierüber zu führen. Die Reinigung der Fensterläden, Rolläden, Jalousien u. ä. hat der Mieter einmal jährlich durchzuführen.

4. Tritt in der Wohnung Ungeziefer auf, so ist dies dem Vermieter unverzüglich anzuzeigen. Die Kosten der Beseitigung, einschließlich der damit verbundenen Reparaturen, wie Neutapezieren, fallen demjenigen der Vertragsschließenden zur Last, welchen ein Verschulden trifft.

§ 7 Schönheitsreparaturen während des Mietverhältnisses

1. Der Mieter verpflichtet sich, während der Dauer der Mietzeit gemäß nachstehendem Fristenplan die Schönheitsreparaturen (Tapezieren und Anstreichen der Wände und Decken, Streichen der Heizkörper einschließlich Heizungsrohre, der Innentüren samt Rahmen, der Einbauschränke, Fenster und Außentüren von innen, Lasieren von Naturholztüren und -fenstern) auf eigene Kosten in fachhandwerklicher Ausführung vornehmen zu lassen oder vorzunehmen. Das Anbringen von Rauhfasertapeten bedarf der vorherigen Zustimmung des Vermieters.

2. Fristenplan

a) Heizkörper einschließlich Heizungsrohre, Innentüren samt Rahmen, Einbauschränke sowie Fenster und Außentüren von innen	5 Jahre
b) Tapezieren und Anstreichen der Wände und Decken	5 Jahre
c) Neuanbringung von Rauhfasertapeten	10 Jahre
d) Lasieren von Naturholztüren und -fenstern	10 Jahre

Für Arbeiten in Küchen, Wohnküchen, Waschräumen, WC, Bädern und dgl. Räumen mit starker Dampfentwicklung verkürzen sich die Fristen a) und b) um zwei Jahre. Der Nachweis über laufend durchgeführte Schönheitsreparaturen ist durch Vorlage der Rechnungen zu erbringen.

§ 8 Ausbesserungen und bauliche Veränderungen durch den Vermieter

1. Die Durchführung von Reparaturen und Verbesserungen der Mietsache durch den Vermieter richtet sich nach den Bestimmungen der §§ 541 a und 541 b BGB.

2. Der Vermieter ist berechtigt, nach Durchführung von Modernisierungs- oder Energieeinsparmaßnahmen entsprechend den gesetzlichen Bestimmungen einen Mietzuschlag zu erheben.

§ 9 Benutzung der Mieträume, Untervermietung, Tierhaltung

1. Der Mieter hat das Haus, die Mieträume samt Zubehör sowie die zur gemeinschaftlichen Benutzung bestimmten Räume, Einrichtungen und Anlagen schonend und pfleglich zu behandeln, insbesondere für gehörige Reinigung, Lüftung (dies gilt besonders für Neubauwohnungen) und Heizung der Mieträume zu sorgen und sie von allem Ungeziefer freizuhalten. Die Reinigung des Treppenhauses und der zur gemeinschaftlichen Benutzung bestimmten Räume und Anlagen obliegt ihm nach Maßgabe der Hausordnung.

2. Der Mieter darf die Mieträume nur zu den vertraglich bestimmten Zwecken benutzen. Will er sie zu anderen Zwecken benutzen, so bedarf dies der vorherigen Zustimmung des Vermieters.

3. Der Mieter darf die Mieträume nur mit vorheriger Zustimmung des Vermieters untervermieten. Dasselbe gilt für eine Gebrauchsüberlassung an dritte Personen, auch soweit kein Untermietverhältnis begründet wird. Bei Besuchen gilt dies, wenn die Besuchsdauer die Zeit von 6 Wochen übersteigt. Im übrigen wird der Mieter auf § 549 Abs. 2 BGB ausdrücklich hingewiesen.

Als Gebrauchsüberlassung in diesem Sinn ist auch die nachträgliche Aufnahme von volljährigen Familienangehörigen in die Wohnung anzusehen.

4. Tiere, durch welche Hausbewohner belästigt werden, sowie Hunde, Katzen und Nutztiere dürfen in den Mieträumen nicht gehalten werden.

§ 10 Betreten der Mieträume durch den Vermieter

1. Der Vermieter kann die Mieträume betreten, um die Notwendigkeit von Arbeiten oder den Zustand der Mietsache festzustellen. Er ist berechtigt, eine weitere Person hinzuzuziehen oder die Besichtigung durch eine dritte Person allein vornehmen zu lassen. Die Besichtigung ist bei drohender Gefahr jederzeit gestattet.

2. Will der Vermieter das Grundstück verkaufen, so darf er oder sein Beauftragter die Mieträume zusammen mit den Kaufinteressenten Montag bis Freitag von 17.00-20.00 Uhr, Samstag von 10.00-13.00 Uhr und an Sonntagen von 11.00-12.00 Uhr betreten.

3. Ist das Mietverhältnis gekündigt, so darf der Vermieter oder sein Beauftragter die Räume mit den Mietinteressenten zu den gleichen Stunden betreten.

4. Das Betreten der Wohnung ist im Falle der Ziffer 1 nach 7tägiger Voranmeldung, im Falle der Ziffer 2 und 3 nach 2tägiger Voranmeldung möglich.

5. Der Mieter hat dafür zu sorgen, daß die Räume während dieser Zeit auch in seiner Abwesenheit betreten werden können.

6. Im Einzelfall kann der Mieter aus wichtigem Grund einer Besichtigung widersprechen. Er muß in diesem Fall einen angemessenen Ersatztermin anbieten.

§ 11 Veränderungen an und in den Mieträumen durch den Mieter

1. Bauliche Veränderungen an und in den Mieträumen, insbesondere Um- und Einbauten, Installationen und dgl. dürfen nur mit vorheriger Zustimmung des Vermieters vorgenommen werden.

2. Einrichtungen oder Veränderungen der Mietsache, die der Mieter ohne Zustimmung des Vermieters während der Mietzeit angebracht oder vorgenommen hat, hat der Mieter bei Beendigung des Mietverhältnisses auf Verlangen des Vermieters auf eigene Kosten zu beseitigen und den ursprünglichen Zustand wiederherzustellen. Dies gilt auch für genehmigte Veränderungen oder Einrichtungen, wenn sich der Vermieter dieses Recht bei Erteilung der Zustimmung vorbehalten hat; ebenso wenn Einrichtungen oder bauliche Veränderungen vorgenommen wurden, um den vertragsgemäßen Gebrauch der Mietsache zu ermöglichen und bei nicht genehmigter Anbringung von Rauhfasertapeten.

3. Will der Mieter Einrichtungen, mit denen er die Mieträume versehen hat, bei Beendigung des Mietverhältnisses wegnehmen, hat er sie zunächst dem Vermieter zur Übernahme anzubieten.

Wenn der Vermieter die Einrichtungen übernehmen will, hat er nach seiner Wahl entweder dem Mieter die Herstellungskosten abzüglich eines angemessenen Betrages für die Abnutzung zu erstatten oder in sonstiger Weise einen angemessenen Ausgleich zu leisten. Macht der Vermieter von diesem Recht keinen Gebrauch und nimmt der Mieter die Einrichtungen weg, so ist der Mieter zur Wiederherstellung des ursprünglichen Zustands verpflichtet.

Abb. 20: Mietvertrag des Stuttgarter Haus- und Grundbesitzervereins (Auszug)

ständig im Mietvertrag zu nennen bzw. anzukreuzen. Jedoch können auch nicht alle dem Vermieter entstehenden Kosten (wie z.B. Verwaltergebühren) auf den Mieter umgelegt werden (vgl. Ziff. 2 § 3 des Mietvertrages auf S. 127; Auszug nach § 27 BVO).

6.2 Probleme der Vermietung in der Praxis

Die während eines Mietvertrages auftretenden Probleme haben Ihren Ursprung meist schon vor Abschluss des Mietvertrages.

Klare Absprachen

Was nicht klar besprochen ist, führt zu Missverständnissen. Lückenhafte oder nicht vollständig besprochene Mietverträge sind oftmals die Grundlage für spätere Reibereien. Deshalb sollten sich Vermieter und Mieter für den Vertragsabschluss ausreichend Zeit nehmen, alle Punkte des Vordruckes durchsprechen und an Sondervereinbarungen (siehe 6.1) denken.

Die „Bonität" des Mieters

Die Praxis zeigt, dass vor allem bei Mietvertragsabschlüssen ohne Unterstützung eines erfahrenen Vermittlers der Vermieter zu wenig auf die Bonität des Mieters achtet. Die Zahlungsfähigkeit eines Mieters kann für den Vermieter unter Umständen existentielle Bedeutung haben. Sie sollte deshalb vor Abschluss des Vertrages möglichst weitgehend sichergestellt werden. Hierzu eignet sich der Fragebogen (Abb. 21), den der Mieter auch selbstständig ausfüllen kann. Durch die im Fragebogen vorgesehene Erlaubnis zur Einholung einer Bank- bzw. Schufa-Auskunft kann der Vermieter sich darüber hinaus „von dritter Seite" Informationen über die Bonität des Mietinteressenten beschaffen.

Mieterhöhungen/Kündigungen

Diese sind oftmals Auslöser für Streitigkeiten. Deshalb sollte der Vermieter von Wohnraum die wesentlichen Bedingungen des Gesetzes über den Kündigungsschutz von Wohnraummietverhältnissen kennen bzw. sich bei den regionalen Haus- und Grundbesitzervereinen kundig machen, ob sein Verlangen nach Mieterhö-

Mieter-Selbstauskunft

Bewerbung für: ....

Ich/wir versichern, dass die nachfolgend von uns gemachten Angaben der Wahrheit entsprechen. Ich/wir wurden darauf hingewiesen, dass falsche Angaben zu einer Kündigung des Mietvertrages mit sofortiger Wirkung Anlass geben und eine Klage wegen Einmietbetrug nach sich ziehen. Die Mieter-Selbstauskunft wird wesentlicher Bestandteil des Mietvertrages.

	Mieter	Ehepartner/ Partner
Name, Vorname:	....	....
Straße:	....	....
PLZ/Wohnort:	....	....
Geburtsdatum:	....	....
Familienstand:	....	....
Staatsangehörigkeit:	....	....
Personalausweis- oder Reisepassnummer:	....	....
Beruf:	....	....
Arbeitgeber:	....	....
beschäftigt seit:	....	....
mtl. Nettoeinkommen:	....	....
mtl. Abzahlungsverpflichtungen:	....	....
bestehende Mietrückstände:	....	....
Liegen oder lagen in der Vergangenheit Lohnpfändungen vor?	....	....
Wurde eine eidesstaatliche Versicherung abgegeben?	....	....
Wieviel Personen gehören zum Haushalt?	....	
Haustiere, welche?	....	....
Bankverbindung: (Konto, BLZ)	....	....
Eine Bank-, Schufaauskunft darf eingeholt werden? (ja/nein)	....	....
....	....	....
Ort, Datum	Unterschrift	Unterschrift

Abb. 21: Mieter-Selbstauskunft

hung gegebenenfalls auch rechtlich haltbar ist. Im Wesentlichen hat der Vermieter folgende Punkte zu beachten:

- Zum Zweck der Mieterhöhung kann eine Wohnung nicht gekündigt werden.
- Für den Erwerber eines Altbaus ist von besonderer Bedeutung, dass bei bestimmten baulichen Maßnahmen (z. B. zur Energieeinsparung, zur Verbesserung der Wohnqualität) eine Erhöhung der jährlichen Miete von bis zu 11% aus den für die Wohnung aufgewendeten Kosten möglich ist.

Baujahr	Wohnungsqualität	C. Wohnungsgröße 80 m² u. mehr					
		Einzelofenheizung, ohne Bad		Zentralheizung oder Bad/Dusche		Zentralheizung und Bad/Dusche	
		I		II		III	
		min	max	min	max	min	max
bis 1948 1	einfach	2,75	3,95	3,65	4,85	5,40	6,60
	mittel	3,45	4,65	4,95	6,15	6,95	8,15
	gut	4,15	5,35	6,45	7,65	8,60	9,80
1949–1959 2	einfach	3,50	4,70	4,00	5,15	5,20	6,40
	mittel	3,85	5,05	5,70	6,90	6,95	8,10
	gut	4,35	5,45	7,55	8,65	8,75	9,90
1960–1969 3	einfach			6,15	7,20	5,25	6,40
	mittel			6,70	7,85	7,00	8,10
	gut			7,15	8,35	8,80	9,95
1970–1979 4	einfach					5,65	6,75
	mittel					7,25	8,45
	gut					8,90	10,05
1980–1989 5	einfach					6,20	7,25
	mittel					8,20	9,35
	gut					10,05	11,25
ab 1990 6	einfach					6,75	7,90
	mittel					9,00	10,10
	gut					11,00	12,15

Abb. 22: Auszug aus Mietspiegel Stadt Bamberg Miete in Euro/m² pro Monat

Pluspunkte:

• Bad und WC getrennt oder zweites WC	+1
• Schallschutzfenster und Isolierverglasung	+1
• Rolläden vorhanden	+2
• guter Zustand der Fenster = gut und mittel	+1
• wärmedämmende Maßnahmen an den Außenwänden	+1
• Balkon/Terrasse	+2
• Einbauküche	+1
• Aufzug	+1
• Sprechanlage	+1
• gehobene Badeausstattung (Dusche, Bidet, farbige Sanitäranlagen)	+2
• Partyraum/Hobbyraum	+1
• Trockenraum	+1
• Gemeinschaftsantenne oder Kabelanschluß	+1
• Garten (Gartenmitbenutzung)	+1
• Bewertung der jetzigen Wohnlage: sehr gut	+2
• gut	+1
• keine Reinigungsarbeiten zu verrichten	+1
• Bad und WC getrent oder zweites WC	+1
• sonstige positive Bemerkungen (Abrundung)	+1

Minuspunkte:

• ab 4. OG kein Aufzug	–1
• WC außerhalb der Wohnung	–2
• Bad und Dusche außerhalb der Wohnung	–2
• Einfachfenster	–1
• schlechter Zustand der Fenster	–1
• schiefe oder unebene Wände und/oder Fußböden	–1
• nicht alle Räume sind beheizbar	–2
• nicht abgeschlossene Wohnung	–1
• gefangene Räume	–1
• feuchte und/oder kalte Wohnung	–2
• negatives Wohnumfeld	–2
• kein Keller- oder Bodenraum	–1

- dunkle Wohnung durch zu wenig Lichteinfall –1
- Bewertung der jetzigen Wohnlage: mangelhaft –1
- sehr mangelhaft –2
- Reinigungsarbeiten außerhalb des Hauses –1
- sonstige negative Bemerkungen (Abrundung) –1 bis 3

Punktebewertung:

- ab minus 2 Punkte: = einfach
- minus 1 bis plus 3 Punkte: = mittel
- ab plus 4 Punkte: = gut

„Kauf bricht nicht Miete"

Diese Regel ist für den Käufer einer vermieteten Immobilie wichtig. Der Käufer tritt quasi in den bestehenden Mietvertrag ein und muss die darin enthaltenen Bedingungen anerkennen.

Mieterwechsel

Um Unstimmigkeiten beim Ein- bzw. Auszug von Mietern vorzubeugen, sollte unbedingt ein Protokoll anlässlich der Wohnungsübergabe angefertigt werden, das vom Vermieter und Mieter unterzeichnet wird. Hierin können in erster Linie Besonderheiten des Wohnungszustandes festgehalten werden. Wichtig ist dies beispielsweise bei Schäden, die der Vermieter nicht zu reparieren beabsichtigt, wie z.B. ein Riss im Marmor-Fenstersims. Der neu einziehende Mieter hat mit Protokollierung dieses Schadens den Nachweis, dass dieser nicht durch ihn verursacht wurde.

Häufig wird bei Übergabe einer Wohnung vergessen, die Zählerstände der Verbrauchsmesser festzuhalten. Dies kann unter Umständen später dazu führen, dass der ausgezogene Mieter die Nebenkostenabrechnung nicht anerkennt. Es empfiehlt sich deshalb dringend, entweder das Abrechnungsunternehmen mit der Ablesung der Zähler möglichst zeitnah zum Wechseltermin zu beauftragen oder die Zählerstände zu protokollieren. Das Formular in Abb. 23 ist hierzu geeignet.

Mieterwechsel

Ablesung der Zähler

Wohnanlage:	....
Wohnung Nr.:	....
Eigentümer:	....
Mieter:	....
Übergabedatum:	....

Zählerstände:

Kaltwasserzähler Nr.:	....	Zählerstand:	....	m^3
	....		....	m^3
Warmwasserzähler Nr.:	....	Zählerstand:	....	m^3
Wärmemengenzähler:	....	kwh		

neue Anschrift Mieter:

....

....

....

– Eigentümer – .... – Mieter –

Abb. 23: Mieterwechsel (Quelle: WGG, Wohnbau- und Grundstücksgesellschaft mbH, Aulendorf)

Über die Rechtsprechung, welche für den Vermieter von Interesse ist, ließe sich ein eigenes Buch schreiben. Kein privater Vermieter dürfte in der Lage sein, für jede Frage des Vermietens die passende Antwort zu finden. Umso hilfreicher sind deshalb die Haus- und Grundbesitzerverbände, bei denen der Vermieter fundierte Auskünfte bei Rechtsunsicherheiten erhält. Im Allgemeinen muss jedoch festgestellt werden, dass im Zweifel Urteile eher zugunsten des Mieters gehen, der grundsätzlich als in der schwächeren Position gesehen wird. Dementsprechend hat die Wahl eines guten und fairen Mieters allerhöchste Bedeutung.

6.3 Checkliste „Richtig vermieten“

In nachstehender Checkliste sind die wichtigsten Kriterien für eine reibungslose Vermietung zusammengefaßt:

- Lassen Sie sich Zeit bei der Mietersuche. Nehmen Sie hierfür nötigenfalls auch ein oder zwei Monate Mietausfall in Kauf. Ein schlechter Mieter in der Wohnung kann den mehrfachen Verlust bedeuten.
- Erfragen Sie die persönlichen Verhältnisse des Mieters und bestehen Sie auf einer Bank- und Schufa-Auskunft.
- Auch der persönliche Eindruck des Mieters ist ein Entscheidungskriterium.
- Füllen Sie den Mietvertragsvordruck vollständig aus und streichen Sie nicht zutreffende vorgedruckte Bestimmungen. Achten Sie insbesondere darauf, vom Vertragsvordruck abweichende Vereinbarungen schriftlich festzuhalten. Dies gilt insbesondere bei besonderen Vereinbarungen zu Reparaturen, begrenzter Bewohnerzahl, baulichen Veränderungen durch den Mieter und Tierhaltung. Führen Sie alle auf den Mieter umzulegenden Kosten auf.
- Verwenden Sie zur Mietpreisbestimmung nach Möglichkeit den örtlichen Mietpreisspiegel.
- Vereinbaren Sie eine Mietkaution in Höhe von maximal 3 Monatsmieten.
- Nehmen Sie bei der Vermietung einer Eigentumswohnung Beschlüsse der Eigentümergemeinschaft, die auch den Mieter betreffen, in den Mietvertrag auf, und informieren Sie ihn über weitere Beschlüsse.
- Fertigen Sie bei Übergabe der Wohnung ein Übergabeprotokoll mit den Verbrauchsmesser-Zählerständen an.
- Beachten Sie bei Mieterhöhungen die gesetzlichen Bestimmungen. Nichts ist peinlicher, als sich vom Mieter bei einem Verlangen nach einer Mieterhöhung hierauf hinweisen zu lassen.

7. Kauf und Verkauf

7.1 Die richtige Immobilie oder den passenden Käufer finden

Immobilien haben einen sehr individuellen Charakter. Kein Haus gleicht exakt einem anderen. Wohnungen in ein und demselben Haus, mit genau dem gleichen Grundriss unterscheiden sich doch wegen ihrer unterschiedlichen Lage innerhalb des Gebäudes, durch die Belichtung usw. Andererseits sind auch die Bedürfnisse von Immobilienkäufern sehr unterschiedlich.

Der Kaufinteressent

Die richtige Immobilie kann cin Kaufinteressent nur dann finden, wenn er sich detailliert Gedanken über seinen Bedarf gemacht hat. Es ergibt keinen Sinn, fünfzehn verschiedene Immobilien zu besichtigen und sich dann zu fragen, ob die uralte dreistöckige Stadtvilla mit acht Zimmern in der Stadtmitte nun besser ist als das zu einem ähnlichen Preis angebotene, neuwertige, eineinhalbgeschossige Haus mit vier Zimmern in einem Vorort.

Der Verkäufer

Demgegenüber ist der Verkäufer einer Immobilie gefordert, die Merkmale und Vorzüge seines Objektes beispielsweise in Zeitungsanzeigen so darzustellen, dass sich die für das Objekt in Frage kommenden Interessenten auch angesprochen fühlen und sich für seine Immobilie interessieren.

7.1.1 Bedarfs- und Nutzenanalyse

Für Käufer und Verkäufer gleichermaßen anwendbar sind die nachstehenden Checklisten (Quelle: Tipps für den Immobilienerwerb, Volks- und Raiffeisenbauten, DG-Verlag). Sie erfragen die wichtigsten Kriterien einer Immobilie. Der Immobilien-Suchende kann dadurch feststellen, welche Kriterien für ihn sehr wichtig oder unbedeutend sind. Dem Verkäufer dienen sie als Fragenkatalog, um festzustellen, welche Eigenschaften seine Immobilie erfüllt und welche beim Verkauf evtl. besonders hervorgehoben werden können.

Checkliste: Gebrauchtimmobilie günstig/akzeptabel/ungünstig

Grundstücke
- Größe
- Bei übergroßem Grundstück Teilung möglich
- Nutzgarten
- Ziergarten
- Kinderspielplatz
- Kfz-Einstellplätze

Haus
- Baujahr
- Wohneinheiten
- Wohnfläche
- Geschosszahl
- Besondere Nutzungen
- Kaufpreis

Zustand des Hauses
- Fassade
- Sockel
- Außenwände
- Balkone
- Loggien
- Fenster
- Fenstermaterialien
- Fensterart
- Rollläden/Jalousien
- Fensterbänke
- Dach
- Dacheindeckung
- Dachfenster
- Gauben
- Dachentwässerung
- Dachraum genutzt
- Dach ausbaufähig
- Hauseingang
- Außentreppe
- Innentreppe
- Treppenhaus
- Keller
- Keller ausbaufähig
- Kellerwände – Feuchtigkeit
- Wohnräume
- Türen
- Wände
- Decken
- Böden
- Küche
- Bad
- Heizung (Achtung: entspricht sie der Energieeinsparverordnung?)
- Warmwasserbereitung
- Wasserleitungen
- Elektroinstallation
- Wärmeschutz
- Schallschutz
- Brandschutz

Checkliste: So finden Sie den richtigen Standort

Die nachfolgenden Kriterien sind für uns wichtig/neutral/ unwichtig/weil (Notizen):

- Lage des Stadteils (z. B. zentral, Stadtrand)
- Charakter des Wohngebiets (z. B. Rand Gewerbegebiet, Schlafstadt)
- Charakter der Straße (z. B. Durchgangsstraße, Allee)
- Anbindung an öffentliche Verkehrsmittel
- Entfernung zum Arbeitsplatz
- Enfernung zu Schulen
- Entfernung zum Kindergarten/-spielplatz
- Einkauf täglicher Bedarf (z. B. Bäcker, Metzger)
- Einkauf nicht täglicher Bedarf (z. B. Kleidung, Schreibwaren)
- Versorgung nicht täglicher Bedarf (z. B. Friseur, Post, Bank, Handwerker)
- Medizinische Versorgung (z. B. Fach-/Ärzte, Apotheke)
- Angebot Freizeit/Naherholung (z. B. Schwimmbad, Sportanlagen)
- Restaurants, Gaststätten, Cafés
- Kulturelle Einrichtungen (z. B. Kino, Theater, Bibliothek)

Checkliste: So ermitteln Sie Ihren Raumbedarf Räume/ Jetzt in qm/Wunsch in neuem Objekt/Kosten bei 1300 €/qm

- Wohnraum
- Essraum
- Küche
- Schlafraum
- Kinderzimmer
- Gästezimmer
- Arbeitsraum
- Bad/Toilette
- Speisekammer
- Flur/Garderobe
- Treppen

7.1.2 Fehler vermeiden

Prinzipiell haben Käufer und Verkäufer einer gebrauchten Immobilie dasselbe Problem. Sie treffen Entscheidungen, die mit weitreichenden finanziellen Folgen, eventuell von existentieller Bedeutung, verbunden sind.

Leichtfertigkeit

Vor allem in Zeiten des Immobilienbooms ist zu beobachten, dass Kaufentscheidungen eher leichtfertig getroffen werden. Dies geschieht im Wesentlichen aus Angst, dass „die Preise davon laufen könnten" und der Traum vom eigenen Heim ein Traum bleibt, wenn man nicht sofort zuschlägt. Häufig resultieren aus diesem „Zwang" Entscheidungen, die bereits nach kurzer Zeit bereut werden. Die Fehlentscheidung beim Kauf einer Immobilie ist in vielen Fällen nicht zu korrigieren. Deshalb ist auf die Wahl der richtigen Immobilie in jeder Marktsituation größter Wert zu legen.

Der Renditejäger

Die meisten Fälle von leichtfertigen Entscheidungen sind bei Kapitalanlegern zu beobachten. Diese unterliegen häufig dem Irrtum, dass für sie die Qualität einer Immobilie eher zweitrangig ist. In erster Linie zählt die Rendite, da die Immobilie „ja nur vermietet wird" und man selber nicht mit eventuellen Problemen der Wohnung konfrontiert wird. Dieser Irrtum wird für den Eigentümer meist dann erkennbar, wenn die Nachfrage nach Mietwohnungen zurückgeht und Mietinteressenten unter mehreren Wohnungen mit unterschiedlicher Qualität auswählen können. Am schmerzhaftesten wird dieser Irrtum, wenn die Immobilie wieder verkauft wird. Ein Kaufinteressent, der z.B. die Wohnung zur Eigennutzung erwerben möchte, deshalb auf Qualitätsmerkmale Wert legt, wird die Wohnung kritischer unter die Lupe nehmen und bei Qualitätsmängeln vom Kauf Abstand nehmen. Für den „Renditejäger" kann dies letztendlich bedeuten, dass er die Wohnung mit einem Preiszugeständnis verkaufen muss, wodurch seine Rendite unter Umständen erheblich geschmälert wird. Ein Kapitalanleger ist deshalb am besten beraten, die für ihn richtige Immobilie prinzipiell nach den gleichen Qualitätskriterien wie ein Eigennutzer auszuwählen.

Der Eigennutzer

Für denjenigen, der eine Immobilie zum Selbstbezug erwirbt, ist zunächst von größter Bedeutung, dass die Immobilie seinem persönlichen bzw. familiären Bedarf entspricht. In vielen Fällen geht der Käufer davon aus, dass er die Immobilie bis zu seinem Lebensende nutzen wird. Dies ist eine für Deutschland typische Einstellung. Im Durchschnitt wechselt beispielsweise eine amerikanische Familie weit häufiger ihr Eigenheim. Diese typisch deutsche Grundeinstellung birgt die Gefahr von Fehlentscheidungen. Wird beim Kauf eines Eigenheimes ein eventueller Wiederverkauf nicht mit einkalkuliert, werden bestimmte Qualitätsmängel oftmals übergangen.

Beispiel: Herr Müller möchte ein großes, älteres Wohnhaus, in dem sich zwei Wohnungen befinden, die jedoch nicht in sich abgeschlossen sind, erwerben. Die Wohnung im Obergeschoss kann ausschließlich über die Diele der Erdgeschosswohnung erreicht werden. Dies zu ändern wäre nur mit einem unangemessenen Aufwand möglich. Für Herrn Müller ist dieser Umstand unerheblich, da die obere Wohnung von der Tochter und deren Freund bewohnt wird.

Wichtig ist hierbei, dass Herr Müller diesen Nachteil des Gebäudes nicht einfach hinnimmt, sondern daran denkt, dass dies bei einem Wiederverkauf ein Handicap darstellt. Das heißt: Bei der Vereinbarung des Kaufpreises sollte Herr Müller an den Wiederverkauf denken, auch wenn er heute nicht beabsichtigt, das Gebäude jemals wieder zu veräußern.

Wichtig für den Eigennutzer ist also, seinen persönlichen Bedarf möglichst exakt zu ermitteln, und bei der Suche nach der passenden Immobilie jene Mängel, die ihn persönlich nicht stören, nicht zu übergehen.

7.1.3 Immobilienmakler

Ist ein Makler nötig?

Beispiel: Familie Müller hat sich mit Hilfe der Bedarfs- und Nutzenanalyse ein konkretes Bild über ihre Wunschimmobilie gemacht. Als nächstes stellt sich die Frage, wie man nun an das gewünschte Objekt herankommt. Eine Möglichkeit besteht in der Beauftragung eines Maklers. Familie Müller ist sich uneins darüber, ob sich die bekanntermaßen nicht gerade geringen Maklergebühren überhaupt lohnen, oder ob man nicht auch selber fündig werden kann. Im Übrigen hat Herr Müller von seinem Arbeitskollegen erfahren, dass dieser angeblich schlechte Erfahrungen mit einem Makler gemacht hat. Er findet ohnehin, dass Maklern ein schlechter Ruf vorauseilt.

Vorurteile

Für den Kunden eines Maklers ist in vielen Fällen nicht nachvollziehbar, weshalb für die geleistete Tätigkeit ein so stattliches Honorar zu zahlen ist. Und wie in vielen anderen Branchen gibt es auch unter Maklern „schwarze Schafe“, die den Eindruck verstärken, dass man mit dieser Tätigkeit „bei geringem Aufwand viel Geld“ verdienen kann.

Was kann ein Makler?

Für Käufer und Verkäufer einer Immobilie stellt sich grundsätzlich die Frage, ob man die Leistungen, die ein Makler erbringen kann, überhaupt benötigt, oder anders ausgedrückt: Kann ich mir durch die Einschaltung eines Maklers Vorteile verschaffen, die das Maklerhonorar rechtfertigen. Festzustellen ist immer wieder, dass die Fähigkeiten und Leistungsmerkmale eines Maklers zu wenig bekannt sind, um diese Entscheidung treffen zu können.

Käufer- und Verkäuferdatei

Die zentrale Aufgabe des Maklers ist das Zusammenbringen von Käufern und Verkäufern. Üblicherweise führt er hierzu eine entsprechende Käufer- und Verkäuferdatei. Ein Käufer kann sich beispielsweise erkundigen, ob ein für ihn geeignetes Objekt vorhanden ist. Sollte dies nicht der Fall sein, kann er den Makler beauftragen, ihn für den Fall vorzumerken, dass er ein geeignetes Objekt zum Verkauf erhält.

Bewertung

Für den Verkäufer von entscheidender Bedeutung ist, den richtigen Preis für seine Immobilie festzulegen. Hierbei stellt sich grundsätzlich die Frage, ob es sinnvoller ist, einen vereidigten Sachverständigen oder einen Makler einzuschalten (siehe hierzu auch Kapitel 3). In manchen Fällen ist die Einschaltung eines Sachverständigen unumgänglich, wie z. B. bei streitigen Erbschaftsauseinandersetzungen. Generell gilt, dass die durch Sachverständige erstellten Gutachten regelmäßig fachlich einwandfrei erstellt werden und auf anerkannten Bewertungsmethoden beruhen. Ein ortskundiger, erfahrener Makler kann jedoch über diese Bewertung hinaus seine Erfahrung aus einer Vielzahl von Kundenkontakten und Vertragsabschlüssen mit einfließen lassen. Zusammengefasst bedeutet dies: Der Makler orientiert seine Wertermittlung neben den üblichen Sach- und Ertragswertverfahren in hohem Maße daran, zu welchem Preis die Immobilie nach seiner Erfahrung tatsächlich verkauft werden kann.

Präsentation

Der Makler wird üblicherweise ein Exposé über jede seiner angebotenen Immobilien anfertigen. Anhand dieses Exposés kann ein Kaufinteressent sich einen groben Überblick über die Immobilie verschaffen und feststellen, ob diese für ihn evtl. in Frage kommen könnte.

Besichtigungen

Der Makler vereinbart zwischen Verkäufer und Kaufinteressent Besichtigungstermine, ist hierbei auch anwesend und erläutert dem Interessenten Details der Immobilie. Je nach Qualifikation kann er hierbei bereits erste Auskünfte zu bautechnischen Fragen, wie z. B. Umbaumöglichkeiten geben.

Vertragsvorbereitung

Zur Vertragsvorbereitung gehört insbesondere die Vorbesprechung des Kaufvertragsentwurfes. Dies sollte rechtzeitig vor dem Notartermin stattfinden, um offene Fragen zwischen Verkäufer und Käufer noch klären zu können. Vom Makler kann hierbei verlangt werden, dass er die Vertragsinhalte in einfachen, verständlichen Formulierungen so wiedergibt, dass sich auch der in

Immobilienfragen Unerfahrene ein klares Bild darüber machen kann, was mit der Formulierung bezweckt wird. Ebenso kann er beispielsweise bei Wohnungseigentum Auskunft über die wesentlichen Inhalte der Teilungserklärung geben und die Auswirkungen von speziellen Regelungen auf das jeweilige Wohneigentum erklären. Im Regelfall wird er beim Notartermin anwesend sein, um auch hier ggf. noch kurzfristig auftauchende Probleme vermittelnd zu lösen.

Besondere Leistungen

In einigen Fällen erbringen Makler Sonderleistungen, wie z. B. die Vermittlung der Finanzierung, die Vermietung, die Erstellung der Hausgeldabrechnung für den Mieter, die Durchführung von Mieterhöhungen sowie Kündigungen. Diese Leistungen sind im üblichen Leistungsrahmen des Maklers nicht enthalten und werden deshalb regelmäßig zusätzlich in Rechnung gestellt.

Alleinauftrag oder Allgemeinauftrag?

Grundsätzlich bestehen für den Verkäufer einer Immobilie zwei Möglichkeiten, einen Makler zu beauftragen. Mit dem Alleinauftrag verpflichtet sich der Verkäufer, während der Laufzeit des Vertrages keine weiteren Makler einzuschalten. Demgegenüber kann der Verkäufer bei Erteilung eines Allgemeinauftrages beliebig viele weitere Makler beauftragen.

Die Praxis zeigt, dass die gleichzeitige Beauftragung von mehreren Maklern ein Problem beinhaltet. Durch das Anbieten ein und derselben Immobilie von mehreren Seiten entsteht oftmals der Eindruck einer Minderwertigkeit der Immobilie. Tatsächlich macht es auch kein gutes Bild, wenn beispielsweise in derselben Zeitungsausgabe von mehreren Maklern dasselbe Haus mit unterschiedlichen Beschreibungen und im schlechtesten Fall auch noch zu unterschiedlichen Preisen angeboten wird.

Erfahrungsgemäß ist die Erteilung eines Alleinauftrages für einen bestimmten Zeitraum an nur einen Makler die sinnvollste Vorgehensweise. Ist der vereinbarte Zeitraum abgelaufen, kann der Verkäufer neu entscheiden, ob der Vertrag verlängert oder ein neuer Makler beauftragt wird.

Vorteile für den Käufer

Ein guter Makler bedeutet für den Käufer eine erhebliche **Zeitersparnis.** Je genauer der Makler die Bedürfnisse des Interessenten kennt, umso zielgerichteter wird er ihm ausschließlich geeignete Immobilien anbieten. Enttäuschungen bei Besichtigungen können dadurch vermieden werden.

Ein Makler kann auf Grund seiner **Marktkenntnis** dem Interessenten in kurzer Zeit einen Überblick über eine größere Anzahl an angebotenen Objekten geben. Der Kaufinteressent erhält dadurch ein Gefühl für das Preisgefüge im Markt.

Ein Maklerhonorar wird erst fällig, sobald die Suche erfolgreich war.

Vorteile für den Verkäufer

Üblicherweise wird der Makler für den Verkäufer kostenlos eine Wertermittlung für die Immobilie erstellen. Erteilt der Verkäufer einen Verkaufsauftrag, wird der Makler Verkaufsunterlagen aufbereiten und seine vorgemerkten Interessenten informieren. Ebenso wird er Zeitungsanzeigen schalten. Diese Leistungen sind für den Verkäufer zunächst kostenlos. Eine Maklercourtage fällt erst bei erfolgreicher Vermittlung an.

Für den Verkäufer stellt der Makler eine Art Pufferfunktion dar, durch die Kaufinteressenten quasi vorsortiert werden. Im Idealfall werden dadurch nur solche Interessenten zu einer Besichtigung eingeladen, für die das Objekt auch wirklich in Frage kommen könnte und die ein ernsthaftes Interesse am Erwerb haben.

Qualität des Maklers

Wie in vielen anderen Branchen gibt es auch bei Maklern erhebliche Qualitätsunterschiede. Der am häufigsten begangene Fehler eines Verkäufers liegt darin, demjenigen Makler den Auftrag zu erteilen, der den höchsten Preis für die Immobilie schätzt. Die überzogene Wertermittlung ist eine gern angewandte Methode von Maklern, die sich nicht durch die Qualität ihrer Arbeit einen entsprechenden Ruf verschaffen können.

Auf diese Weise gelangen sie an Verkaufsaufträge, meist mit dem Resultat, dass bereits nach kurzer Zeit der zunächst „geschätzte" Verkaufspreis für das Objekt wesentlich reduziert werden muss, was „im Markt" ein sehr negatives Signal bewirkt. In der Praxis sind immer wieder Fälle zu beobachten, in denen Objekte, die zunächst zu überzogenen Preisen angeboten wurden, schlussendlich nicht einmal mehr zum realistischen Preis einen Käufer fanden.

Es kann nicht verallgemeinernd festgestellt werden, dass beispielsweise Immobilienabteilungen von Banken eine bessere Qualität bieten können als sogenannte freie Makler. Jedoch legen Banken im Hinblick auf die Qualifikation der Immobilienabteilung regelmäßig dieselben Maßstäbe wie für das Bankgeschäft an. Käufer und Verkäufer haben deshalb ein hohes Maß an Sicherheit, eine fachlich fundierte Beratung zu erhalten.

Vorsicht bei Strukturvertrieben

In den letzten Jahren sind diese Vertriebsgesellschaften wie Pilze aus dem Boden geschossen. Strukturvertriebe sind, mit einigen wenigen Ausnahmen, in der Weise organisiert, dass in der Mehrzahl nebenberufliche Immobilienmakler schwerpunktmäßig im näheren Bekannten- und Verwandtenkreis für die Vertriebsgesellschaft auf Kundenfang gehen. In vielen Fällen ist eine fachliche Qualifikation oder die erforderliche Marktkenntnis nicht vorhanden. Augenfällig ist, dass speziell diese Gesellschaften möglichst langlaufende Verkaufsaufträge abschließen, oft auf der Grundlage von überzogenen Wertermittlungen.

7.1.4 Checkliste Maklervertrag

Um Überraschungen zu vermeiden, gibt die nachstehende Checkliste einen Überblick über die wichtigsten rechtlichen Aspekte im Zusammenhang mit dem Maklervertrag.

- Ein Makler kann grundsätzlich für beide Seiten (Käufer und Verkäufer) tätig sein, sofern dies vertraglich nicht ausgeschlossen wird.
- Damit ein Provisionsanspruch des Maklers gegeben ist, muss ein Maklervertrag zustande gekommen sein, der Makler muss eine Nachweis- oder Vermittlungsleistung erbracht haben, der Kaufvertrag muss

rechtswirksam abschlossen sein, die Tätigkeit des Maklers muss ursächlich für das Zustandekommen des Kaufvertrages gewesen sein und die provisionspflichtige Partei muss Kenntnis darüber gehabt haben, dass eine Maklertätigkeit gegeben ist.
- Das Maklerhonorar ist frei vereinbar, beträgt grundsätzlich aber 3% zzgl. MWSt. aus dem vereinbarten Kaufpreis.
- Ein Kaufinteressent kann zwar kostenfrei unverbindliche Auskünfte über eine Immobilie einholen. Bekundet er jedoch einen Abschlusswillen, z.B. durch Anforderung der Verkaufsunterlagen (Exposé), und wird er vom Makler auf die Provision hingewiesen, ist diese bei Abschluss eines Kaufvertrages zu zahlen.

7.1.5 Private Suche

Um die private Suche nach einer Immobilie zeitlich einigermaßen rationell abwickeln zu können, ist die detaillierte Durchführung einer Bedarfs- und Nutzenanalyse (siehe Kapitel 7.1.1) sehr hilfreich. Hat man auf Grund dieser Analyse eine konkrete Vorstellung von seiner Wunschimmobilie, kann die Suche über private Immobilienanzeigen beginnen. Und hierzu ein Tipp:

Legen Sie für jedes Objekt, für das Sie sich interessieren, ein „Datenblatt“ an. In diesem notieren Sie bereits beim ersten telefonischen Kontakt mit dem Verkäufer alle Kriterien, die für Sie wichtig sind und inwieweit sie erfüllt werden. Dadurch verhindern sie, nach dem zehnten Gespräch nicht mehr die Objektdaten des ersten Gespräches zu wissen. Und außerdem können Sie sich eine persönliche Rangliste anlegen, anhand derer Sie die Reihenfolge der Besichtigungen festlegen.

Suchanzeigen

Der Erfolg von Suchanzeigen hängt stark von der jeweiligen Marktlage ab. In Boom-Zeiten, in denen nur schwer an gute Immobilien heranzukommen ist, wird sich ein Verkäufer nur selten bequemen, auf ein Inserat zu reagieren. In jedem Fall scheidet die Chiffreanzeige, bei der ein Verkäufer sogar schriftlich antworten müsste, aus. Generell sollte eine Suchanzeige so gestaltet sein, dass der Lesende relativ schnell erkennt, ob seine Immobilie für den Inserenten überhaupt in Frage kommen kann.

Immobilienvermittlung
Alleinauftrag

Nr. ....

1. **Auftragserteilung**

....

....
nachstehend – auch bei mehreren Personen – „Auftraggeber" genannt

erteilt

....

....
nachstehend „Auftragnehmer" genannt

Alleinauftrag zum Nachweis oder zur Vermittlung eines Vertrags zum

☐ Ankauf

☐ Verkauf

des folgenden Objekts:

....

....

....

....

....

....

....

....

....

....

....

2. **Preis**

Die Preisvorstellung des Auftraggebers liegt bei € ....

3. **Vollmacht**

Der Auftraggeber bevollmächtigt den Auftragnehmer zur Einholung von Auskünften jeglicher Art, welche üblicherweise zur Durchführung dieses Auftrags notwendig oder zweckmäßig sind; insbesondere bei Grundbuchamt, Baubehörde und Finanzamt, letzteres zur Erfragung des Einheitswertes und der steuerlichen Einstufung des o. a. Objekts zum Zweck der Führung von Vertragsverhandlungen.

4. **Pflichten des Auftragnehmers**

Der Auftragnehmer wird den Auftrag sorgfältig und nachhaltig bearbeiten, das Objekt vorgemerkten Interessenten anbieten und in angemessenem Umfang inserieren. Er wird den Auftraggeber über die Durchsetzbarkeit der Preisvorstellung aufklären.

Der Auftragnehmer ist berechtigt, auch für den anderen Teil tätig zu werden.

5. **Pflichten des Auftraggebers**

Der Auftraggeber ist verpflichtet, dem Auftragnehmer sämtliche zur Durchführung des Auftrags notwendigen und zweckmäßigen Auskünfte zu erteilen.
Der Auftraggeber hat während der Dauer des Alleinauftrags die Inanspruchnahme eines anderen Maklers zu unterlassen. Unbeschadet der Möglichkeit, einen höheren tatsächlichen Schadensersatz geltend zu machen, ist der Auftraggeber bei Zuwiderhandlungen zur Zahlung einer Entschädigung in Höhe von 50% der Vergütung verpflichtet, die er im Falle der erfolgreichen Tätigkeit des Auftragnehmers geschuldet hätte; dem Auftraggeber bleibt der Nachweis vorbehalten, ein Schaden sei überhaupt nicht entstanden oder wesentlich niedriger als die geltend gemachte Entschädigung.

6. **Dauer**

Dieser Auftrag läuft zunächst 6 Monate; er verlängert sich jeweils um einen Monat, falls er nicht einen Monat vor Ablauf schriftlich gekündigt wird.

7. **Vergütung**

Kommt während der Laufzeit dieses Auftrags ein Vertrag oder eine vertragsähnliche Bindung zustande (z.B. Vorvertrag; Vertragsangebot, das später angenommen wird; Vorkaufsrecht), wird die ortsübliche Vergütung geschuldet. Die Vergütung beträgt im Fall eines Kaufvertrags .... % incl. MWST., errechnet aus dem tatsächlichen Kaufpreis. Ist ein Bauvorhaben projektiert, errechnet sich die Vergütung aus den veranschlagten Baukosten.

Diese Vergütung ist auch dann zu zahlen, wenn der Auftraggeber den Vertrag ohne Inanspruchnahme eines Maklers abschließt, es sei denn, er weist nach, daß die Tätigkeit des Auftragnehmers hierfür nicht ursächlich gewesen ist.

Werden die Nachweis- oder Vermittlungsdienste erst nach Ablauf dieses Auftrags erfolgreich, entsteht ebenfalls der Vergütungsanspruch.

8. **Aufwendungsersatz**

Wegen des außerordentlich zeit- und kostenintensiven Einsatzes bedarf der Auftragnehmer eines Schutzes vor willkürlicher Verhaltensweise des Auftraggebers. Deshalb hat der Auftraggeber Aufwendungsersatz in folgenden Fällen zu erbringen:

- Aufgabe der Verkaufsabsicht
- Erschwerung der Konditionen (z.B. höherer Preis)
- Vertretung ohne Vertretungsmacht
- Nichterteilung einer Genehmigung

Der Aufwendungsersatz errechnet sich nach den dem Auftragnehmer tatsächlich entstehenden Auslagen (z.B. Inserate; Maklerstunde € 50,–; Sekretärinnenstunde € 25,–).

9. **Sondervereinbarungen**

....

....

....

....

....

....
Ort, Datum Auftraggeber

....
Ort, Datum Auftragnehmer

Abb. 24: Makler-Alleinauftrag (Quelle: DG-Verlag, Wiesbaden)

Beispiel: Familie sucht **Ein- oder Zweifamilienhaus** oder Einfamilienhaus mit Einliegerwohnung in Stadtrandlage von Aulendorf, insgesamt mindestens 6 Zimmer, Wohnfläche mindestens 180qm., Grundstück mind. 800 qm, kein Fertighaus, ab Baujahr ca. 1960, auch renovierungsbedürftig, beziehbar spätestens im Oktober 2003, Kaufpreis bis 400000 €, Telefon: xxxxx/xxxxx ab 18 Uhr abends.

In welcher Zeitung Immobilienanzeigen am sinnvollsten plaziert werden, lässt sich am leichtesten am Umfang des jeweiligen Immobilienteils feststellen. Im Allgemeinen sind die regionalen Tageszeitungen bei der Suche nach einer Immobilie vor Ort das geeignete Medium. Anzeigen in überregionalen Anzeigeblättern sind allenfalls dann sinnvoll, wenn z. B. bei der Suche nach einer gewerblichen Immobilie zur Kapitalanlage der Standort nicht von Bedeutung ist.

Immobilienanzeigen – die Wochenendausgaben der Tageszeitungen quellen fast über davon. Was sie aussagen – was damit gemeint ist:

- Einfamilienhaus ohne Zusatz „freistehend“ = kein Einzelhaus, sondern Reihenmittelhaus.
- Zentrale Lage oder ohne den Zusatz „ruhige Lage“ = wahrscheinlich laut.
- Ohne Angabe des Baujahres (bei gebrauchten Immobilien) = älteres oder altes Haus.
- Etagenwohnung (ETW) ohne Hinweis auf kleinere Wohnanlage = aller Wahrscheinlichkeit nach in einem Hochhaus gelegen.
- Wenige Autominuten von der Innenstadt entfernt = vermutlich wenig attraktiver Ort; auf jeden Fall weiter von der Innenstadt entfernt als Sie denken.
- Nur wenige 100 Meter bis zum Ortskern = wahrscheinlich eher 900 als 200 Meter.
- Parkartig = kein Park, eher ein normaler Garten.
- Keine Grundstücksgröße angegeben = wahrscheinlich Mini-Grundstück.
- Fehlende Hinweise auf den Zustand des Objekts = vermutlich vernachlässigt oder renovierungsbedürftig.
- Luxus-Einfamilien-Haus = vermutlich eher „gehobene Ausstattung“: dagegen wird ein wirkliches Luxushaus meist als „Traumhaus“ bezeichnet.

Quelle: Bausparkasse Schwäbisch Hall

Immobilienbörsen

Als Alternative zu den Immobilienmaklern sehen sich die in den letzten Jahren verstärkt auftretenden Immobilienbörsen. Diese führen, quasi wie ein Immobilienmakler, Dateien über zum Verkauf stehende Objekte. Für das Vormerken dieser Information hat der Verkäufer eine Gebühr entrichtet. Ein Kaufinteressent erhält bei einer entsprechenden Anfrage die gewünschten Objektdaten. In der Regel zahlt er hierfür ebenfalls eine einmalige Gebühr. Die Tätigkeit der Immobilienbörse ist damit beendet. Der Kaufinteressent kann sich mit dem Verkäufer direkt in Verbindung setzen, Besichtigungstermine vereinbaren und den Vertragsabschluss vorbereiten.

Internet: Eine wachsende Bedeutung kommt dem Internet als Plattform für den Immobilienhandel zu. Die wohl bekannteste Adresse ist derzeit www.immobilienscout24.de. Hier kann jeder, ob privat oder gewerblich, sein Angebot einstellen. Andere Plattformen, wie z. B. www.immopool.de, zeigen ausschließlich das Angebot von Immobilienmaklern. Auch regional begrenzte Angebote, wie z. B. www.bad-waldsee-immobilien.de können die Suche nach der geeigneten Immobilie erleichtern. Generell bietet das Internet, im Gegensatz zu den Anzeigenteilen in Tageszeitungen, die Möglichkeit, sehr gezielt nach der Wunschimmobilie zu suchen. Während Immobilienteile in Zeitungen sich unsortiert und deshalb unübersichtlich zeigen, führt eine Internetplattform durch die Suche anhand von Kriterien, schneller zum Ziel. Nach Eingabe des Begriffs „Immobilien“ in einer Suchmaschine, wie z. B. www.google.de, erhalten Sie Adressen von aktuellen Immobilienplattformen. Als Verkäufer einer Immobilie sollten Sie diejenige Plattform wählen, welche ein möglichst großes Angebot an Immobilien aus der Region enthält, in der sich auch Ihre Immobilie befindet. Umso wahrscheinlicher ist es, dass Interessenten, die in dieser Region suchen, immer wieder auf diese Seite zurückkehren.

7.2 Checkliste „Wichtige Unterlagen“

Vor der eigentlichen Kaufentscheidung sollten in jedem Fall die in Abb. 25 und 26 beschriebenen Unterlagen beschafft werden

Unterlage	Beweggründe	Wo bzw. über wen zu beschaffen?	Bemerkungen
Grundbuchauszug	Wegen Überprüfung der Grundstücksgröße und möglicher Belastungen in Abteilung II und III.	Grundbuchamt bzw. über den Eigentümer	Achten Sie auf die Aktualität der Grundbuchabschrift!
Einsicht in das Baulastenbuch	Wegen möglicher Belastungen.	Bauverwaltungsamt Ihrer Stadt oder Gemeinde	
Lageplan	Wegen Überprüfung der Grundstücksgrenzen.	Staatl. Vermessungsamt	
Genehmigtes **Baugesuch** m. Wohnflächen- und Kubusberechnung so wie technischer Baubeschreibung	Zur Überprüfung, ob die vorhandene Bausubstanz der erteilten Baugenehmigung entspricht.	Vom Verkäufer oder beim Bauordnungsamt Ihrer Stadt oder Gemeinde.	
Auszug aus dem maßgeblichen Bebauungsplan	Zur Überprüfung der möglichen Nachbarbebauung bzw. deren möglicher Veränderung.	Vom Eigentümer bzw. Bauordnungsamt Ihrer Stadt oder Gemeinde	
Flächennutzungsplan (Auszug)	Zur Überprüfung der weiteren Rahmenplanung in der Umgebung.	Beim Bauordnungsamt Ihrer Stadt oder Gemeinde	z. B. angrenzender landwirtschaftlicher Grund, der für ein Gewerbegebiet vorgesehen ist
Mietvertrag im Falle der Vermietung	Wegen Überprüfung der Kündigungsmöglichkeiten,	Vom Eigentümer	Käufer tritt in bestehenden Mietvertrag ein.

	Nebenkostenregelung und Mietpreisvereinbarung.		
Einheitswertbescheid bzw. vorhandene Ertragswertfestlegung	Wegen Schenkung- bzw. Erbschaftsteuer, Grundstückswertfestsetzung und Grundsteuer.	Vom Eigentümer	
Grundsteuerbescheid	Wegen der zu entrichtenden Grundsteuer.	Vom Eigentümer	Wird jährlich erteilt
Gebäudebrandversicherungsanschlag	Wegen Beiträgen zur Gebäudebrandversicherung.	Vom Eigentümer	
Bewertung des Grundstücksanteils	Zur Ermittlung des Bauwertes als Grundlage für die Abschreibung.	Vom Eigentümer aus dessen ESt.bescheid bzw. vom Finanzamt aus dessen Grundstückswertkarte oder von der zuständigen Stadt oder Gemeinde aus deren Vertragssammlung bzw. dessen Gutachterausschuß	
Schlußabnahmeschein	Wegen der Bestätigung, dass dieses Bauwerk von der Baubehörde beanstandungslos abgenommen wurde.	Über Verkäufer	Bei Neubauten erforderlich

Abb. 25: Wichtige Unterlagen

Unterlage	Beweggründe	Wo bzw. über wen zu beschaffen?	Bemerkungen
Teilungserklärung und **Beschlussprotokoll** der Wohnungseigentümerversammlung	Wegen Feststellung der Miteigentumsanteile, der Änderungen der Teilungserklärung, der Gebrauchsregelung und der Hausordnung	Vom Eigentümer, Grundbuchamt oder Hausverwalter	
Verwaltervertrag	Zur Überprüfung der bestehenden Vereinbarungen	Vom Eigentümer oder Verwalter	
Nebenkostenabrechnung und Wirtschaftsplan	Wegen Information über die anfallenden Nebenkosten	Vom Eigentümer oder Verwalter	Nebenkostenabrechnungen der letzten 2–3 Jahre; gültiger Wirtschaftsplan

Abb. 26: Ergänzende Unterlagen beim Erwerb einer Eigentumswohnung

7.3 Checkliste „Kaufvertrag“

Notare handhaben den Abschluss eines Kaufvertrages recht unterschiedlich. Im Idealfall steht anlässlich des Kaufvertragstermines nicht nur die Zeit zum Verlesen der Vertragsurkunde zur Verfügung. Vielmehr klärt der Notar auch über komplizierte Ausdrücke im Vertragstext und deren rechtliche Hintergründe auf. Der Vertragstext wird 14 Tage vor der Beurkundung den Vertragsparteien zur Verfügung gestellt.

Da diese Erläuterungen recht unterschiedlich intensiv vorgenommen werden, sollten sich Verkäufer und Käufer vor dem Notartermin über die wesentlichen Vertragsbedingungen Sicherheit verschaffen. Die wichtigsten Daten und Bedingungen des Kaufvertrages sind:

- Beurkundungsdatum und -ort
- **persönliche Daten** der Vertragsparteien (Name, Vorname, Familienstand, Güterstand, Geburtsdatum, Anschrift)
- **Beteiligungsverhältnis** bei mehreren Erwerbern (z.B.: bei Ehegatten üblicherweise je zur Hälfte)
- **Kaufgegenstand** (Grundbuch- Heft- Nr., Beschreibung) – **wichtig:** mitverkauftes Zubehör wie z.B. Einbauküche
- **Belastungen im Grundbuch** (z.B. Wohnrechte, Grundschulden) – **wichtig:** welche werden vom Käufer übernommen, welche sind vom Verkäufer zur Löschung zu bringen?
- **Kaufpreis**
  - Gesamtsumme € …
  - davon entfällt auf Zubehör: € …
  - Zahlungsweise (z.B. auf Konto Nr. …)
  - Zahlungstermin
  - Bedingungen für Kaufpreisfälligkeit, z.B. Eintragung einer Auflassungsvormerkung, Auszug des Mieters usw.
  - Verzugszinsen
- **Treuhandauftrag:** Bei Übernahme von Grundpfandrechten durch den Käufer erfolgt die Zahlung auf ein Treuhandkonto. Der Treuhänder (z.B. Notar oder Bank) erhält den Auftrag, den Verkäufer nur über den Kaufpreis verfügen zu lassen, sofern die Grundpfandrechte nicht mehr valutieren.

- **Mietverhältnis:** Der Käufer tritt in das bestehende Mietverhältnis ein („Kauf bricht nicht Miete"). Es kann aber beispielsweise vereinbart werden, daß der Auszug eines Mieters Voraussetzung für die Zahlung des Kaufpreises oder eines Teilkaufpreises ist.
- **Gewährleistung:** Die Gewährleistung für Sachmängel wird bei Gebrauchtimmobilien üblicherweise ausgeschlossen.
- **Erforderliche Zustimmungen:** z.B. durch die Stadt oder Gemeinde bzgl. des gesetzlichen Vorkaufsrechtes oder bei Sanierungsvermerken im Grundbuch.
- **Erschließungskosten/Anliegerleistungen:** In der Regel erklärt der Verkäufer einer Gebrauchtimmobilie, daß diese voll bezahlt sind. Für zukünftige Beiträge, z.B. bei Erweiterung des Klärwerks durch die Stadt, ist der Käufer zuständig.
- **Auflassung** (Umschreibung des Eigentümers im Grundbuch):
  - Erfolgt in der Regel nach vollständiger Bezahlung des Kaufpreises und Vorlage der Unbedenklichkeitsbescheinigung (Bestätigung über die bezahlte Grunderwerbsteuer) durch das Finanzamt.
  - Tip: Die Auflassung kann sofort erklärt werden, wenn z.B. die Zahlungsgarantie einer Bank vorgelegt wird. Dadurch können die Notariatskosten für die Auflassungsvormerkung eingespart werden.
- **Übergabe:** Die Übergabe der Immobilie an den neuen Eigentümer erfolgt am ... (jedoch nicht vor vollständiger Kaufpreiszahlung).
- **Lasten-/Gefahr-Übergang:** Wird in der Regel auf denselben Termin wie die Übergabe vereinbart.
- **Kostentragung**
  - Kosten des Vertrages und seines Vollzuges sowie von erforderlichen Genehmigungen und Bestellung von neuen Grundpfandrechten sowie die Grunderwerbsteuer gehen in der Regel zu Lasten des Käufers.
  - Kosten für die Löschung von bestehenden Grundpfandrechten oder anderen Belastungen trägt in der Regel der Verkäufer.
- **Bei Eigentumswohnungen**

  Ist die Verwalterzustimmung erforderlich?
  - Wohngeld zahlt der Käufer ab ...
  - Der Inhalt der Teilungserklärung ist dem Käufer bekannt.
  - Der Käufer tritt in die Rechtsverhältnisse nach Wohnungseigentumsgesetz ein, insbesondere auch für Regelungen, die aufgrund von Beschlüssen der Eigentümergemeinschaft bestehen.
  - Der Anteil an der Instandhaltungsrücklage geht auf den Käufer über.

- **Kaufpreisfinanzierung:** Werden Grundpfandrechte bereits vor Auflassung für die Finanzierung des Kaufpreises eingetragen, wird vereinbart, daß diese ausschließlich zur Zahlung des Kaufpreises verwendet werden dürfen. Ein entsprechender Vermerk wird in der Grundpfandrechtsbestellung ebenfalls vorgenommen.

8. Steuern und staatliche Förderung

Das Eigentum an einer Immobilie ist bei vielen Steuerarten mit einer Vergünstigung verknüpft. Die Überlegung, ob und wie sich der Erwerb von Grundeigentum lohnt, kann deshalb nur unter Berücksichtigung der steuerlichen Situation durchgeführt werden. Dies gilt für Neubauten ebenso wie für Gebrauchtimmobilien.

8.1 Einkommensteuer

8.1.1 Grundlagen des Einkommensteuerrechts

Den Erwerber einer Immobilie begleiten die Vorschriften der Einkommensteuer in jeder Phase, sei es in der Ansparphase durch Besteuerung der Kapitalerträge oder durch Vorteile beim Bausparen, in der Vorfinanzierungsphase zwischen Erwerb und Bezug eines Objektes, danach bis zum Ablauf möglicher Vergünstigungen. Schließlich gibt es bei Veräußerung durch Privatpersonen meistens die Steuerfreiheit des Veräußerungsgewinns. Die detaillierte Anwendung der Vorschrift in Einzelfällen und die Beratung über das Ausfüllen der Formblätter muss Spezialwerken überlassen bleiben. Im Rahmen dieses Buches kann nur ein Überblick zum Verständnis der besonderen Vorteile in Zusammenhang mit der Immobilie gegeben werden.

Die Einkommensteuerpflicht

Unbeschränkt einkommensteuerpflichtig ist, wer seinen Wohnsitz oder ständigen Aufenthalt in Deutschland hat. Dabei spielen Alter, Geschlecht, Familienstand oder Staatsangehörigkeit ebenso wie die Geschäftsfähigkeit keine Rolle. Ein sechs Monate altes Kind, das ein vermietetes Haus geerbt hat, ist selbstständig steuerpflichtig wie sein Vater, der nur Arbeitslohn bezieht und für dieses Kind bei der Lohnsteuer eine Vergünstigung erhält. Grundsätzlich ist also auch innerhalb einer Familie jedes Familienmitglied selbstständig steuerpflichtig, Ehegatten können aber eine gemeinsame Veranlagung wählen, was regelmäßig steuerlich günstiger ist. Die selbstständige Besteuerung kann gerade bei Kindern durch Vermögensübertragung auf diese zur Verteilung des Einkommens und damit zu einer Steuerersparnis führen.

Wer unbeschränkt steuerpflichtig ist, muss seine gesamten Einkünfte im Inland versteuern, auch soweit diese im Ausland erzielt werden; wer beispielsweise in Spanien seine Ferienwohnung vermietet hat, muss die Einkünfte daraus in Deutschland versteuern! Unter Umständen ist aber ein Doppelbesteuerungsabkommen mit dem Staat, in dem die ausländischen Einkünfte erzielt werden, zu beachten.

Entrichtung der Einkommensteuer

Die Einkommensteuerschuld oder die letztlich zu zahlende Lohnsteuer werden immer aus dem gesamten Jahreseinkommen nachträglich berechnet. Bis zur Endabrechnung lässt sich der Staat meistens Vorauszahlungen geben, die dann verrechnet werden. Wer lohnsteuerpflichtig ist, zahlt einen großen Teil seiner Steuern mit dem Lohnsteuerabzug voraus.

Für Erwerber von Immobilien können unter Umständen im Voraus entsprechende Freibeträge auf der Lohnsteuerkarte eingetragen werden, die die Steuervorauszahlung mindern. In jedem Fall kann aber mit der Einkommensteuererklärung eine nachträgliche Berücksichtigung erfolgen. Aus der Einkommensteuerschuld des Vorjahres werden Vorauszahlungen auf die Einkommensteuerschuld des laufenden Jahres zum 10. März, 10. Juni, 10. September und 10. Dezember verlangt. Diese können also zusätzlich neben dem laufenden Lohnsteuerabzug bei Arbeitnehmern verlangt werden. Die Vorauszahlungen und die einbehaltene Lohnsteuer werden mit der errechneten Einkommensteuerschuld verrechnet. Zuviel erhobene Vorauszahlungen werden erstattet.

Einkunftsarten und steuerfreie Gewinne

Im Einkommensteuergesetz ist in den §§ 2 und 3 grundsätzlich festgelegt, welche Einnahmen steuerpflichtig sind. Der Steuerpflicht unterliegen:

(1) Einkünfte aus Land- und Forstwirtschaft

(2) Einkünfte aus Gewerbebetrieb: Für Immobilienerwerber kann diese Einkunftsart in Frage kommen, wenn sie beispielsweise an einem entsprechend konstruierten geschlossenen Immobilienfonds beteiligt sind, oder wenn Gewinne aus einem gewerblichen Grundstückshandel angefallen sind. Dies liegt dann vor, wenn innerhalb von fünf Jahren mehr als drei Grundstücksobjekte erworben oder errichtet und veräußert wurden („Drei-Objekt-Grenze" laut Erlass des Bundesfinanzministeriums von 1990). Neben der Einkommensteuer unterliegen die Gewinne dann auch der Gewerbesteuer.

(3) Einkünfte aus selbstständiger Arbeit: Dies sind in erster Linie die Einkünfte der freien Berufe.

Bei diesen drei Einkunftsarten werden die Einkünfte aus dem Gewinn ermittelt. Wenn der Steuerpflichtige gesetzlich nicht zur Buchführung verpflichtet ist, kann der Gewinn als Überschuss der Betriebseinnahmen über die Betriebsausgaben angesetzt werden.

Die weiteren vier Einkunftsarten werden als Überschuss der **Einnahmen** über die Werbungskosten definiert, wobei gilt: Einnahmen sind alle Güter, die in Geld oder Geldeswert bestehen und dem Steuerpflichtigen im Rahmen der entsprechenden Einkunftsart zufließen. **Werbungskosten** sind Aufwendungen zur Erwerbung, Sicherung und Erhaltung der Einnahmen.

(4) Einkünfte aus nichtselbstständiger Arbeit: Hierzu gehören in erster Linie Gehälter, Löhne und Sonderzahlungen an Arbeitnehmer.

(5) Einkünfte aus Kapitalvermögen: Hierher gehören die Einkünfte aus offenen Immobilienfonds. Steuerfrei sind 1601 € jährlich je Person.

(6) Einkünfte aus Vermietung und Verpachtung: Dies ist die Einkunftsart, die beim Erwerb von nicht selbstgenutzten Immobilien maßgeblich ist.

(7) Sonstige Einkünfte: Dies sind Einkünfte aus wiederkehrenden Bezügen, insbesondere Renten und Spekulationsgewinne im Sinne des § 23 EStG. Zu dieser Einkunftsart gehören auch Gewinne aus privaten Veräußerungsgeschäften, sogenannten Spekulationsgeschäften.

Der Spekulationsgewinn ist der Unterschied zwischen dem Veräußerungspreis einerseits und den Anschaffungs- oder Herstellungskosten und den Werbungskosten andererseits. Gewinne aus Spekulationsgeschäften bleiben steuerfrei, wenn der aus Spekulationsgeschäften erzielte Gesamtgewinn im Kalenderjahr weniger als 512 € betragen hat. Als Zeitpunkt der Anschaffung bzw. Veräußerung gilt jeweils der Abschluss des notariellen Kaufvertrages. Bei Immobilien sind Veräußerungsgewinne von Privaten steuerfrei, wenn zwischen Erwerb und Veräußerung 10 Jahre liegen.

Was nicht im Katalog der Einkunftsarten aufgeführt ist, unterliegt nicht der Besteuerung durch die Einkommensteuer, so ein Vermögenszuwachs aus Schenkung und Erbschaft. Mit der Schenkung- bzw. Erbschaftsteuer ist dabei alles abgegolten.

Verlustausgleich kann zu Steuererparnis führen

Wie die Einkünfte nach den sieben Einkunftsarten grundsätzlich berechnet werden, wurde bereits oben beschrieben. Bei den ersten drei Einkunftsarten kann selbstverständlich auch ein Verlust entstehen, während bei den Überschusseinkünften auch ein negativer Betrag (sog. negative Einkünfte) entstehen kann, soweit die nachgewiesenen Abzugsbeträge höher als die Einnahmen sind. Pauschal abziehbare Werbungskosten können aber nicht zu einem negativen Wert in der entsprechenden Einkunftsart führen. Positive und negative Einkünfte eines Steuerpflichtigen werden zusammengerechnet **(vertikaler Verlustausgleich)**. Gerade diese Möglichkeit kann bei Vermietung von Wohnraum zu einer Steuerersparnis führen, da bei den meisten Objekten in den ersten Jahren negative Einkünfte aus Vermietung und Verpachtung entstehen, die mit anderen positiven Einkünften, beispielsweise aus nichtselbstständiger Arbeit, verrechnet werden können. Die Möglichkeit zum Verlustausgleich ist aber begrenzt: Innerhalb derselben Einkunftsart können negative Einkünfte bis zur Höhe der positiven Einkünfte unbeschränkt verrechnet werden. Zwischen den einzelnen Einkunftsarten ist der Verlustausgleich auf 51 500 € (bei Alleinstehenden) bzw. 103 000 € (bei Verheirateten) begrenzt. Darüber hinaus können negative Einkünfte nur noch bis zur Hälfte der verbleibenden Summe der positiven Einkünfte berücksichtigt werden. Nicht ausgeglichene Verluste gehen in den Verlustabzug nach § 10 d EStG ein, sind also nicht verloren (Verlustrücktrag bzw. Verlustvortrag)

Summe der Einkünfte (aus den sieben Einkunftsarten)
– Altersentlastungsbetrag

= Gesamtbetrag der Einkünfte
– Sonderausgaben
– wie Sonderausgaben abziehbare Vorkosten
– Außergewöhnliche Belastungen

= Einkommen
– Kinderfreibetrag
– Haushaltsfreibetrag

= zu versteuerndes Einkommen → Anwendung des Einkommensteuertarifs
= tarifliche Einkommensteuer
– Steuerermäßigung für Parteispenden
= festzusetzende Einkommensteuer
– einbehaltene Lohnsteuer bzw. geleistete Vorauszahlungen
= zu zahlende Einkommensteuer

Einkommensteuertarif und Steuerersparnis

Maßgeblich für die Berechnung der Steuerhöhe ist zunächst der **Grundtarif.** Dieser Tarif berücksichtigt die unterschiedliche Leistungsfähigkeit der Steuerpflichtigen, indem er die „Steuerschraube" umso kräftiger anzieht, je höher das Einkommen ist; die Steuerschuld wächst nicht nur linear mit zunehmendem zu versteuernden Einkommen, sondern auch relativ, das heißt, der Prozentsatz steigt über einen größeren Bereich hinweg laufend an. Die Entlastung durch bestimmte steuerliche Vergünstigungen ist deshalb umgekehrt umso größer, je höher das zu versteuernde Einkommen vorher war. Den exakten Betrag einer Steuerminderung kann man deshalb nur unter Berücksichtigung aller Einkünfte eines Steuerpflichtigen und unter konkreter Verwendung einer Steuertabelle ermitteln.

Der Grundtarif (für 2004) ist in folgende Zonen gegliedert:

Nullzone: Bis zu einem zu versteuernden Einkommen von 7664 €, dem sogenannten Grundfreibetrag, wird keine Steuer berechnet. Wer mit seinem „zu versteuernden Einkommen" in diesem Bereich liegt, braucht keine Einkommensteuererklärung abzugeben und erhält gegebenenfalls alle vorausbezahlten oder im Voraus abgezogenen Beträge wieder zurück.

Beispiel: Der 5jährige Jens Müller hat von seinem kinderlos gebliebenen Patenonkel dessen Eigentumswohnung geerbt. Die Wohnung ist für monatlich 500 € vermietet. Nach Berücksichtigung der Werbungskosten und der Sonderausgabenpauschalen ergäbe sich für Jens, der sonst keine Einkünfte hat, ein zu versteuerndes Einkommen innerhalb des Grundfreibetrages. Die Eltern von Jens brauchen für diesen keine Einkommensteuererklärung abzugeben; die Mieteinnahmen bleiben steuerfrei.

Die Progressionszone: In der sogenannten Progressionszone liegende Einkommensteile werden mit einem ansteigenden (progressiven) Steuersatz besteuert. Er wird aus der im Gesetz angegebenen Formel in die Tabelle umgesetzt. Die Durchschnittsbesteuerung ist immer geringer als der Steuersatz des Grundtarifs, da dieser immer nur die weiteren Beträge mit dem entsprechenden Prozentsatz erfasst. Man nennt die Prozentsätze des Grundtarifs deshalb auch **„Grenzsteuersatz"** oder **„Spitzensteuersatz".** Dieser steigt bis zum Einkommen von 52151 € von 16% (15% ab 2005) auf 45% (42% ab 2005).

Die obere Proportionalzone: Von 52152 € an werden die Einkommensbeträge mit 45% besteuert. Seit 1998 erhöht sich die Steuer um den Solidaritätszuschlag von 5,5%. Für die Ermittlung einer Steuerersparnis durch Verminderung des Einkommens ist auch die Kirchensteuer zu berücksichtigen.

Durch das Steuersenkungsergänzungsgesetz von Ende 2003 sind weitere Tarifsenkungen für das Veranlagungsjahr 2005 vorgesehen.

Berechnung der Steuer für 2004 nach § 32a EStG:
Die tarifliche Einkommensteuer bemisst sich nach dem zu versteuernden Einkommen. Sie beträgt jeweils in Euro für zu versteuernde Einkommen

(1) bis 7664 Euro (Grundfreibetrag): 0;
(2) von 7665 Euro bis 12 739 Euro: $(793{,}10 \cdot y + 1600)\, y$;
(3) von 12 740 Euro bis 52 151 Euro: $(265{,}78 \cdot z + 2405) \cdot z + 1016$;
(4) von 52 152 Euro an: $0{,}45 \cdot x - 8845$.

„y" ist ein Zehntausendstel des 7664 Euro übersteigenden Teils des nach Absatz 2 ermittelten zu versteuernden Einkommens.

„z" ist ein Zehntausendstel des 12 739 Euro übersteigenden Teils des nach Absatz 2 ermittelten zu versteuernden Einkommens.

„x" ist das abgerundete zu versteuernde Einkommen.

Splittingtarif

Der Splittingtarif kommt bei Eheleuten, die die gemeinsame Steuerveranlagung gewählt haben, zur Anwendung. Die Eheschließung bringt dann eine Milderung der Belastung aus der Progression, wenn die Eheleute unterschiedliche Einkünfte haben. Die Steuerhöhe könnte auch aus dem Grundtarif abgelesen werden, wenn die Einkünfte der Eheleute zusammengerechnet und die Hälfte des sich dann ergebenden zu versteuernden Einkommens auf den Grundtarif angewendet wird; der sich dann ergebende Steuerbetrag ist schließlich wieder zu verdoppeln.

8.1.2 Förderung beim selbstgenutzten Objekt

Bausteine der Förderung

Mit dem Eigenheimzulagengesetz (Stand 2004) wurde die finanzielle Wirkung der Förderung selbstgenutzten Wohnraumes weitgehend von der persönlichen Steuersituation losgelöst. Sowohl für neu erstellte wie aber auch für den Erwerb gebrauchter Objekte besteht die Förderung aus folgenden Bestandteilen:

- Eigenheimzulage
- Fördergrundbetrag einheitlich für
  - gebrauchte Objekte und neu errichtete Gebäude oder
  - Ausbau und Erweiterung,

- Erwerb von Genossenschaftsanteilen
- Kinderzulage

Grundbetrag der Eigenheimzulage

Bei einem Neubau beträgt der Förderbetrag 1% der Herstellungskosten einschließlich Grundstück, maximal 1250 € auf 8 Jahre.

Grundsätzlich ist ab 2004 der Förderbetrag für ein Objekt bei einem Altbau gleich hoch wie bei einem Neubau.

Ein Altbau im Sinne des Eigenheimzulagengesetzes (EigZulG) liegt vor, wenn die Wohnung nicht bis zum Ende des zweiten auf das Jahr der Fertigstellung folgenden Jahres angeschafft worden ist. Vereinfacht gesagt, liegt ein Altbau vor, wenn er mehr als zwei Jahre alt ist. Dies hat nur Bedeutung bei Anschaffung bis Ende 2003.

Beispiel: Fertigstellung 2000 (gleich ob 1. 1. oder 31. 12.). Zweites Jahr nach Fertigstellung: 2002 Anschaffung ab 1. 1. 2003 = Altbau

Der Erwerb eines Altbaus war nur beim Fördergrundbetrag schlechter gestellt als ein Neubau. Alle anderen im folgenden beschriebenen Förderkomponenten waren gleich.

Eigentum als Voraussetzung der Eigenheimzulage

Wird eine Wohnung auf einem fremden Grundstück errichtet, so erhält der Bauherr die Eigenheimzulage nur, wenn ihm ein Erbbaurecht am Grundstück zusteht, er die Wohnung in Ausübung eines anderen dinglichen Rechts, z. B. eines Nießbrauchsrechts, erstellt oder wenn er bei einem Einbau der Wohnung in ein bestehendes Gebäude mindestens dem Umfang der Wohnung entsprechend als Miteigentümer am Grundstück beteiligt ist.

Unter einer **Wohnung** versteht man eine Zusammenfassung von Räumen, die es dem Inhaber ermöglicht, hierin einen eigenen Haushalt zu führen. Dies setzt eine Wohnfläche von mindestens 23 m^2 sowie eine Küche, WC und mindestens einen Wohnraum voraus. Bei Zwei- oder Mehrfamilienhäusern wird eine Zusammenfassung von Räumen als Wohnung nur dann anerkannt, wenn diese Räume eine abgeschlossene Wohneinheit bilden und über eigenen Zugang verfügen.

Für **Ferien- und Wochenendwohnungen** wird keine Eigenheimzulage gewährt. Dies sind Wohnungen, die sich in einem für Ferien und Wochenendhäuser ausgewiesenen Sondergebiet befinden, soweit für die Wohnung nicht ausdrücklich aufgrund baurechtlicher Vorschriften ein Dauerwohnen zugelassen ist. Dazu gehören auch Wohnungen, die sich aufgrund ihrer Bauweise nicht zum dauernden Bewohnen eignen, z.B. wegen fehlender Heizungsanlagen.

Ob bei grundlegenden Baumaßnahmen eine zur Eigenheimzulage berechtigte Neuerrichtung eines Gebäudes anzunehmen ist, sollte unbedingt vor Ausführung mit dem Finanzamt geklärt werden. Voraussetzung ist, dass durch die Baumaßnahme erstmals eine Wohnung entsteht und diese als neu hergestellt zu beurteilen ist. Dies setzt voraus, dass die zur Wohnung umgebauten Räumlichkeiten – unabhängig von ihrer seitherigen Nutzung – aufgrund ihrer baulichen Gestaltung bisher nicht den bewertungsrechtlichen Wohnungsbegriff erfüllt haben. Dies ist beispielsweise der Fall, wenn im Dachgeschoss eine bisher nicht vorhandene Wohnung eingebaut wird. Nicht ausreichend sind aber die bloße Umwidmung einer Wohnung, die Instandsetzung einer leerstehenden Wohnung, die Verkleinerung oder Vergrößerung einer fortbestehenden Wohnung, die Verkleinerung oder Vergrößerung einer fortbestehenden Wohnung oder die Verbindung von bestehenden Wohnungen.

Die **Herstellung** einer Wohnung ist bei Baumaßnahmen an einem bereits bestehenden Gebäude anzunehmen, wenn die verwendete Gebäudesubstanz so tiefgreifend umgestaltet oder in einem Ausmaß erweitert wird, dass die eingefügten Teile der neu entstandenen Wohnung das Gepräge geben und die verwendeten Altteile wertmäßig untergeordnet erscheinen. Dies gilt mindestens dann, wenn der Bauaufwand nach überschlägiger Berechnung den Verkehrswert der Altbausubstanz übersteigt.

Aufbesserung durch die Kinderzulage

Der Fördergrundbetrag erhöht sich für jedes angerechnete Kind um 800 € je Jahr. Das Kind muss zum inländischen Haushalt des Eigentümers gehören. Es wird angerechnet, wenn ein Anspruch auf Kindergeld oder auf einen steuerlichen Kinderfreibetrag besteht. Dies sind Kinder bis 18 Jahre und teilweise in einer Ausbildung befindliche Kinder bis 17 Jahre. Ob ein Kind angerechnet wird, muss für jedes Jahr der Förderung getrennt ermittelt werden.

Einkommensgrenze für die Eigenheimzulage

Die Eigenheimzulage wird unter folgenden weiteren Bedingungen gewährt: Die Wohnung muss im Inland liegen und ganzjährig nutzbar sein. Sie darf nicht im Rahmen einer doppelten Haushaltsführung steuerlich bereits berücksichtigt oder mit einem Nutzungswert besteuert werden. Die Wohnung muss entgeltlich erworben oder vom Eigentümer als Bauherr hergestellt worden sein, d.h., eine geschenkt oder ererbte Wohnung wird nicht gefördert. Ebenso ist auch der entgeltliche Erwerb von einem nicht dauernd getrennt lebenden Ehegatten von der Förderung ausgeschlossen.

Die Förderung ist nur möglich, wenn bestimmte Einkunftsgrenzen eingehalten werden:

Die Summe der positiven Einkünfte im Jahr der Antragstellung und im Vorjahr darf 70000 € nicht übersteigen. Bei gemeinsam veranlagten Ehegatten verdoppelt sich diese Grenze. Je kinderzulageberechtigtem Kind erhöht sich die Grenze um 30000 €. Die Grenze wird nur einmal geprüft und bei der weiteren Förderung nicht mehr berücksichtigt. Es kann sinnvoll sein, Einnahmen in ein folgendes Jahr zu verschieben bzw. anrechnungsfähige Werbungskosten soweit als möglich vorwegzunehmen, um in einem Zeitraum von zwei Jahren die Grenze einhalten zu können. Da der Förderungszeitraum mit dem Bezug beginnt, wird der Förderungszeitraum verkürzt, wenn die Einkommensgrenze nicht bereits im Bezugsjahr unterschritten worden ist.

Beispiel: Bezug des Objekts im Jahr 2004 (Alleinstehender)

Einkünfte 2002 und 2003 75000 €:	keine Förderung
Einkünfte 2004 und 2005 75000 €:	keine Förderung
Einkünfte 2005 und 2006 69000 €:	Beginn der Förderung für den Zeitraum von sechs Jahren. Eine „Nachholung“ ist nicht möglich.

Unentgeltliche Überlassung an Angehörige

Während des gesamten Förderungszeitraumes muss die Wohnung für eigene Wohnzwecke genutzt werden. Allerdings gilt auch die unentgeltliche Überlassung an einen Angehörigen im Sinne von § 15 der Abgabenordnung als eigene Nutzung (vgl. Kap. 8.4.1). Dies bedeutet, dass die unentgeltlich überlassene Wohnung auch nicht in dem Gebäude, das der Eigentümer bewohnt, liegen muss. So können beispielsweise Eltern für ein Kind an einem anderen Wohnort eine Wohnung erwerben und diesem unentgeltlich überlassen, selbst wenn das Kind steuerlich nicht mehr berücksichtigt wird. Dies setzt allerdings voraus, dass der Eigentümer seinen Förderungsanspruch bisher nicht verbraucht hat. Eine eventuelle zusätzliche Kinderzulage kann es darüber hinaus geben für Kinder, die im Haushalt des Eigentümers wohnen.

Objektbegrenzung und Folgeobjekt

Jedem Steuerpflichtigen steht eine Förderung „einmal im Leben" zu. Bei Ehegatten jedem von ihnen einmal, aber nicht für dasselbe Objekt. Das bedeutet, dass nicht ein Ehegatte dem anderen die Wohnung übertragen kann, damit dieser dann die Förderung geltend machen kann. Sind mehrere Steuerpflichtige Eigentümer der Wohnung, gilt jeder Anteil an dieser Wohnung als ein Objekt; dies gilt nicht bei Ehegatten, die gemeinsam veranlagt werden können. Diese können gemeinsam Eigentum haben und dann nochmals eine weitere Wohnung fördern lassen. Beide Wohnungen dürfen dabei nicht räumlich so eng zusammenliegen, dass sie durch geringfügige Maßnahmen zu einer Einheit verbunden werden können. Ein Zweifamilienhaus, das von einem Ehepaar bewohnt wird, kann also nicht nacheinander für jede Wohnung gefördert werden. Die Förderung eines An- oder Ausbaus bzw. einer unentgeltlichen Wohnungsüberlassung bewirkt einen Objektverbrauch. Wenn ein bisher gefördertes Objekt während des 8-Jahres-Zeitraums wieder veräußert wird, kann für die restlichen Jahre bei einem Folgeobjekt die Förderung beansprucht werden, unabhängig von zeitlichen Vorgaben.

Beispiel: Malte Müller bezieht eine geförderte Wohnung 2002 und verkauft diese aus beruflichen Gründen im Jahre 2006. An seinem neuen Wohnort wohnt er zunächst in Miete und erwirbt erst im Jahre 2010 wieder eine Eigentumswohnung. Ihm steht dann noch für drei Jahre eine Eigenheimzulage zu. Wenn die Eigenheimzulage für das Folgeobjekt beantragt wird, muss die Einkommensgrenze eingehalten werden.

Instandsetzungs- und Modernisierungsmaßnahmen

Wer bis Ende 2003 eine selbst genutzte Immobilie ausgebaut oder erweitert hatte, beispielsweise für einen Wintergarten oder eine Garage, konnte diese Aufwendungen für die Erlangung von Eigenheimzulage einsetzen. Diese Möglichkeit ist ab 2004 gestrichen worden. Dafür können aber Aufwendungen für Instandsetzung und Modernisierung mit Eigenheimzulage gefördert werden.

§ 8 Eigenheimzulagengesetz: Bemessungsgrundlage für den Fördergrundbetrag nach § 9 Abs. 2 sind die Herstellungskosten oder Anschaffungskosten einer Wohnung zuzüglich der Anschaffungskosten für den dazugehörigen Grund und Boden sowie die Aufwendungen für Instandsetzungs- und Modernisierungsmaßnahmen, die innerhalb von zwei Jahren nach der Anschaffung an der Wohnung durchgeführt werden. Zu den Aufwendungen gehören nicht die Aufwendungen für Erhaltungsarbeiten, die jährlich üblicherweise anfallen.

Instandsetzung ist die Behebung von baulichen Mängeln, die infolge Abnutzung, Witterung, Alterung oder Einwirkungen Dritter entstanden sind, durch Maßnahmen, die die Wohnung in dem zum bestimmungsgemäßen Gebrauch geeigneten Zustand wieder herstellen.

Modernisierung ist die Verbesserung von Wohnungen durch bauliche Maßnahmen, die den Gebrauchswert der Wohnung nachhaltig erhöhen oder die Wohnverhältnisse im Allgemeinen auf Dauer verbessern. Typische Modernisierungsleistungen sind z.B. Einbau einer Zentralheizung anstatt einer Ofenheizung, der Einbau von Isolierglasfenstern gegenüber Fenstern mit Einscheibenverglasung oder der Einbau eines innenliegenden Bades gegenüber einer Außentoilette.

Erwerb von Anteilen an Wohnungsbaugenossenschaften

- Der Erwerb von Genossenschaftsanteilen an einer Wohnungsgenossenschaft wird unter folgenden Bedingungen gefördert:
- Der Geschäftsanteil muss mindestens 5000,00 € betragen.
- Die Genossenschaft darf erst nach dem 1. 1. 1995 in das Genossenschaftsregister eingetragen worden sein.
- Die Satzung der Genossenschaft räumt das unwiderrufliche und vererbbare Recht auf Erwerb der Wohnung ein, wenn dies die Genossenschaftsmitglieder ermöglichen und beschließen.
- Der Fördergrundbetrag beträgt 3% der geleisteten Einlage (Bemessungsgrundlage), höchstens 1200,00 € jährlich für insgesamt 8 Jahre. Die Kinderzulage beträgt 250,00 € je Kind.
- Spätestens im letzten Jahr des Förderzeitraums muss die Wohnung genutzt werden.

Auszahlung zum 15. März eines Jahres: Die Eigenheimzulage wird auf Antrag gewährt. Sie wird – wenn die Voraussetzungen vorliegen – einmal festgesetzt und dann jährlich zum 15. März an den Antragsteller überwiesen. Eine den Zulagenanspruch ändernde Sachlage muss vom Antragsteller an das Finanzamt mitgeteilt werden.

Sonder- und Mischformen der Förderung

Bei gemischter Nutzung von Hauseigentum, beispielsweise bei einer im eigenen Hause vermieteten Einliegerwohnung, sind die Kosten anteilig aufzuteilen. Für die selbstbewohnte Wohnfläche gilt die Eigenheimzulage, für die vermietete Wohnfläche gelten die Bestimmungen über Vermietung und Verpachtung. Durch Vermietung einer Einliegerwohnung im eigenen Hause können durchaus weitere Steuerersparnisse erzielt werden. Zu den zu eigenen Wohnzwecken genutzten Räumen gehören

- Wohn- und Schlafräume, Küchen und Nebenräume (Flure) einer Wohnung,
- die sonstigen Nebenräume wie Waschküchen, Trocken-, Keller- und Fahrradräume,
- die zur Wohnung gehörenden Garagen,

- Arbeitszimmer können gesondert abgeschrieben und als Werbungskosten im Rahmen der dafür gegebenen Grenzen geltend gemacht werden.

Zur Förderung von Modernisierungs- und Sanierungsmaßnahmen können die Eigentümer selbstbewohnten Wohnraumes auch weitere bestimmte Beträge wie Sonderausgaben absetzen. Nähere Ausführungen finden Sie in Kap. 8.1.4.

8.1.3 Steuervorteile bei Vermietung

Wenn eine Immobilie vermietet wird, kann der Eigentümer zeitlich unbegrenzt für beliebig viele Objekte Steuervorteile beanspruchen.

Die Vermietung einer Wohnung führt zu Einkünften aus Vermietung und Verpachtung im Sinne des § 21 EStG. Als Überschusseinkünfte werden diese grundsätzlich wie folgt festgestellt:

Einnahmen (Miete und evtl. verrechnete Nebenkosten)
./. Werbungskosten

= Einkünfte aus Vermietung und Verpachtung

Die Einkünfte können positiv („Gewinn“) oder negativ („Verlust“) sein. Wegen der Möglichkeit des vertikalen Verlustausgleichs ist es oft ein Ziel, über den Erwerb einer Immobilie zu negativen Einkünften zu kommen und diese mit anderen positiven Einkünften zum Zwecke der Steuerersparnis zu verrechnen.

Während die Einnahmen in der Regel klar ersichtlich sind, richtet sich das Augenmerk des Steuerzahlers in erster Linie auf die Gestaltung der Werbungskosten. Je höher die Werbungskosten im Verhältnis zu den Einnahmen sind, umso größer sind die Möglichkeiten der Steuerersparnis. Da den Werbungskosten häufig Ausgaben entgegenstehen, wird es nie das Ziel sein, diese zu steigern, beispielsweise durch hohe Zinszahlungen, denn der Staat ist an der Deckung dieser Kosten ja nur mit dem persönlichen Steuersatz des Eigentümers „beteiligt“. Interessant ist aber vor allem die Möglichkeit, Werbungskosten auszuweisen, denen keine laufenden Ausgaben gegenüberstehen, das sind die sogenannten Gebäudeabschreibungen.

Werbungskosten bei Vermietung

Als Werbungskosten gelten alle Aufwendungen, die zur Erzielung von Einnahmen anfallen. Neben den unten gesondert behandelten Abschreibungen zählen dazu beispielsweise:

- Kosten der laufenden Instandhaltung und Renovierung,
  - Pflege und Reinigung der Gartenanlagen,
  - Ersatz von Grünpflanzen,
  - Hausbeleuchtung, z. B. für Hausflure und Außenlampen,
  - Erhaltungsaufwand: das sind alle Reparaturkosten einschließlich Schönheitsreparaturen, aber auch gewisse Erneuerungen und Verbesserungen, beispielsweise Erneuerung von Anstrichen. Größere Aufwendungen können bei Wohngebäuden auf zwei bis fünf Jahre verteilt werden.
  - vergebliche Aufwendungen für Fahrten und Verpflegung auf der Suche nach einem zu kaufenden Objekt,
  - Abstandszahlungen an Mieter; Bauwesen- und Bauhaftpflichtversicherung,
  - Grundsteuer auf das Grundstück.
- Nebenkosten: Das sind alle in Zusammenhang mit der Nutzung stehenden Kosten wie
  - Hausversicherungen,
  - Heizungskosten,
  - Hausverwaltung einschließlich Telefon- und Portoaufwendungen,
  - Grundbesitzervereinsbeiträge, Hausmeister, Grundbesitzabgaben wie Grundsteuern, Entwässerungs- und Kanalbenutzungsgebühren, Straßenreinigungs- und Müllabfuhrgebühren,
  - Maklergebühr für die Vermittlung neuer Mieter.

Nachträgliche Straßenbaukostenbeiträge, die eine Gemeinde für die bauliche Veränderung der Gehwege zur Schaffung einer Fußgängerzone oder verkehrsberuhigten Zone erhebt, können als Werbungskosten abgesetzt werden (Urteil BFH IX R 109/90 v. 22. 3. 94).

Finanzierungskosten

Finanzierungskosten gelten als Werbungskosten, wenn sie in Zusammenhang mit dem erstmaligen Erwerb, dem Ausbau oder der Renovierung stehen. Dazu gehören beispielsweise

- Schuldzinsen, vorausgezahlte Schuldzinsen bis zu einem Jahr,
- Abschlussgebühren für Bausparverträge,
- Damnum (Disagio),
- Geldbeschaffungskosten: Grundbuchkosten, Schätzungsgebühren, Gebühren für Hypothekenvermittlung, Bürgschaftsgebühren, Bereitstellungsgebühren für Bankkredite, Notariatsgebühren für Grundschuldbestellung, Fahrtkosten zu Verhandlungen mit den Kreditinstituten, damit verbundene Porto-, Telefon- und Fahrtkosten,
- Bausparabschlussgebühren, wenn der Bausparvertrag von Anfang an in die Finanzierungsplanung für ein Objekt einbezogen wird.

Bei **Erbbauberechtigten** gelten Erbbauzinsen und etwa zu zahlende Erschließungskosten nicht als Anschaffungskosten des Grundstücks. Andererseits können diese Kosten, soweit sie auf die Zeit vor dem Einzug fallen, als Vorkosten geltend gemacht werden. Die Erschließungsmaßnahmen müssen vor dem Einzug abgeschlossen sein, damit sie in voller Höhe als Vorkosten gelten können. Kosten des Vertragsabschlusses müssen als Anschaffungskosten des Erbbaurechts auf die Laufzeit des Erbbaurechts verteilt werden und können nur anteilig auf die Zeit vor dem Einzug als Vorkosten geltend gemacht werden.

Werbungskosten können in dem Jahr abgezogen werden, in dem sie beim Steuerpflichtigen abgeflossen sind. Abgeflossen sind Beträge

- bei Barzahlung im Zeitpunkt der Bargeldübergabe,
- bei Überweisung, wenn der Auftrag bei der Bank des Steuerpflichtigen eingegangen ist und bei ausreichender Deckung ausgeführt werden konnte,
- bei Scheckzahlung, wenn der Scheck übergeben oder abgesandt worden ist.

Anschaffungs- bzw. Herstellungskosten als Abschreibungsgrundlage: Die Anschaffungs- und Herstellungskosten sind die Grundlage für die Berechnung der Abschreibung. Für den Wohnungseigentümer wird es in der Regel günstiger sein, wenn er seine Aufwendungen sofort als Werbungskosten geltend machen kann, anstatt sie über die Abschreibung verteilen zu müssen.

Anschaffungskosten sind alle Aufwendungen, die im Falle des Erwerbs von einem Dritten anfallen. Sie setzen sich zusammen aus dem Kaufpreis und den Nebenkosten wie Besichtigungskosten, Maklergebühren, Notar- und Grundbuchgebühren (für den Kaufvertrag und die Auflassung, nicht für die Finanzierung!) und der Grunderwerbsteuer. Wenn ein bebautes Grundstück oder eine Eigentumswohnung angeschafft wird, ist der Kaufpreis nach dem Verhältnis der Verkehrswerte auf den nicht abschreibbaren Grund und Boden und das abschreibbare Gebäude aufzuteilen.

Herstellungskosten hat derjenige, der ein Bauvorhaben selbstständig durchführt. Dazu gehören sämtliche Aufwendungen, die zur gebrauchsfähigen Errichtung eines Gebäudes aufgewandt werden. **Bauherr** eines Gebäudes ist, wer auf eigene Rechnung und Gefahr ein Gebäude baut oder errichten lässt und das Baugeschehen „beherrscht“. Wer eine von einem Bauträger zu erstellende Eigentumswohnung oder ein noch zu erstellendes Gebäude erwirbt, ist nicht Bauherr, sondern **Kaufanwärter.** Auf die Berechnung der Abschreibung hat diese Abgrenzung aber keinen Einfluss.

Zu den Herstellungskosten gehören beispielsweise:

- Aufwendungen für die Handwerker,
- Kosten für Architekten,
- Baustatiker und Baugenehmigung,
- Anschlusskosten an die Versorgungsnetze,
- Kosten für Einbauten, die wesentliche Bestandteile werden, z. B. Einbauschränke als Zwischenwände,
- Heizungsanlagen,
- Küchenspülen, Herde, Öfen,
- Fahrtkosten mit PKW bei Baustellen- oder Handwerkerbesuch,
- Richtfestkosten,
- Einfriedungen und sogenannte lebende Umzäunungen sowie Wegebefestigungen.

Nicht zu den Herstellungskosten des Gebäudes, sondern zu den Anschaffungskosten von Grund und Boden gehören beispielsweise Erschließungsbeiträge.

Auch wenn bereits Vorhandenes erneuert wird, kann ein Herstellungsaufwand vorliegen, nämlich immer dann, wenn
- das Gebäude in seiner Substanz wesentlich vermehrt wird,
- das Gebäude in seinem Wesen verändert wird,
- das Gebäude über den bisherigen Zustand hinaus wesentlich verbessert wird,
- Instandsetzungs- und Modernisierungsmaßnahmen innerhalb von 3 Jahren, die 15% der Anschaffungskosten des Gebäudes (ohne Umsatzsteuer) übersteigen, durchgeführt werden, sogenannte anschaffungsnahe Herstellungskosten.

Grünanlagen als gärtnerische Gestaltung der Grundstücksfläche, die die Mieter mitbenutzen dürfen, stellen ein selbstständiges Wirtschaftsgut dar, das regelmäßig mit jährlich 10% abgeschrieben werden kann.

Der Bauherr kann die Herstellungskosten nach folgendem Schema ermitteln:

Summe aller mit der Errichtung angefallenen Aufwendungen (Rechnungen, Belege usw.)
./. Werbungskosten zurechenbare Aufwendungen
./. Anschaffungskosten des Grund und Bodens
./. nicht abschreibungsfähige Kosten der privaten Lebensführung (z.B. Küchenmöbel o.ä.)
./. selbstständig abschreibbare Herstellkosten (z.B. Grünanlage oder Sanierungsaufwand)

= abschreibungsfähige Herstellkosten des Gebäudes

Absetzung für Abnutzung (AfA)

§ 7 EStG (Auszug). Absetzung für Abnutzung oder Substanzverringerung. Bei Wirtschaftsgütern, deren Verwendung oder Nutzung durch den Steuerpflichtigen zur Erzielung von Einkünften sich erfahrungsgemäß auf einen Zeitraum von mehr als einem Jahr erstreckt, ist jeweils für ein Jahr der Teil der Anschaffungs- oder Herstellungskosten abzusetzen, der bei gleichmäßiger Verteilung dieser Kosten auf die Gesamtdauer der Verwendung oder

Nutzung auf ein Jahr entfällt (Absetzung für Abnutzung in gleichen Jahresbeträgen).

Einem Wohngebäude wird regelmäßig eine „Lebensdauer“ von über 100 Jahren zugerechnet. Jedes Jahr wird das Gebäude mehr abgenutzt. Diese Tatsache wird in der Betriebsbuchhaltung als „Abschreibung“ erfasst. Im Steuerrecht gibt es diesen Begriff nicht, obwohl man ihn im Rahmen der Steuererleichterungen mit Wohneigentum häufig verwendet. Das Steuerrecht spricht von **„Absetzung für Abnutzung“ (= AfA)** und rechnet diese zu den Werbungskosten bei den Einkünften aus Vermietung und Verpachtung. Die Nutzungsdauer im Steuerrecht wird wesentlich kürzer als in Wirklichkeit angenommen; die Höhe der AfA richtet sich deshalb nach den Möglichkeiten des Einkommensteuerrechts und nicht nach der tatsächlichen Wertminderung. Nach den verschieden anzulegenden AfA-Sätzen unterscheidet man lineare, degressive und erhöhte Gebäudeabschreibung. In Sonderfällen, z.B. bei einem Gebäudeabbruch, können auch Absetzungen für außergewöhnliche Abnutzung in Betracht kommen. Welche AfA-Art gewählt wird, hängt vom erwarteten Einkommensverlauf ab. Bei der Wahl der degressiven und erhöhten Abschreibung wird in Kauf genommen, dass späteren Einnahmen geringere Werbungskosten aus Abschreibung entgegenstehen. Der Hauptvorteil der höheren Abschreibung liegt also in einer Art Zinsvorteil, da rein rechnerisch später mehr Steuern gezahlt werden müssten. Andererseits kann das Objekt später nach Ausnutzung der Abschreibungsmöglichkeit verkauft und ein anderes erworben werden, und schließlich sind später die Erhaltungsaufwendungen höher. Aus diesem Grunde werden die meisten Erwerber den höchstmöglichen Abschreibungssatz wählen.

AfA kann geltend machen, wer das Gebäude zur Erzielung von Einkünften aus Vermietung und Verpachtung einsetzt. Die AfA beginnt mit der Anschaffung oder Herstellung des Gebäudes. Entscheidend ist, dass es bewohnbar ist, nicht, ob es schon bezahlt oder bereits vermietet ist. Bemessungsgrundlage für die AfA sind die Herstellungs- oder Anschaffungskosten. Der Steuerpflichtige ist grundsätzlich an die einmal gewählte Abschreibungsart gebunden.

Lineare Abschreibungen nach § 7 Abs. 4 EStG

Diese Art der Abschreibung kann jeder Erwerber eines Gebäudes, das er nicht selbst nutzt, beanspruchen. Dies werden meistens gebrauchte Objekte sein. Der Abschreibungssatz bleibt gleich, weshalb man auch von „linearer“ Abschreibung spricht.

Abschreibungssätze:
2,5 % bei Fertigstellung vor dem 1. 1. 1925,
2,0 % bei Fertigstellung nach dem 31. 12. 1924.

Beispiel: Malte Müller erwirbt ein gebrauchtes 2-Familien-Haus (Baujahr 1932) in einem Stadtrandgebiet zum Kaufpreis von 380 000 € am 15.10. Die Gebühren betragen insgesamt 3800 €. Der Wert des Grund und Bodens wird mit 60 000 € angesetzt. Renovierungsmaßnahmen sind im ersten Jahr mit 30 000 € durchgeführt worden. Das Gebäude konnte in dieser Zeit noch nicht vermietet werden. Die Einkünfte aus Vermietung und Verpachtung ergeben sich im ersten Jahr wie folgt:

Wert des Gebäudes	320 000,00 €
anteilige Gebühren	3200,00 €
Anschaffungskosten	323 200,00 €
2% AfA linear für 3 Monate	1616,00 €
Erhaltungsaufwand	30 000,00 €
Sonstige Werbungskosten	450,00 €
Einkünfte (Verlust)	32 066,00 €

Bei einem Spitzensteuersatz von 35 % ergibt das eine Steuerersparnis durch Verrechnung mit anderen Einkünften von über 11 000 €.

Degressive Abschreibung nach § 7 Abs. 5 EStG

Für neu erstellte Wohneinheiten wird regelmäßig die degressive Abschreibung gewählt. Die Abschreibungssätze der degressiven Abschreibung sind am Anfang hoch und werden im Laufe der Zeit geringer (= degressiv). Sie werden immer aus den Anschaffungs- bzw. Herstellungskosten gerechnet.

Abschreibungssätze (ab Fertigstellung 2004):

- 4% in den ersten 10 Jahren,
- 2,5% in den darauf folgenden 8 Jahren,
- 1,25% in den restlichen 32 Jahren.

Die degressive Abschreibung für Wohngebäude kann von Bauherren beansprucht werden, von Erwerbern dann, wenn das Gebäude oder die Wohnung bis zum Ende des Jahres der Fertigstellung angeschafft worden ist und der Hersteller für das veräußerte Gebäude weder AfA noch erhöhte Absetzungen oder Sonderabschreibungen in Anspruch genommen hat.

Die degressive Abschreibung gibt es immer nur für Neubauten. Umgebaute oder modernisierte Gebäude sind in der Regel keine Neubauten, auch wenn sich die Zweckbestimmung ändert. Nur wenn Fundamente und tragende Teile technisch verändert werden, kann in bautechnischer Hinsicht ein neues Gebäude entstehen. Wenn ein bestehendes Gebäude in Eigentumswohnungen umgewandelt wird, gelten diese Wohnungen ebenfalls nicht als Neubau.

Verbilligte Vermietung

Wenn eine Wohnung zu „billig" vermietet wird, fallen die staatlichen Förderungen teilweise weg. Nach § 21 Abs. 2 EStG können bei einer Vermietung zu mindestens 56% der ortsüblichen Marktmiete noch alle steuerlichen Vorteile geltend gemacht werden. Aus diesem Grunde kann es sich steuerlich „lohnen", an Personen verbilligt zu vermieten, denen man die Wohnung eventuell auch unentgeltlich zur Verfügung gestellt hätte. Wird eine Wohnung unentgeltlich zur Verfügung gestellt oder beträgt die Miete nur bis zu 10% der ortsüblichen Marktmiete, wird die Wohnung als „Konsumgut" behandelt, was jede steuerliche Förderung ausschließt. Bei einer Vermietung zu einer Marktmiete unterhalb der 56%-Grenze können die Werbungskosten nur anteilig geltend gemacht werden:

Beispiel:

Werbungskosten	12000,00 €
Örtliche Marktmiete	800,00 €
a) Verbilligte Miete	480,00 €
keine Einschränkung Werbungskostenansatz	12000,00 €
b) Verbilligte Miete	350,00 €
Werbungskostenansatz:	

$$\frac{1200 \times 350}{800} = 5250{,}00\ €$$

Die verbilligte Vermietung lohnt sich nur so lange, als die Werbungskosten höher als die Mieteinnahmen sind.

Geltendmachung der Werbungskosten: Der Vermieter von Wohnraum muss zur Erlangung der Steuervorteile eine Einkommensteuererklärung abgeben und die Anlage V (Vermietung und Verpachtung) mit den zugehörenden Teilen entsprechend ausfüllen. Einen pauschalen Freibetrag ohne Nachweis auf der Lohnsteuerkarte gibt es für negative Einkünfte aus Vermietung und Verpachtung nicht.

Folgen teilweiser Selbstnutzung: Für selbstgenutzten Wohnraum gibt es keine Einkünfte aus Vermietung und Verpachtung. Die entsprechende Förderung ist auf die Eigenheimzulage beschränkt. Wird ein Haus teilweise selbstgenutzt und zum anderen Teil vermietet, muss eine der Wohnfläche entsprechende Aufteilung vorgenommen werden. Gesondert behandelt werden dann wiederum Räume, die gewerblich oder beruflich genutzt werden (Arbeitszimmer).

Abbruchkosten: Ein Gebäude oder ein Gebäudeteil kann zum Abbruch bestimmt sein, um entweder das Grundstück in einen unbebauten Zustand zu versetzen oder um einen Neubau errichten zu können. Steuerlich ist die Frage zu klären, ob sich die Streichung des Restwerts noch steuerlich auswirken kann. Dies ist in § 33a Abs. 2 EStR geregelt.

- Sind seit dem Erwerb mehr als drei Jahre vergangen, unterstellt man einen Erwerb ohne Abbruchabsicht. In gleicher Weise wird steuerlich gehandelt, wenn ein errichtetes Gebäude später wieder abgerissen werden muss, wenn zunächst evtl. nur ein Umbau geplant war oder nur ein Teil des Gebäudes abgerissen wird. Alle diese Möglichkeiten kommen bei gebrauchten Gebäuden, insbesondere bei Denkmälern, häufiger vor, da die vorhandene Bausubstanz evtl. nicht richtig beurteilt werden konnte, oder weil das Denkmalamt entsprechend entschieden hat.
- Wird das neu errichtete Gebäude vermietet, gelten der Restwert und Abbruchkosten als Werbungskosten. Eine Selbstnutzung darf nicht vorangegangen sein!

- War das Gebäude bis zum Abbruch vermietet, gilt dasselbe wie oben.
- Bei einem Erwerb mit anfänglicher Abbruchabsicht gehören der Restwert und die Abbruchkosten zu den Herstellungskosten des neuen Gebäudes bzw. – wenn nicht gebaut wird – zu den Anschaffungskosten des Grundstücks. Steuerlich kann der Restwert als Absetzung für außergewöhnliche Abnutzung geltend gemacht werden.

Renovierung durch den Mieter: Herstellungsaufwand liegt i.d.R. dann vor, wenn nach Fertigstellung etwas Neues, was bisher nicht vorhanden war, eingefügt wird, z.B. Wintergarten, Markise, Balkon, Fahrstuhl, Einbau einer Sanitärzelle, Errichtung einer Fertiggarage.

Einzelrechnungen bis 2045 € sofort absetzbar: Einzelne Baumaßnahmen bis zum Nettorechnungsbetrag von 2045 € werden von der Finanzverwaltung auf Antrag als Erhaltungsaufwand gerechnet. Durch „geschickte" Verteilung von Einzelmaßnahmen kann auf diese Weise eine Behandlung als Herstellungskosten vermieden werden.

8.1.4 Steuervorteile bei Sanierungsobjekten und Denkmalen

Eigennutzung: Beim selbstgenutzten Baudenkmal wird nicht zwischen Erhaltungsaufwand und Herstellungskosten unterschieden. Nach § 10f EStG können Aufwendungen für Baudenkmale und für Gebäude in Sanierungsgebieten bzw. städtebaulichen Entwicklungsbereichen auch bei Verwendung zu eigenen Wohnzwecken zehnmal mit je 9% jährlich wie Sonderausgaben abgesetzt werden. Für den Anschaffungsaufwand, d.h. den Erwerbspreis bei Kauf, kann aber die Eigenheimzulage beantragt werden.

Absetzbar ist grundsätzlich nur der Aufwand abzüglich der öffentlichen Zuwendungen. Für jede Person gilt die Beschränkung auf je ein Objekt!

Liebhaberobjekte: Dient das unter Denkmalschutz stehende Gebäude weder der Erzielung von Einkünften, z.B. als Liebhaberobjekt, noch eigenen Wohnzwecken, können die Aufwendungen zur Erhaltung im Kalenderjahr des Abschlusses der Maßnahme und in den 9 folgenden Kalenderjahren nach § 10g EStG jeweils bis zu 10% wie Sonderausgaben abgezogen werden, soweit sie öffentliche oder private Zuwendungen oder etwaige erzielte Einnahmen aus dem Gebäude übersteigen. Für die Förderung dieser schutzwürdigen Kulturgüter gelten folgende Bedingungen:

- Die Aufwendungen dürfen weder Betriebsausgaben noch Werbungskosten sein.

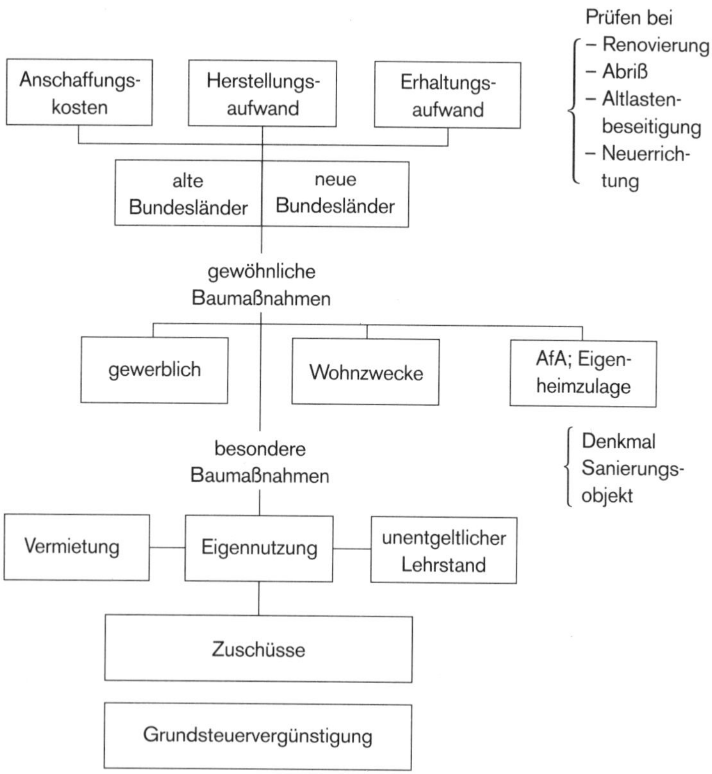

Abb. 27: Steuerrechtliche Prüfsteine

- Das Gebäude oder der Gebäudeteil darf nicht zu eigenen Wohnzwecken genutzt werden.
- Die Eigenschaft als Kulturdenkmal ist nachzuweisen.
- Die Erhaltungsaufwendungen müssen im Einvernehmen mit dem Landesdenkmalamt gemacht werden.
- Die Notwendigkeit der Erhaltungsaufwendungen ist nachzuweisen.

§ 10g EStG (Auszug). **Steuerbegünstigung für schutzwürdige Kulturgüter, die weder zur Einkunftserzielung noch zu eigenen Wohnzwecken genutzt werden.**

(1) Der Steuerpflichtige kann Aufwendungen für Herstellungs- und Erhaltungsmaßnahmen an eigenen schutzwürdigen Kulturgütern im Inland, soweit sie öffentliche oder private Zuwendungen oder etwaige aus diesen Kulturgütern erzielte Einnahmen übersteigen, im Kalenderjahr des Abschlusses der Maßnahme und in den neun folgenden Kalenderjahren jeweils bis zu 9 vom Hundert wie Sonderausgaben abziehen. Kulturgüter im Sinne des Satzes 1 sind

1. Gebäude oder Gebäudeteile, die nach den jeweiligen landesrechtlichen Vorschriften ein Baudenkmal sind,
2. Gebäude oder Gebäudeteile, die für sich allein nicht die Voraussetzungen für ein Baudenkmal erfüllen, aber Teil einer nach den jeweiligen landesrechtlichen Vorschriften als Einheit geschützten Gebäudegruppe oder Gesamtanlage sind,
3. gärtnerische, bauliche und sonstige Anlagen, die keine Gebäude oder Gebäudeteile und nach den jeweiligen landesrechtlichen Vorschriften unter Schutz gestellt sind, ...

wenn sie in einem den Verhältnissen entsprechenden Umfang der wissenschaftlichen Forschung oder der Öffentlichkeit zugänglich gemacht werden, es sei denn, dem Zugang stehen zwingende Gründe des Denkmal- oder Archivschutzes entgegen. Die Maßnahmen müssen nach Maßgabe der geltenden Bestimmungen der Denkmal- und Archivpflege erforderlich und in Abstimmung mit der in Absatz 3 genannten Stelle durchgeführt worden sein; ...

(2) Die Abzugsbeträge nach Absatz 1 Satz 1 kann der Steuerpflichtige nur in Anspruch nehmen, soweit er die schutzwürdigen Kulturgüter im jeweiligen Kalenderjahr weder zur Erzielung von Einkünften im Sinne des § 2 noch Gebäude oder Gebäudeteile zu eigenen Wohnzwecken nutzt und die Aufwendungen nicht nach § 10e Abs. 5 oder § 10h Satz 3 oder § 10i abgezogen hat ...

Vermietung

Altbaurenovierung: Aufwendungen für die Instandsetzung oder Modernisierung von Gebäuden nach Ablauf von drei Jahren seit dem Erwerb sind grundsätzlich sofort als Werbungskosten anrechenbar, wenn diese Maßnahmen nur dazu dienen, das Gebäude in einem ordnungsgemäßen Zustand entsprechend seinem ursprünglichen Stand zu erhalten oder diesen Zustand in zeitgemäßer Form wiederherzustellen. Wird durch die Instandsetzung oder Modernisierung gleichzeitig der Wert des Gebäudes erhöht, so ist dies so lange unschädlich, wie das Gebäude lediglich den zentralen Wohnkomfort erhält, den es ursprünglich besessen, aber durch den technischen Fortschritt und die Veränderung der Lebensgewohnheiten verloren hatte. Nur wenn die Arbeiten den Gebrauchswert im ganzen deutlich erhöhen und über eine zeitgemäße Erneuerung hinausgehen, zählen sie insgesamt zu Herstellungskosten.

Sanierung: Erhöhte Absetzungen sind bei Gebäuden in Sanierungsgebieten und städtebaulichen Entwicklungsbereichen nach § 7h EStG möglich. Sie betragen im Jahr der Fertigstellung und in den folgenden 7 Jahren jeweils 9%, in den folgenden vier Jahren 7% der begünstigten Aufwendungen. Mindestens muss die lineare Abschreibung in Anspruch genommen werden.

Begünstigt ist die Durchführung von

- Modernisierungs- und Instandsetzungsmaßnahmen i.S. des § 177 Baugesetzbuches,
- Maßnahmen, die der Erhaltung eines Gebäudes dienen, das wegen seiner geschichtlichen, künstlerischen oder städtebaulichen Bedeutung erhalten bleiben soll, und zu deren Durchführung sich der Eigentümer neben bestimmten Modernisierungsmaßnahmen verpflichtet hat.

Notwendig ist ein Instandsetzungs- oder Modernisierungsgebot der Gemeinde nach § 177 Baugesetzbuch bzw. eine vertragliche Vereinbarung mit der Gemeinde. Freiwillige Maßnahmen werden nicht von der Regelung erfasst! Es gibt keine Sonderabschreibung nach § 7h EStG nach Neuerrichtung nach Gebäudeabbruch.

Bescheinigungsverfahren für die Anwendung des § 7h EStG

Es wird von Seiten der Behörde geprüft,

- ob das Gebäude in einem förmlich festgelegten Sanierungsgebiet oder städtebaulichen Entwicklungsbereich liegt,
- ob Modernisierungs- und Instandsetzungsmaßnahmen im Sinne des § 7h Abs. 1 Satz 1 und 2 EStG durchgeführt worden sind,
- in welcher Höhe Aufwendungen, die die vorstehenden Voraussetzungen erfüllen, angefallen sind,
- ob und ggf. in welcher Höhe Zuschüsse aus den Sanierungs- oder Entwicklungsfördermitteln gezahlt werden oder worden sind,
- ob nach dem Ausstellen einer Bescheinigung Zuschüsse aus öffentlichen Mitteln durch eine der für Sanierungsgebiete oder städtebauliche Entwicklungsbereiche zuständigen Behörde gezahlt werden.

Im Steuerrecht werden anstelle der Begriffe Modernisierung und Instandsetzung die Begriffe Herstellungsaufwand und Erhaltungsaufwand verwendet. Während nur ein Teil der baulichen Maßnahmen, die Modernisierung sind, unter den steuerrechtlichen Begriff des Herstellungsaufwandes fallen, rechnen die Instandsetzung und Instandhaltung sowie ein Teil der Modernisierung lediglich zum Erhaltungsaufwand.

Zum Erhaltungsaufwand rechnen die Maßnahmen, die das Grundstück im ordnungsgemäßen Zustand erhalten sollten und regelmäßig in ungefähr gleicher Höhe wiederkehren und im Allgemeinen durch die gewöhnliche Nutzung des Grundstücks veranlasst werden.

Die bauliche Umgestaltung eines vorhandenen Gebäudes kann grundsätzlich nicht als Herstellung eines neuen Gebäudes angesehen werden, solange das Gebäude in seiner wesentlichen Substanz nicht beeinträchtigt wird. Der grundlegende Umbau eines Gebäudes steht nur dann einem Neubau gleich, wenn die neu eingefügten Gebäudeteile dem Gesamtgebäude das bautechnische Gepräge eines neuen Gebäudes verleihen. Das ist insbesondere der Fall, wenn verbrauchte Teile ersetzt werden, die für die Nutzungsdauer des Gebäudes bestimmend sind, wie z. B. Fundamente, tragende Außen- und Innenwände, Geschossdecken und die Dachkonstruktion.

Je höher die Sanierungskosten im Verhältnis zum Kaufpreis sind, desto günstiger schneidet die Investition beim Fiskus ab. Denn nur die Sanierung wird vom Finanzamt „vergoldet", nicht aber der eigentliche Erwerb. Die Rechnungen für die Sanierung müssen später als der Kaufvertrag datiert sein, sonst erkennt sie das Finanzamt nicht an.

Baudenkmale nach § 7i EStG

Bei vermieteten Baudenkmalen muss man zwischen Herstellungskosten und Erhaltungsaufwand unterscheiden. Zum Erhaltungsaufwand zählen z.B. die Kosten für die laufende Instandsetzung. Der Herstellungsaufwand kann nach 7i und 11b anstelle der sonst üblichen AfA wie bei Gebäuden im Sanierungsgebiet verteilt werden. Das Gebäude oder der Gebäudeteil muss als Baudenkmal nach landesrechtlichen Vorschriften gelten, d.h. die Baumaßnahmen müssen erforderlich sein zur

- Erhaltung des Gebäudes oder Gebäudeteils als Baudenkmal oder zu seiner sinnvollen Nutzung,
- oder zur Erhaltung des schützenswerten äußeren Erscheinungsbildes der Gebäudegruppe oder Gesamtanlage,
- soweit die Arbeiten vor Beginn und bei Planungsänderungen vor Beginn der geänderten Vorhaben mit der Bescheinigungsbehörde abgestimmt waren.

Es gilt ebenfalls ein Bescheinigungsverfahren nach landesrechtlichen Vorschriften. Die Sonderabschreibung beträgt innerhalb der ersten acht Jahre 9%, dann vier Jahre noch 7% der begünstigten Aufwendungen. Nach dieser Vorschrift sind nicht Aufwendungen für einzelne Baumaßnahmen, sondern nur die Herstellungskosten des Gebäudes insgesamt nach seiner Fertigstellung zur Bewohnung begünstigt; Teil-Herstellungskosten werden also nicht berücksichtigt.

Der Erhaltungsaufwand kann entsprechend der persönlichen Steuersituation verteilt werden.

§ 11a EStG (Auszug). **Sonderbehandlung von Erhaltungsaufwand bei Gebäuden in Sanierungsgebieten und städtebaulichen Entwicklungsbereichen.** (1) Der Steuerpflichtige kann durch Zuschüsse aus Sanierungs- oder Entwicklungsförderungsmitteln nicht gedeckten Erhaltungsaufwand für

Maßnahmen im Sinne des § 177 des Baugesetzbuchs an einem im Inland belegenen Gebäude in einem förmlich festgelegten Sanierungsgebiet oder städtebaulichen Entwicklungsbereich auf zwei bis fünf Jahre gleichmäßig verteilen.

§ 11 b Erhaltungsaufwand bei Baudenkmalen. Der Steuerpflichtige kann durch Zuschüsse aus öffentlichen Kassen nicht gedeckten Erhaltungsaufwand für ein im Inland belegenes Gebäude oder Gebäudeteil, das nach den jeweiligen landesrechtlichen Vorschriften ein Baudenkmal ist, auf zwei bis fünf Jahre gleichmäßig verteilen, soweit die Aufwendungen nach Art und Umfang zur Erhaltung des Gebäudes oder Gebäudeteils als Baudenkmal oder zu seiner sinnvollen Nutzung erforderlich und die Maßnahmen in Abstimmung mit der in § 71 Abs. 2 bezeichneten Stelle vorgenommen worden sind ...

Steuerlich interessant ist es also, ein preisgünstig gekauftes Baudenkmal teuer zu renovieren.

Reduzierte Steuern anderer Art

Eine Grundsteuerbefreiung kann beantragt werden, wenn die Bewirtschaftungskosten die Einnahmen aus der Immobilie übersteigen.

Steuervorteile im Fördergebiet

Ab 1999 wird für begünstigte Investitionen im Mietwohnungsbau wird statt der Sonderabschreibung eine **Investitionszulage** in Höhe von 10% für Neubauten und 15% für nachträgliche Herstellungskosten und Erhaltungsarbeiten an vor dem 1. 1. 1991 fertiggestellten Gebäuden gewährt.

Inhalt des Investitionszulagengesetzes 1999:

- Das Haus liegt in den neuen Bundesländern (ohne Westberlin) und ist vor dem 1. 1. 1991 fertiggestellt worden.
- Der Eigentümer bewohnt das Haus oder die Wohnung zum Zeitpunkt der Beendigung der Renovierungsarbeiten selbst oder überlässt die Immobilie einem Angehörigen unentgeltlich als Wohnung.
- Die Renovierungsarbeiten werden nach dem 31. 12. 1998 und bis Ende 2004 durchgeführt.

- Die Kosten dürfen nicht bereits durch andere Fördermaßnahmen gefördert worden sein.

Liegen die genannten Voraussetzungen vor, wird die Investitionszulage von 15% der Aufwendungen aus maximal 20452 € gewährt. Auf diese Höchstgrenze werden Maßnahmen angerechnet, für die bereits eine Steuerermäßigung nach dem Fördergebietsgesetz gewährt worden ist. Für zusätzliche Renovierungsmaßnahmen kann aber die Zulage beantragt werden. Von den Kosten werden 2556 € als nicht geförderte Selbstbeteiligung abgezogen. Die 20452 €-Grenze bezieht sich also auf die Gesamtsumme aller Renovierungsmaßnahmen in dem genannten Zeitraum.

8.2 Grunderwerbsteuer und Grundsteuer

Beim Umsatz inländischer bebauter und unbebauter Grundstücke ist der Staat mit 3,5% des umgesetzten Wertes „dabei“! Dem Umsatz wird regelmäßig ein Kaufvertrag zugrunde liegen. Von der Steuer werden aber auch andere Vorgänge erfasst wie die Auflassung, wenn ihr kein Rechtsgeschäft vorausgegangen ist, das den Anspruch auf Übereignung begründet; ferner das Meistgebot in der Zwangsversteigerung, ein Vertrag zur Begründung eines Erbbaurechts, ein Tauschvertrag oder ein Erwerb auf Grund eines Vorkaufrechts.

Der Grundstücksbegriff im Grunderwerbsteuerrecht entspricht dem Begriff des Grundstücks im Sinne des Bürgerlichen Rechts, das heißt zum Grund und Boden gehören noch die wesentlichen Bestandteile, nicht dagegen das Zubehör; nicht dazugerechnet werden aber Maschinen, die zu einer Betriebsanlage gehören. Wie Grundstücke werden auch Wohnungseigentum, Erbbaurechte und Gebäude auf fremdem Grund und Boden behandelt.

Bemessungsgrundlage: Die Steuer von 3,5% wird grundsätzlich aus dem Wert der sogenannten Gegenleistung berechnet. Als Gegenleistung gelten insbesondere der Kaufpreis zuzüglich etwaiger sonstiger Leistungen, die der Erwerber als Entgelt für den Erwerb des Grundstücks gewährt oder übernimmt; dazu können beispielsweise die übernommenen Kosten der Vermessung oder die vom Verkäufer geschuldete und vom Käufer übernommene Maklergebühr gehören. Wer Bauherr ist, braucht die Grunderwerbsteuer nur von dem erworbenen Grundstück zu entrichten. Wer aber vom Bauträger das fertige Haus oder die Eigentumswohnung kauft, muss die Steuer vom Gesamtpreis zahlen. Auch bei den sogenannten Bauherrenmodellen ist dies kaum zu umgehen, wenn ein enger Zusammenhang zwischen Grundstückskauf- und Gebäudeerrichtungsvertrag besteht.

Die Grunderwerbsteuer gehört zu den Anschaffungskosten eines Grundstücks.

Befreiung von der Grunderwerbsteuer: Im Wesentlichen sind nur folgende Vorgänge von der Steuer befreit:

- Erwerbe mit Kaufpreisen bis zu 2556 € („Bagatellfälle"),
- Grundstückserwerb durch Erbschaft und Grundstücksschenkungen unter Lebenden. In diesen Fällen greift die Erbschaftoder Schenkungsteuer ein,
- Erwerb eines zum Nachlass gehörenden Grundstücks durch Miterben oder deren Ehegatten zur Teilung des Nachlasses,
- Grundstückserwerbe durch den Ehegatten, den früheren Ehegatten des Veräußerers oder durch Personen, die mit dem Veräußerer in gerader Linie verwandt sind oder durch deren Ehegatten.

Daneben bestehen Erstattungsmöglichkeiten bei Rückgängigmachung des Erwerbsvorganges innerhalb von zwei Jahren oder bei Nichtigkeit des Erwerbsvorgangs unter bestimmten Voraussetzungen. Die früher mögliche Steuerbefreiung für steuerbegünstigte Wohnungen gibt es nicht mehr.

Entrichtung der Grunderwerbsteuer: Beim Grundstückskauf sind Käufer und Verkäufer für die Entrichtung der Steuer gesamtschuldnerisch verantwortlich. Im notariellen Kaufvertrag wird jedoch meistens vereinbart, dass der Käufer die Grunderwerbsteuer zu bezahlen hat. Dies ist aber nur eine interne Regelung zwischen den Vertragspartnern. Das Grundbuchamt trägt die Eigentumsänderung erst dann in das Grundbuch ein, wenn das Finanzamt eine Unbedenklichkeitsbescheinigung nach Bezahlung der Grundsteuer oder Sicherung des Steueranspruchs vorgelegt hat.

Die Grundsteuerpflicht entsteht mit der Rechtswirksamkeit des Abschlusses des Kaufvertrages. Sie wird einen Monat nach Bekanntgabe des Steuerbescheids fällig.

Alle Gerichte, Behörden und Notare haben dem zuständigen Finanzamt die von ihnen beurkundeten Rechtsvorgänge über ein im Inland gelegenes Grundstück anzuzeigen.

Grundsteuerpflicht: Die Grundsteuer ist eine weitgehend von den persönlichen Verhältnissen des Eigentümers unabhängige sogenannte Realsteuer auf den Grundbesitz, also auf unbebaute und bebaute Grundstücke, Wohnungseigentum, Teileigentum, Erbbaurechte und Betriebsgrundstücke. Die Steuer fließt den Gemeinden zu, die mittels der Hebesätze in bestimmten Grenzen ein eigenes Recht zur Bestimmung der Steuerhöhe haben. Gesetzliche Grundlagen sind das Grundsteuergesetz von 1973 und die Grundsteuer-Richtlinien von 1978.

Der Erhebung der Grundsteuer gehen drei Verfahren vor:

(1) Das Einheitswertverfahren zur Feststellung des Einheitswertes,
(2) das Steuermessbetragsverfahren zur Festsetzung des Grundsteuermessbetrages in Abhängigkeit von der Art der Grundstücksnutzung,
(3) das Veranlagungsverfahren zur Festsetzung und Erhebung der Grundsteuer durch die Gemeinde.

Die ersten beiden Verfahren werden vom Finanzamt durchgeführt.

Einheitswert als Steuergrundlage: Die Einheitswerte bei Grundstücken gelten als einheitliche Bemessungsgrundlage. Der Einheitswertbescheid ist ein sogenannter Grundlagenbescheid und somit bindend für die weiteren Besteuerungsverfahren. In ihm werden außer dem Wert auch die Art und die Zurechnung des Grundstücks festgestellt. Gegen den Einheitswertbescheid kann Einspruch eingelegt werden. Eine allgemeine, für alle Grundstücke durchgeführte Feststellung bezeichnet man als **Hauptfeststellung.** Regelmäßig ist das **Ertragswertverfahren** bei der Ermittlung des Einheitswertes anzuwenden. Der Grundstückswert, welcher den Bodenwert, den Gebäudewert und den Wert der Außenanlagen umfasst, ist durch Anwendung eines Vervielfältigers auf die Jahresrohmiete zu ermitteln. Die Jahresrohmiete ist das Gesamtentgelt, welches ein Mieter für die Benutzung des Grundstücks für ein Jahr entrichtet oder üblicherweise zu entrichten hätte. Es gelten die Wertverhältnisse zum Hauptfeststellungszeitpunkt. Dabei wird von den Finanzämtern ein Mietspiegel verwendet. Das Sachwertverfahren ist bei Ein- und Zweifamilienhäusern anzuwenden, wenn sie sich durch besondere Gestaltung oder Ausstattung wesentlich von den im Ertragswertverfahren zu bewertenden Häusern unterscheiden.

Höhe der Grundsteuer

Neben dem Einheitswert sind die Steuermesszahlen derzeit wie folgt maßgeblich:

	v. T. = Promille
Land- und forstwirtschaftliche Betriebe	6,0 v. T.
Unbebaute Grundstücke	3,5 v. T.
Einfamilienhausgrundstücke für die Ersten 38346 € des Einheitswertes	2,6 v. T.
für den Rest des Einheitswertes	3,5 v. T.
Zweifamilienhäuser	3,1 v. T.
Andere bebaute Grundstücke einschließlich Wohnungseigentum	3,5 v. T.

Die Hebesätze der Gemeinden liegen etwa zwischen 230 und 300%. Die Grundsteuer wird aus den drei Faktoren wie folgt berechnet:

Einheitswert × Steuermesszahl × Hebesatz = jährliche Grundsteuer

Beispiel:
Einheitswert eines Einfamilienhauses 62300,00 €;
Steuermesszahl 2,6 v. T. = Steuermessbetrag 161,98 €;
Hebesatz der Gemeinde 230% = jährliche Grundsteuer 372,55 €.

Steuerschuldner ist der Eigentümer, beim Erbbaurecht der Erbbauberechtigte. Miteigentümer haften als Gesamtschuldner. Die Steuer ist in vierteljährlichen Raten zum 15. 2., 15. 5., 15. 8. und 15. 11. zu entrichten.

Bei vermietetem Wohnraum gehört die Grundsteuer zu den umlagefähigen Mietnebenkosten und zählt zu den Werbungskosten. Bei Eigennutzung kann die Grundsteuer bis zum Bezugstag als Vorkosten wie Sonderausgaben abgezogen werden.

8.3 Erbschaft- und Schenkungsteuer

Die Erbschaft- und Schenkungsteuer hat folgende Struktur:
Die Bewertung bebauter Grundstücke soll nach dem **Ertragswertverfahren** erfolgen. Dabei wird grundsätzlich das $12^1/_2$fache der im Durchschnitt der Letzten drei Jahre erzielten Nettokaltmiete als Wert angenommen. Im Durchschnitt werden die Grundstückswerte etwa die Hälfte der Verkehrswerte erreichen. Durch die Freibeträge in der Steuerklasse I soll das Familienvermögen in Form des Einfamilienhauses weitgehend frei von Erbschaftsteuer bleiben.

Steuerklassen bei der Erbschaftsteuer

Erbe bzw. Beschenkter	Steuerklasse
Ehegatte; Kinder; Stiefkinder; Enkel, deren Eltern verstorben sind; Enkel/Urenkel, deren Eltern noch leben; Eltern, Großeltern und Urgroßeltern im Erbfall	I
Eltern, Großeltern und Urgroßeltern im Schenkungsfall; Geschwister; Neffen; Nichten; Stiefeltern; Schwiegerkinder; Schwiegereltern, geschiedener Ehegatte	II
Lebensgefährten und alle Übrigen	III

Erbschaftsteuer-Tarif

Erwerb bis einschließl. €	v. H.-Satz in den Steuerklassen		
	I	II	III
52000	7	12	17
256000	11	17	23
512000	15	22	29
5113000	19	27	35

12783000	23	32	41
25565000	27	37	47
über 25565000	30	40	50

Persönliche Erbschaftsteuer-Freibeträge (€)

Ehegatte	307000
Kind; Stiefkind; Enkel, wenn Eltern verstorben	205000
Enkel; Urenkel	51200
Eltern und Großeltern im Erbfall	51200
Eltern und Großeltern bei Schenkung; Geschwister; Neffen; Nichten; geschiedener Ehegatte	10300
Alle Übrigen	5200
Versorgungsfreibetrag des Ehegatten	256000
Versorgungsfreibetrag der Kinder (je nach Alter)	10300–52000

Für den Erwerb von Grundstücken gilt das Ertragswertverfahren nach folgendem Schema (sog. Bedarfsbewertung):

Durchschnittliche Jahresmiete der Letzten 3 Jahre mal 12,5
(bzw. ortsübliche Jahres-Miete bei Selbstnutzung mal 12,5)
. /. Wertminderung wegen Alters des Gebäudes je Jahr 0,5 % (maximal 25 %)
\+ 20 % Zuschlag bei Ein- und Zweifamilienhäusern
= Immobilienwert
mindestens Wert des unbebauten Grundstücks (80% des Bodenrichtwertes)

Da die Freibeträge für Schenkung bzw. Erbschaft alle zehn Jahre zur Verfügung stehen, kann eine vorweggenommene Erbfolge bzw. das vorzeitige Übertragen von Vermögenswerten im Zehnjahresrhythmus sinnvoll sein. Durch unmittelbare Übertragung größerer Vermögen von den Großeltern auf die Enkel kann ein Erb- oder Schenkungsfall vermieden und damit im Ergebnis Erbschaft- bzw. Schenkungssteuer erspart werden.

Beispiel: Bewertung für Erbschaftsteuer
Objekt: Eigengenutztes Einfamilienhaus, Herstellungsjahr 1985, Wohnfläche 160 m², Grundstücksgröße 450 m², Bodenrichtwert 8400 €/m², ortsübliche Miete 147 €/m², geschätzter Verkaufswert 450000 €.

Miete: 7,00 × 160 × 12 = 13440 × 12,5 =	168000 €
. /. Alterswertabschlag (13 Jahre) 6,5% =	10920 €
	157080 €
+ 20% Zuschlag, da Einfamilienhaus	31416 €
	188496 €
Abgerundeter Wert	**188000 €**
Grundstückswert 450 × 8400 =	180000 €

Der Ertragswert ist höher als 80% des Grundstückswertes, weshalb letzterer nicht berücksichtigt wird. Die Bewertung für die Erbschaftsteuer entspricht rund 42% des Verkehrswertes. Nach wie vor wird die Immobilie bei der Erbschaft- und Schenkungssteuer gegenüber reinem Geldvermögen begünstigt.

Die übliche Miete ist zu ermitteln

- durch Ableitung aus Vergleichsmieten, insbesondere in dem gleichen oder benachbarten Objekt,
- durch Mietspiegel,
- durch Mietgutachten eines öffentlich bestellten und vereidigten Sachverständigen oder des örtlichen Gutachterausschusses.

Wie bei den unbebauten Grundstücken ist auch für ein bebautes Grundstück, das im Ertragswertverfahren bewertet wurde, ein niedrigerer Wert festzustellen, wenn der Steuerpflichtige nachweist, dass der gemeine Wert niedriger ist als der nach dem Bewertungsgesetz ermittelte Grundstückswert (sog. Öffnungsklausel).

8.4 Allgemeine Wohnungsbauförderung

8.4.1 Bausparen und Bausparförderung

Das Sparen bei einer Bausparkasse kommt den Anforderungen eines kontinuierlichen Vermögensaufbaus zum Zweck des Erwerbs von Wohneigentum wirtschaftlich, organisatorisch und rechtlich in besonderer Weise entgegen. Die Grundidee besteht darin, dass jemand, der kontinuierlich über mehrere Jahre hinweg gespart hat, ein Anrecht auf eine bestimmte Darlehensform für Erwerb von Wohneigentum erhält. Ein Großteil der Bausparer verfolgt dieses Ziel, das damit für alle erreichbar wird. Selbstverständlich kann ein Sparer auch in anderen Sparformen sparen, und er wird für Bauzwecke wohl jederzeit ein Darlehen erhalten können; unter Umständen kann dies sogar für ihn wirtschaftlich günstiger sein, wenn er durch das Glück einer besonderen gesamtwirtschaftlichen Zinskonstellation begünstigt wurde.

Die aufgebrachten Mittel werden als **„Zuteilungsmasse"** bezeichnet, aus der die Darlehen gegeben werden können. Da im Ablauf eines Bausparvertrages aus Sparern Darlehensnehmer werden, soweit neue Sparer dazukommen, kann man die Bausparer auch als eine Art Solidargemeinschaft bezeichnen; man spricht auch vom **„Bausparkollektiv"**.

Ablauf des Bausparens: Bausparen gliedert sich in drei Phasen, nämlich die **Sparphase,** die Zuteilungs- und die Darlehensphase. In der Sparphase vereinbart der Bausparer mit der Bausparkasse eine bestimmte, feste Vertragssumme, die sogenannte Bausparsumme, und zahlt regelmäßige Sparbeiträge ein. Das Guthaben wird je nach Vertragsart mit einem im Voraus vereinbarten Zinssatz verzinst, meistens zwischen 2,5 und 4%. Staatliche Vergünstigungen (siehe unten) können, sofern die Bedingungen vorliegen, zusätzlich beansprucht werden. Wenn auch mit dem Sparen ein Darlehensanspruch zu einem bereits bei Vertragsabschluss vereinbarten Zinssatz erworben wird, muss das Sparguthaben letztlich keineswegs für wohnwirtschaftliche Maßnahmen verwendet werden. Man kann auch sagen, Bausparen ist Sparen, bei dem unter Umständen staatliche Zulagen zu erhalten sind und das zu einem Darlehen für wohnwirtschaftliche Zwecke berechtigt.

Voraussetzung dafür, dass der Bausparer über einen Betrag in Höhe der Vertragssumme verfügen kann, ist die sogenannte Zuteilung. Sie kann erfolgen, wenn die verlangte Mindestansparung von 40 oder 50% erreicht und im Rahmen des Kollektivs genügend Mittel zur Verfügung stehen, die mit der sogenannten Zielbewertungszahl ausgedrückt werden.

Mit der Zuteilung kann die **Darlehensphase** beginnen. Der Bausparer erhält ein Darlehen zu einem bei Vertragsbeginn fest vereinbarten Zins und mit grundsätzlich regelmäßiger Tilgung. Das Bauspardarlehen hat auch im Rahmen der Absicherung Vorteile.

Wesentlicher Inhalt des Bausparvertrags: „Zweck des Bausparvertrages ist die Erlangung eines unkündbaren, in der Regel zweistellig zu sichernden Tilgungsdarlehens (Bauspardarlehen) auf Grund planmäßiger Sparleistungen nach Maßgabe der Allgemeinen Bedingungen“, heißt es im § 1 der üblichen Bausparverträge.

Der Bausparer verpflichtet sich mit dem Vertragsabschluss zur Entrichtung einer Abschlussgebühr zwischen 1 und 1,6% der Bausparsumme. Die Gebühr ist aber nicht sofort zu zahlen; lediglich die Einzahlungen werden zunächst auf die Gebühr verrechnet. Bei einigen Bausparkassen wird die Gebühr wieder zur Verfügung gestellt, wenn später kein Darlehen beansprucht wird. Die Regelsparrate ist tarifabhängig; bei den Standardtarifen beträgt sie meistens 4‰ der Bausparsumme, also 4 € auf 1000 € Bausparsumme. Die Einzahlung auf den Bausparvertrag ist eine sogenannte „Naturalobligation“, die von der Bausparkasse nicht eingeklagt wird. Der Sparer ist im Grunde genommen in der Höhe seiner Sparzahlungen frei. Wenn er aber in Höhe des Regelsparbeitrags einzahlt, kann er mit einem regelmäßigen Vertragsablauf rechnen; beispielsweise mit einer Auffüllung auf das zur Zuteilung notwendige Mindestsparguthaben und darauf folgender Zuteilung in etwa 7 bis 8 Jahren.

Die Bausparsumme legt Sparziel und den Anspruch auf ein etwaiges Darlehen fest. Sie ist Grundlage für die Abschlussgebühr, die Regelsparrate und die Tilgungsleistung bei Beanspruchung eines Darlehens. Die Bausparsumme ist quasi der „Mittelpunkt“ der Vertragsbeziehungen.

Beispiel: Ein Tarif sieht ein Mindestsparguthaben von 40%, eine Regelsparrate von 4‰, eine Tilgungsleistung einschließlich Zinsen von 6‰ und eine Abschlussgebühr von 1% vor. Guthabenzins 3%, Darlehenszins 5%. Daraus ergibt sich folgender Regelverlauf: Ein Bausparer schließt einen Vertrag über 50 000 € ab. Dem Bausparkonto wird zunächst die Gebühr von 500 € belastet. Der Sparer leistet Regelsparbeiträge von monatlich 200 €. Das Sparguthaben wachse mit Zinsen nach gut 7 Jahren auf 20 500 € an. Wird der Vertrag jetzt zugeteilt, so kann der Bausparer mit einem Darlehen von 29 500 € rechnen. Ist der Vertrag noch nicht zuteilungsreif, weil dies die Zuteilungsmasse noch nicht erlaubt, kann die Einzahlung ausgesetzt werden. Weitere Einzahlungen erhöhen zwar die Zuteilungschancen, verringern aber entsprechend den Darlehensanspruch.

Tariftypen für verschiedene Zwecke: Die 28 Bausparkassen bieten jeweils unterschiedliche Tarife, d.h. Vertragsbedingungen an. Als Bausparer sollte man von Anfang an möglichst einen solchen Tarif wählen, der am ehesten zu den schon bekannten Zielvorstellungen passt. Bei der Wahl der passenden Tarifvariante hilft der Berater der Bausparkasse. Man kann drei Hauptgruppen von Tarifarten unterscheiden:

Standard-Tarif: Dieser Tarif ist auf eine mittlere Spar- und Tilgungsbelastung abgestellt. Er ist für alle sinnvoll, deren Geldbedarf mittelfristig ist und die daran denken, einmal den Erwerb von Wohnungseigentum mit Bausparmitteln zu finanzieren. Die gesamte Dauer des regulären Ablaufs eines solchen Tarifs liegt bei etwa 20 Jahren, nämlich etwa 8 Jahren Ansparzeit und 12 Jahren Rückzahlungszeit.

Schnelltarif: Bei dieser Tarifvariante ist die gesamte Vertragsdauer kürzer, das heißt, es wird schneller angespart, schneller zugeteilt, aber auch schneller zurückgezahlt. Er kommt für Modernisierer und Mieter für relativ kleine Bausparsummen oder für Bauwillige in Frage, die rasch ein Bauspardarlehen wollen und hohe Spar- und Tilgungsleistungen erbringen wollen und können.

Options- und Langzeittarif: Die Bausparsumme sollte sich einerseits nach den Ansparmöglichkeiten, andererseits nach dem vielleicht schon absehbaren Darlehensbedarf richten. Wird die Bausparsumme so hoch gewählt, dass nicht mindestens der Regelsparbeitrag erbracht werden kann, muss der Bausparer zu lange auf die Zuteilung warten. Verzichtet er dann ganz auf ein Darlehen, muss er bei manchen Bausparkassen die Abschlussgebühr auf die gesamte nicht benötigte Bausparsumme entrichten. Ist die Bausparsumme zu niedrig, wird eventuell ein Darlehensanspruch „verschenkt", wenn der Vertrag über die Mindestsparsumme hinaus angespart wird oder der Bausparvertrag und damit das Darlehen schon vor der Konkretisierung eines Bauvorhabens zugeteilt werden würde. Neben dem Darlehensbedarf spielt auch der Zeitpunkt eine Rolle, zu dem Baugelder benötigt werden. Es ist immer günstiger, etwa zu der Zeit den Mindestsparbeitrag eingezahlt zu haben, zu dem das Bauvorhaben beginnt. Eine noch nicht erteilte Zuteilung kann dann leicht überbrückt werden. Die Berater der Bausparkasse können hier bei der Berechnung in Abhängigkeit von den Zielvorstellungen behilflich sein. Es ist eher zu empfehlen, mehrere Bausparverträge abzuschließen, als einen Bausparvertrag über eine relativ große Summe – allerdings fallen unter Umständen Kontoführungsgebühren für jeden einzelnen Bausparvertrag an.

Ändern sich während der Vertragslaufzeit die Zielvorstellungen, kann auch bei Bausparverträgen, die ursprünglich kein Optionsrecht haben, der Vertrag geändert werden durch Zusammenlegung, Erhöhung oder Herabsetzung. Ein Tarifwechsel mit der Absicht, eine bessere Zuteilung zu Lasten anderer Bausparer zu erhalten, ist allerdings nicht möglich.

Übertragung an Angehörige möglich: Auch wer selbst keine konkreten Bauabsichten hat, kann die Vorteile des Bausparens für „Angehörige" im Sinne des § 15 der Abgabenordnung sichern: sei es die Verlobte, die Eltern, Kinder oder Neffen. Innerhalb der näheren Verwandtschaft und Schwägerschaft kann ein Bausparvertrag mit allen Rechten auch vor Zuteilung für wohnungswirtschaftliche Zwecke verwendet werden. So können Eltern einen Vertrag auf ihre Kinder abschließen, über den diese noch erreichbare Prämien erhalten. Wollen die Eltern dann ihr Haus renovieren, kann der Vertrag auf sie übertragen werden. Oder die Großeltern erhalten durch die geringe Rentenbesteuerung Wohnungsbauprämie, schließen einen Bausparvertrag ab und verwenden diesen entweder für die Renovierung des eigenen Hauses, für den Einkauf in ein Seniorenheim, oder sie übertragen ihn dem Sohn oder der Tochter, die sie in ihrem Neubau aufnehmen.

Zuteilungsvoraussetzungen: Bauspardarlehen werden aus der Zuteilungsmasse gewährt, die von allen Bausparern als Kollektiv aufgebracht wird. Sie setzt sich zusammen aus: Sparbeiträgen, Guthabenzinsen, Tilgungsleistungen, Wohnungsbauprämien und

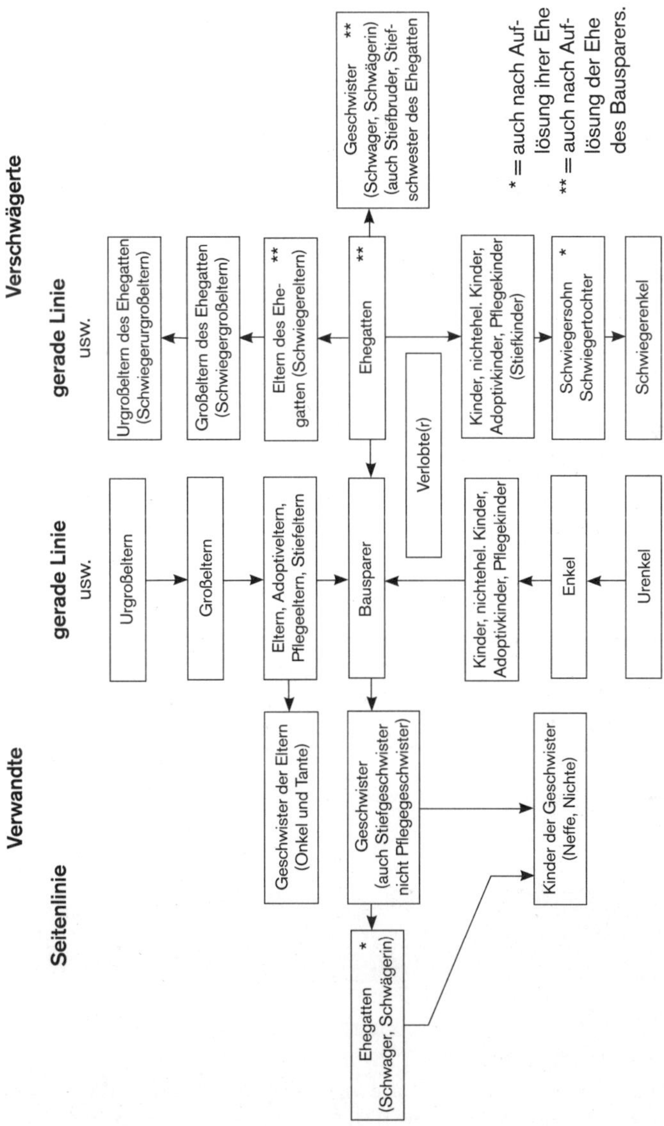

Abb. 28: Bausparen für „Angehörige nach § 15 AO

aufgenommenen Fremd- und Eigenmitteln der Bausparkasse. Die Zuteilungsmasse darf die Bausparkasse nur für Zwecke des Bauspargeschäftes verwenden. Vor- und Zwischenfinanzierungskredite können aus der „Trägheitsreserve“ gegeben werden, die die für die Zuteilung angesammelten, aber von den Bausparern noch nicht in Anspruch genommenen Mittel umfasst. Die Spar- und Tilgungsleistungen aller am jeweiligen Bauspar-Kollektiv Beteiligten bestimmen den Umfang der Zuteilungsmasse. Da deren künftige Entwicklung unbekannt ist, können sich die Bausparkassen vor Zuteilung einer Bausparsumme nicht verpflichten, diese zu einem bestimmten Zeitpunkt auszuzahlen. Aussagen über Zuteilungen zu einem späteren Zeitpunkt gelten immer nur unter Einschränkung „voraussichtlich“. Nach einem Bewertungsstichtag können natürlich konkrete Aussagen über die danach zum Zuge kommenden Bausparverträge gemacht werden.

Um in die Anwartschaft für eine Zuteilung zu kommen, gelten folgende Mindestvoraussetzungen:

- Mindestsparguthaben: Es liegt je nach Tarif bei 40 oder 50% der Bausparsumme,
- Mindestsparzeit seit Vertragsbeginn: meistens 18 Monate, aber auch 24 Monate. Allerdings sind die realistischen Zuteilungsfristen auch bei einer sofortigen Einzahlung des Mindestsparguthabens wesentlich länger. Eine sofortige Einzahlung des Mindestsparguthabens ist nicht typisch für den Ablauf eines Bausparvertrages.
- Mindestbewertungszahlen wurden für neuere Tarife geschaffen. Sie sollen in Wachstumszeiten nur die Zuteilungen ermöglichen, die über der entsprechenden Zahl liegen. Die nicht zugeteilten Beträge sollen dann in Zeiten rückläufigen Neugeschäftes dazu dienen, ein zu starkes Anwachsen der Zielbewertungszahl zu verhindern. So soll ein Ausgleich zwischen „guten“ und „schlechten“ Bausparzeiten hergestellt werden.

Die Reihenfolge der Zuteilung aus der zur Verfügung stehenden Zuteilungsmasse ergibt sich aus den für jeden Bausparvertrag berechneten Bewertungszahlen. Je höher die Bewertungszahl, desto größer ist die Wahrscheinlichkeit, in die Zuteilung zu kommen.

Die **Zielbewertungszahl** ist die niedrigste noch für eine Zuteilung ausreichende Bewertungszahl.

Die Bewertungszahlen werden zu bestimmten, halb- oder vierteljährlichen **Bewertungsstichtagen** berechnet. Die Berechnung der Bewertungszahlen erfolgt nach dem sogenannten „Zeit-mal-Geld-System". Je länger man Sparbeiträge stehen lässt und je mehr man, bezogen auf die Bausparsumme, eingezahlt hat, umso größer wird die Bewertungszahl. Individuell kann ein Bausparer deshalb die Bewertungszahl seines Bausparvertrages beeinflussen. Durch Sondersparleistungen vor den Bewertungsstichtagen kann die Wartezeit verkürzt werden. Der Bausparkassenberater kann berechnen, wieviel eingezahlt werden muss, um möglichst in die nächste „Zuteilungsrunde" zu kommen, vorausgesetzt, dass man die allgemeinen Zuteilungsbedingungen bereits erfüllt hat. Es ist aber zu bedenken, dass Sie mit einer Sonderzahlung über das Mindestsparguthaben hinaus grundsätzlich auch den Darlehensanspruch bis zur Höhe der Bausparsumme verkürzen.

Verwendung von Bausparmitteln: Nach Ablauf der Bindungsfrist kann über ein Bausparguthaben einschließlich der gezahlten Wohnungsbauprämien oder unter Beibehaltung der Steuervorteile beliebig verfügt werden. Vor Ablauf der Bindungsfrist ist nur eine wohnungswirtschaftliche Verwendung unschädlich. Bauspardarlehen dürfen von den Bausparkassen ebenfalls nur zu wohnungswirtschaftlichen Zwecken vergeben werden. Dies sind im Wesentlichen folgende Maßnahmen:

- Neubau, Ausbau, Anbau, Erweiterungsbau, Umbau und Wiederaufbau von Häusern mit Wohnungen, gemischt genutzte Gebäude bis zu 50% gewerbliche Nutzung, Garagen, Wochenend- und Ferienhaus,
- Modernisierung und Instandsetzung von Wohnungen durch Eigentümer oder Mieter,
- Kauf, Erbauseinandersetzung und Erwerb in der Zwangsversteigerung; auch Erwerb von Bruchteilseigentum geschlossener Immobilienfonds, Altenheimwohnung, Baukostenzuschuss des Mieters,
- Bauplatzerwerb,

- Erschließungs- und Infrastrukturmaßnahmen in Zusammenhang mit Wohngebäuden, z. B. Kindergärten, Sportplätze usw.
- Entschuldung und Umschuldung früherer Baumaßnahmen.

Bausparförderung: Bereits in der Sparphase fördert der Staat das Bausparen mit der Wohnungsbauprämie und der Arbeitnehmer-Sparzulage.

Vermögenswirksame Leistungen

Arbeitnehmer können ihre Vermögenswirksamen Leistungen von jährlich höchstens 470 € auf einem Bausparvertrag anlegen. Wenn sie die Grenze des zu versteuernden Einkommens von 17900 € (35800 € bei Eheleuten) nicht überschreiten, erhalten sie nach Ablauf der Bindungsfrist von sieben Jahren über eine Antragsveranlagung 9% Arbeitnehmersparzulage auf die vom Arbeitgeber eingezahlten Beträge. Ein alleinstehender Arbeitnehmer kann bis zu einem Bruttoeinkommen von rund 22000 € noch die Förderung erhalten; dies ist im Einzelfall entsprechend dem Antrag auf Gewährung der Sparzulage zu prüfen. Häufig übernimmt der Arbeitgeber im Rahmen der Tarifverträge die ganze oder einen Teil der Sparleistung. Aus eigenen Mitteln kann der nicht tarifliche Anteil bis auf 470 € aufgefüllt werden. Dies wird beim Arbeitgeber beantragt. Auch Minderjährige, die Arbeitslohn beziehen, können auf diese Weise bereits selbstständig eine Sparförderung erhalten. Sparbeiträge für Vermögenswirksame Leistungen können auch aus dem Lohn für Gelegenheitsarbeiten erbracht werden. Die Einzahlung auf Bausparverträge ist die Einzige vom Staat geförderte Anlagemöglichkeit im Rahmen der Vermögenswirksamen Leistung, bei der keinerlei Kursrisiko besteht.

Das 5. Vermögensbildungsgesetz gilt für Arbeiter, Angestellte, Beamte und Richter, Zeit- und Berufssoldaten, Auszubildende, Teilzeitbeschäftigte, Aushilfen, Heimarbeiter.

Beantragung der Arbeitnehmersparzulage: Der Bausparer muss die Zulage mit einer von der Bausparkasse ausgestellten Bescheinigung beim zuständigen Finanzamt anfordern.

Auszahlung: Festsetzung durch das Finanzamt und Auszahlung nach Ablauf der Bindungsfrist, Zuteilung des Bausparvertrags oder bei vorzeiter, unschädlicher Verfügung.

Bruttoarbeitslohngrenzen für Arbeitnehmer zur Erlangung der Arbeitnehmersparzulage (Ca.-Angaben)

	Ohne Kinder	1 Kind	2 Kind
Alleinstehende			
• Sozialversicherungspflichtige	33618	40664	42716
• Beamte	31106	38774	46826
Ehegatte, 1 Arbeitnehmer			
• Sozialversicherungspflichtige	65450	69068	72632
• Beamte	60212	64316	68420
Ehegatte, 2 Arbeitnehmer			
• Sozialversicherungspflichtige	67237	70798	74325
• Beamte	62212	66316	70420

Wohnungsbauprämie

Jeder, der Einzahlungen auf einen Bausparvertrag leistet, kann ab dem 16. Lebensjahr auf die Sparbeiträge und die Zinsen Wohnungsbauprämie in Höhe von 8,8% aus jährlich höchstens 512 € erhalten, wenn er folgende Einkommensgrenzen im Jahr der Anlage nicht überschreitet:

- Alleinstehende 26500 € zu versteuerndes Einkommen,
- Verheiratete 51200 € zu versteuerndes Einkommen.

Bruttoarbeitslohngrenzen für Arbeitnehmer zur Erlangung von Wohnungsbauprämie (Angestellte, Stand 2002)

Alleinstehende ohne Kinder	28660,00 €
Zusammenveranlagte Ehegatten (Ein Arbeitnehmer)	
ohne Kinder	56312,00 €
drei Kinder	73736,00 €

Verheiratete bilden eine sogenannte Höchstbetragsgemeinschaft, sie können gemeinsam nur bis zu 1024 € je Jahr prämienbegünstigt sparen. Die Sparbeiträge müssen auf einen Bausparvertrag eingezahlt werden, der seit Vertragsabschluss insgesamt mindestens sieben Jahre besteht (Bindungsfrist). Nach Ablauf der Bindungsfrist können die Beträge prämienunschädlich für jeden Zweck verwendet werden. Die Vermögenswirksamen Leistungen werden auf die begünstigten Höchstgrenzen der Wohnungsbauprämie nicht angerechnet.

Die Wohnungsbauprämie wird nur auf Antrag gewährt. Der Antrag muss nach Ablauf des Sparjahres auf einem amtlich vorgeschriebenen Vordruck gestellt werden, den die Bausparkasse ihren Bausparern zur Verfügung stellt. Die Prämie kann bei der Bausparkasse bis zum Ablauf des zweiten Kalenderjahres beantragt werden, das auf das Sparjahr folgt. Für die geleisteten Bausparbeiträge ermittelt die Bausparkasse nach § 4a Wohnungsbauprämiengesetz, ob und in welcher Höhe ein Prämienanspruch besteht. Das Ergebnis teilt sie dem Bausparer regelmäßig zusammen mit dem Jahreskontoauszug mit. Nach Ablauf der Bindungsfrist oder bei vorzeitig prämienunschädlich fälligen Wohnungsbauprämien zieht die Bausparkasse die Prämie zugunsten des Bausparers beim Finanzamt ein. Der Bausparer erklärt in dem Antrag auf Wohnungsbauprämie, dass sein Einkommen innerhalb der Einkommensgrenzen liegt. Die Bausparkasse hat die für die Überprüfung des Prämienanspruchs erforderlichen Daten an eine von den Bundesländern errichtete Zentralstelle zu übermitteln. Ergibt die Überprüfung dort, dass der Prämienanspruch nicht oder in anderer Höhe besteht, teilt die Zentralstelle dies dem Bausparer mit. Wird der Bausparkasse bekannt, dass der Prämienanspruch ganz oder teilweise nicht besteht oder weggefallen ist, muss sie das Ermittlungsergebnis aufheben oder ändern. Zu Unrecht gutgeschriebene oder ausgezahlte Prämien muss die Bausparkasse zurückfordern.

Der Einsatz von Bausparguthaben bzw. -darlehen ist besonders auch für Renovierungen einer Immobilie möglich. Man bezeichnet den Bausparvertrag manchmal auch als „Krankenversicherung“ für eine Immobilie.

8.4.2 Wohnraumförderung

Der Staat möchte durch seine Fördermaßnahmen auch denen eine Hilfe beim Erwerb von Wohnungseigentum geben, für die eine freie Finanzierung auch unter Berücksichtigung der dabei gewährten steuerlichen Vergünstigungen nicht tragbar ist.

Der Staat fördert in erster Linie Bauherren und Käufer von neugebauten Wohnobjekten („Ersterwerber"), die selbst genutzt werden („Eigenheim"). Darüber hinaus können auch Vermieter von Wohnungen staatliche Hilfen bekommen.

Im Wohnraumförderungsgesetz (WoFG) sind die Bedingungen für die Vergabe der Fördermittel festgelegt, insbesondere der begünstigte Personenkreis und die begünstigten Wohnobjekte. Die Fördermittel werden vor allem vom Bund den Ländern bereitgestellt, wobei die Länder als auszahlende Stellen gelten. Einzelheiten der Förderung unterscheiden sich von Bundesland zu Bundesland, dies gilt auch für die neuen Bundesländer. Zusätzliche Unterstützungen kann es auch von den Gemeinden geben. Spezielle Auskünfte können mittels Computerprogrammen teilweise bei Banken abgerufen werden, sonst ist für den „Sozialen Wohnungsbau" die Gemeinde als Anlauf-, Auskunfts- und Abwicklungsstelle zuständig. Die Anträge sind rechtzeitig zu stellen, da es bisweilen lange dauert, bis die Mittel schließlich ausgezahlt werden. **Auf keinen Fall darf mit Baumaßnahmen vor der Bewilligung begonnen werden!**

Wer wird bei Neubauten vorrangig gefördert?

- Familien und Alleinerziehende mit mindestens zwei Kindern
- Schwerbehinderte mit spezifischen Wohnungsversorgungsproblemen
- Personen, die sanierungsbedingt Wohneigentum aufgeben müssen

Was wird gefördert?

Kauf oder Neubau eines neuen Familienheims oder einer Eigentumswohnung in Niedrigenergiebauweise zur Eigennutzung.

Welche Kostenobergrenzen gelten?

Die Gesamtkosten (ohne Grundstücks- und Finanzierungskosten) dürfen bis zu 1800 €/m^2 Wohnfläche betragen (in Großstädten wie z. B. in Stuttgart 2000 €/m^2).

Folgende Höchstbeträge sind einzuhalten:

- Eigentumswohnungen 200 000 €
- Familienheime mit eine Wohnung 250 000 €
- Familienheime mit zwei Wohnungen 300 000 €

(Die zweite Wohnung muss mindestens 10 Jahre vermietet werden.)

Diese Kostenobergrenzen umfassen auch die Kosten von Garagen, Carports und Stellplätzen.

Eine Überschreitung dieser Beträge kann in besonderen Fällen, z. B. bei Vorhaben sehr großer Familien, zugelassen werden.

Die Kostenobergrenze liegt um bis zu 25 000 € über diesen Höchstbeträgen, wenn ökologisch wirksam gebaut wird, z. B. mit ökologischen Baustoffen oder bei Maßnahmen, die über die Niedrigenergiebauweise hinaus zusätzlich Energie einsparen.

Wie wird gefördert?

Wie hoch das zinsverbilligtes Darlehen sein wird, ist abhängig von:

- Bauort
- Familiengröße
- Höhe des Familieneinkommens

Kinderreiche Familien und Alleinerziehende mit **mindestens 3 Kindern, Schwerbehinderte** mit spezifischen Wohnungsversorgungsproblemen oder Personen, die sanierungsbedingt Wohneigentum aufgeben müssen, wenn sie die Einkommensgrenze nach § 25 II. WoBauG nicht überschreiten.

Vereinfachtes Schema zur Berechnung des Jahreseinkommens nach § 25 I 1. WoBauG

Brutto-Jahreseinkommen
./. Werbungskosten (oder Arbeitnehmer-Pauschbetrag von 1044 €)
= **Zwischensumme**
./. 10% pauschal (wenn Steuern gezahlt werden)
./. 10% pauschal (wenn Krankenversicherungsbeiträge gezahlt werden)
./. 10% pauschal (wenn gesetzliche Rentenversicherungs- oder Lebensversicherungsbeiträge von mind. 40 € monatlich gezahlt werden)
oder

./. 10% pauschal, wenn weder Steuern noch Versicherungsbeiträge gezahlt werden

Frei- und Abzugsbeträge für

./. Junge Ehepaare (bis zum Ablauf des fünften Kalenderjahres nach dem Jahr der Eheschließung, sofern beide Ehepaare ihren 40. Geburtstag noch nicht gefeiert haben)

./. Alleinerziehende mit Kindern unter 12 Jahren

./. Kinder mit eigenem Einkommen

./. pflegebedürftige Schwerbehinderte

./. Unterhaltsverpflichtungen

= **Jahreseinkommen**
Einkommensgrenze nach § 25 II. Wohnungsbaugesetz (siehe unten)
Über-/Unterschreitung

Einkommensgrenze nach § 9 WoFG

	jährl. €
1-Personen Haushalt	12000
1 Angehöriger (2-Personen-Haushalt)	18000
2 Angehörige (3-Personen-Haushalt)	22100
3 Angehörige (4-Personen-Haushalt)	26200
4 Angehörige (5-Personen-Haushalt)	30300

Je Kind zusätzlich 500 €

Welche Bedingungen hinsichtlich der Eigenmittel müssen die Antragsteller erfüllen?

Der Erwerb von Wohneigentum soll für die Antragsteller nicht zur wirtschaftlichen „Katastrophe“ führen, weshalb sie bestimmte Mindestbedingungen erfüllen müssen:

Direkte und indirekte Eigenmittel von mindestens 15 bis 20% müssen nachgewiesen werden. Die finanziellen Belastungen aus den Fremdmitteln müssen tragbar sein. Was tragbar ist, wird von Bundesland zu Bundesland verschieden beurteilt. Die Gesamtbelastung sollte meistens nicht über ein Drittel des monatlichen Bruttoeinkommens hinausgehen.

Welche Wohnflächen dürfen nicht überschritten werden?

Im ersten Förderweg darf ein Familienheim nicht mehr als 130 m², bei zwei Wohnungen nicht mehr als 200 m² und eine eigengenutzte Eigentumswohnung höchstens 120 m² umfassen. Bei mehr als vier Familienangehörigen ist eine Aufstockung um je 20 m² pro Person möglich, dies auch bei beruflicher Nutzung von Wohnräumen.

Was sind Lastenzuschüsse nach dem Wohngeldgesetz?

Wer als Mieter wohngeldberechtigt ist, kann auch als Eigentümer einen sogenannten Lastenzuschuss erhalten. Der Anspruch hängt von der Zahl der Familienmitglieder, dem Familieneinkommen und der Höhe der zuschussfähigen Belastung ab. Voraussetzung ist, dass der Wohnraum vom Eigentümer dauerhaft selbst bewohnt wird. Die Obergrenze des jährlichen Bruttoeinkommens hängt zudem von der Mietenstufe der Gemeinde ab. Für Beamte gelten geringere Einkommensgrenzen. Diese liegen etwas überhalb der für den ersten Förderungsweg geltenden Grenzen.

Allgemeines Wohngeld als Lastenzuschuss

Lastenzuschuss gibt es für Eigentümer eines Eigenheims oder einer Eigentumswohnung, einer Kleinsiedlung, einer landwirtschaftlichen Nebenerwerbsstelle, einer landwirtschaftlichen Vollerwerbsstelle, falls Wohn- und Wirtschaftsteil voneinander getrennt sind und für den Wohnteil eine Wohngeldlastenberechnung aufgestellt werden kann, für Inhaber eines eigentumsähnlichen Dauerwohnrechts und für Erbbauberechtigte und diejenigen, die Anspruch auf Übereignung des Gebäudes oder der Wohnung beziehungsweise auf Übertragung oder Einräumung des Erbbaurechts haben.

Familienmitglieder

Zu den Familienmitgliedern zählen:

- Haushaltsvorstand, Ehegatte, Eltern und Kinder (auch Adoptiv- und Stiefkinder),
- Geschwister, Onkel, Tante, Schwiegereltern, Schwiegerkinder und Schwägerin,
- weitere Angehörige, die das Gesetz nennt.

Gemeinsamer Haushalt

Familienmitglieder können bei der Bewilligung von Wohngeld nur berücksichtigt werden, wenn sie mit dem Haushaltsvorstand in einem gemeinsamen Haushalt leben, das heißt, eine **Wohn- und Wirtschaftsgemeinschaft** führen.

Familienmitglieder rechnen auch dann zum Haushalt, wenn sie **vorübergehend abwesend** sind, zum Beispiel im Krankenhaus liegen oder Wehr- beziehungsweise Zivildienst leisten. Das Gleiche gilt auch für solche Studenten, die zwar nicht zu Hause wohnen, deren Familienhaushalt aber weiterhin Mittelpunkt ihrer Lebensbeziehungen bleibt.

Wer gibt Auskunft?

Auskünfte zum Wohngeld erteilen die Gemeinden. Auskünfte über Wohngeld und die Fördermaßnahmen im Sozialen Wohnungsbau erteilen auch:

Bundesministerium für Verkehr, Bau- und Wohnungswesen, Robert-Schumann-Platz 1, 53175 Bonn, Tel. 0188 83000, www.bmvbw.de

Presse- und Informationsamt der Bundesregierung, 11044 Berlin (Broschüre „Wohngeld"), www.bundesregierung.de

Baden-Württemberg: Wirtschaftsministerium, Theodor-Heuss-Straße 4, 70174 Stuttgart, 0711/123–0, www.wm.baden-wuerttemberg.de

Bayern: Staatsministerium des Innern, Franz-Josef-Strauß-Ring 4, 80539 München, 0 89/21 92–02, www.innenministerium.bayern.de

Berlin: Senatsverwaltung für Bau- und Wohnungswesen Stadtentwicklung, Württembergische Straße 6–10, 10707 Berlin, 0 30/867–090–0, www.stadtentwicklung.berlin.de

Brandenburg: Ministerium für Stadtentwicklung, Wohnen und Verkehr, Henning-von-Tresckow-Str. 8, 14467 Potsdam, 03 31/866–0, www.brandenburg.de

Bremen: Senator für Bau, Verkehr und Stadtentwicklung und Umwelt, Ansgaritorstraße 2, 28195 Bremen, 04 21/361–02407, www.bremen.de

Hamburg: Amt für Wohnungswesen, Stadthausbrücke 812, 20355 Hamburg, 0 40/3 49 13–142840–0, www.hamburg.de

Hessen: Ministerium für Wirtschaft, Verkehr und Landesentwicklung, Kaiser-Friedrich-Ring 75, 65185 Wiesbaden, 06 11/353815–0, www.hessen.de

Mecklenburg-Vorpommern: Ministerium für Bau, Landesentwicklung und Umwelt, Schloßstr. 6–8, 1905348 Schwerin, 03 85/588–03666, www.mecklenburg-vorpommern.de

Niedersachsen: Niedersächsisches Innenministerium, Hinrich-Wilhelm-Kopf-Platz 2, Lavesallee 6, 301569 Hannover, 05 11/120–1, www.niedersachsen.de

Nordrhein-Westfalen: Ministerium für Städtebau und Wohnen, Kultur und Sport, Elisabethstr. 5–11, 40217 Düsseldorf, 02 11/38 43–0, www.nordrhein-westfalen.de

Rheinland-Pfalz: Ministerium der Finanzen, Kaiser-Friedrich-Straße 15, 55116 Mainz, 0 61 31/16–0, www.rheinland-pfalz.de

Saarland: Ministerium für Wirtschaft und Finanzen und Bundesangelegenheiten, Am Tummelplatz 7, 66009117 Saarbrücken, 06 81/501–100, www.saarland.de

Sachsen: Staatsministerium des Innern, Wilhelm-Buck-Straße 2, 01097 Dresden, 03 51/564–0, www.smi.sachsen.de

Sachsen-Anhalt: Ministerium für Wohnungswesen, Städtebau und Verkehr, Turmschanzenstraße 30, 39114 Magdeburg, 03 91/567–01, www.stk.sachsen-anhalt.de

Schleswig-Holstein: Ministerium für Justiz, Frauen, Jugend und Familie Wohnungs- und Städtebau, Lorentzendamm 35, 241053 Kiel, 04 31/988–00, www.schleswig-holstein.de

Thüringen: Ministerium für Wirtschaft, Arbeit und Infrastruktur, Max-Reger-Str. 4–8, Schillerstraße 27, 99096 Erfurt, 03 61/342–0, www.th.online.de

Weitere Informationen sind bei Bürgermeisterämtern und Kreisverwaltungsbehörden (Landratsämter, kreisfreie Städte) zu erhalten.

Welche weitere Förderung kann es bei Vorliegen besonderer Voraussetzungen noch geben?

- Steuerermäßigungen bei vermieteten Wohnungen,
- Bundes- und Landesbedienstete können vom Arbeitgeber nach den Familienheim-Förderungsrichtlinien Wohnungsfürsorgemittel erhalten; Auskünfte erteilen die vorgesetzten Dienststellen und die Personalräte,
- Erwerb von bereits vorhandenem Wohnraum durch kinderreiche Familien,
- Wohnungsbeschaffung für junge Ehepaare,
- Wohnungsmodernisierung und Wohnungsinstandsetzung,
- An-, Umbauten und Dachgeschossausbau,
- Hausschutzräume,
- Rentenkapitalisierung oder Kapitalabfindung für Kriegsopfer und Unfallrentner,
- Notstände durch Elementarereignisse (Hochwasser usw.).

Wohnungseigentumsprogramm der KfW

Die KfW (www.kfw.de) fördert durch langfristige zinsgünstige Darlehen mit Festzinssätzen und tilgungsfreien Anlaufjahren selbstgenutztes neues und renoviertes Wohneigentum. die Darlehen werden über die Hausbank abgewickelt.

Beispiel: Familie Krause (Vater 42, Mutter 38 Jahre alt, 1 minderjähriges Kind) erwirbt für 75 000 € ein Einfamilienhaus mit 120 m² Wohnfläche – in geschlossener Reihenhausbebauung (Baujahr 1935) – in der Nähe von Rostock, in dem sie nach den noch erforderlichen Modernisierungsmaßnahmen selbst wohnen möchte. Vor dem Einzug sollen noch das Dach ausgebessert, neue Fenster eingesetzt und eine moderne Zentralheizung installiert werden. Hierfür fallen zusätzliche Kosten in Höhe von 30 000 € an. Für den Erwerb des Hauses einschließlich der Kosten für die Modernisierung entstehen Aufwendungen von insgesamt 105 000 €. Das Ehepaar Krause beantragt ein Darlehen aus dem KfW-Wohnraum-Modernisierungsprogramm II in Höhe der Modernisierungsaufwendungen von 30 000 €. Zusätzlich beantragen die Krauses Mittel in Höhe von 31 500 € aus dem KfW-Wohnungseigentumsprogramm und schöpfen damit den maximalen Förderungsanteil von 30% der Gesamtkosten aus. Diese Kombination ist möglich, da es sich bei dem KfW-Wohneigentumsprogramm nicht um öffentliche Fördermittel handelt.

Landesförderprogramme der einzelnen Bundesländer finden sich unter folgenden Adressen:

- Bayerische Landesboden Kreditanstalt www.labo-bayern.de/Navigation/frame_aufgaben.htm
- Bremer Aufbaubank GmbH www.bab-bremen.de/
- Hamburgische Wohnungsbaukreditanstalt www.wk-hamburg.de
- Wohnungsbauförderanstalt NRW http://www.Ibnrw.de/index/1,1061,52857,00.html
- Investitionsbank Berlin www.investitionsbank.de
- Investitionsbank des Landes Brandenburg www.ilb-sh.de
- Investitionsbank Schleswig-Holstein www.ib-sh.de
- Landestreuhandstelle Rheinland-Pfalz www.lth-rlp.de/
- Landesförderinstitut Mecklenburg-Vorpommern www.lfi-mv.de
- Landesförderinstitut Sachsen-Anhalt www.lfi-lsa.de/
- LandesTreuhandStelle Hessen www.lth.de/
- L-Bank – Landeskreditbank in Baden Württemberg www1.l-bank.de
- Niedersächsische Landestreuhandstellen www.lts-nds.de/
- Saarländische Investitionskreditbank AG www.sikb.de/www.sikb.de/
- Sächsische Aufbaubank. GmbH www.sab.sachsen.de
- Thüringer Aufbaubank http:_//tab-online.de/regel.htm

Wohnraumförderungsgesetz (Gesetz über die soziale Wohnraumförderung vom 13. 9. 2001 – WoFG) – (Auszug)

§ 1 Zweck und Anwendungsbereich, Zielgruppe. (1) Dieses Gesetz regelt die Förderung des Wohnungsbaus und anderer Maßnahmen zur Unterstützung von Haushalten bei der Versorgung mit Mietwohnraum, einschließlich genossenschaftlich genutzten Wohnraums, und bei der Bildung von selbst genutztem Wohneigentum (soziale Wohnraumförderung).

(2) Zielgruppe der sozialen Wohnraumförderung sind Haushalte, die sich am Markt nicht angemessen mit Wohnraum versorgen können und

auf Unterstützung angewiesen sind. Unter diesen Voraussetzungen unterstützt

1. die Förderung von Mietwohnraum insbesondere Haushalte mit geringem Einkommen sowie Familien und andere Haushalte mit Kindern, Alleinerziehende, Schwangere, ältere Menschen, behinderte Menschen, Wohnungslose und sonstige hilfebedürftige Personen,
2. die Förderung der Bildung selbst genutzten Wohneigentums insbesondere Familien und andere Haushalte mit Kindern sowie behinderte Menschen, die unter Berücksichtigung ihres Einkommens und der Eigenheimzulage die Belastungen des Baus oder Erwerbs von Wohnraum ohne soziale Wohnraumförderung nicht tragen können.

§ 2 Fördergegenstände und Fördermittel. (1) Fördergegenstände sind:

1. Wohnungsbau, einschließlich des erstmaligen Erwerbs des Wohnraums innerhalb von zwei Jahren nach Fertigstellung (Ersterwerb),
2. Modernisierung von Wohnraum,
3. Erwerb von Belegungsrechten an bestehendem Wohnraum und
4. Erwerb bestehenden Wohnraums,

wenn damit die Unterstützung von Haushalten bei der Versorgung mit Mietwohnraum durch Begründung von Belegungs- und Mietbindungen oder bei der Bildung von selbst genutztem Wohneigentum erfolgt.

(2) Die Förderung erfolgt durch

1. Gewährung von Fördermitteln, die aus öffentlichen Haushalten oder Zweckvermögen als Darlehen zu Vorzugsbedingungen, auch zur nachstelligen Finanzierung, oder als Zuschüsse bereitgestellt werden,
2. Übernahme von Bürgschaften, Garantien und sonstigen Gewährleistungen sowie
3. Bereitstellung von verbilligtem Bauland.

§ 4 Bauland, sonstige Rahmenbedingungen. (2) Die Gemeinden sollen ihm Rahmen der Gesetze dafür Sorge tragen, dass für den Wohnungsbau erforderliche Grundstücke bebaut und erforderliche Modernisierungsmaßnahmen durchgeführt werden können. Dabei soll auf die Anforderungen des Kosten und Flächen sparenden Bauens geachtet werden.

(3) Die Gemeinden sollen Bauwillige, die ein Baugrundstück erwerben wollen, beraten und unterstützen.

§ 6 Allgemeine Fördergrundsätze. Die soziale Wohnraumförderung ist der Nachhaltigkeit einer Wohnraumversorgung verpflichtet, die die wirtschaftlichen und sozialen Erfordernisse mit der Erhaltung der Umwelt in Einklang bringt.

§ 8 Besondere Grundsätze zur Förderung der Bildung selbst genutzten Wohneigentums. Bei der Förderung der Bildung selbst genutzten Wohneigentums nach § 1 Abs. 2 Satz 2 Nr. 2 sind folgende Grundsätze zu berücksichtigen:

1. Die Förderung der Bildung selbst genutzten Wohneigentums erfolgt bevorzugt für Familien und andere Haushalte mit zwei und mehr Kindern im Sinne des § 32 Abs. 1 bis 5 des Einkommensteuergesetzes sowie für Haushalte, bei denen wegen einer Behinderung eines Haushaltsangehörigen oder aus sonstigen Gründen ein besonderer baulicher Bedarf besteht.

§ 10 Wohnungsgrößen. (1) Bei Bestimmungen der Länder über die Grenzen für Wohnungsgrößen sind folgende Grundsätze zu berücksichtigen:

1. Die Größe der zu fördernden Wohnung muss entsprechend ihrer Zweckbestimmung angemessen sein.
2. Besonderheiten bei Maßnahmen im Gebäudebestand und bei selbst genutztem Wohneigentum sowie besonderen persönlichen oder beruflichen Bedürfnissen von Haushaltsangehörigen und einem nach der Lebenserfahrung in absehbarer Zeit zu erwartenden zusätzlichen Raumbedarf ist Rechnung zu tragen.

§ 12 Bevorzugung von Maßnahmen, zusätzliche Förderung. (1) Maßnahmen, bei denen Bauherren in Selbsthilfe tätig werden oder bei denen Mieter von Wohnraum Leistungen erbringen, durch die sie im Rahmen des Mietverhältnisses Vergünstigungen erlangen, können bei der Förderung bevorzugt werden. Selbsthilfe sind die Arbeitsleistungen, die zur Durchführung der geförderten Maßnahmen vom Bauherrn selbst, seinen Angehörigen oder von anderen unentgeltlich oder auf Gegenseitigkeit oder von Mitgliedern von Genossenschaften erbracht werden.

§ 16 Wohnungsbau, Modernisierung. (1) Wohnungsbau ist das Schaffen von Wohnraum durch

1. Baumaßnahmen, durch die Wohnraum in einem neuen selbstständigen Gebäude geschaffen wird,
2. Beseitigung von Schäden an Gebäuden unter wesentlichem Bauaufwand, durch die die Gebäude auf Dauer wieder zu Wohnzwecken nutzbar gemacht werden,
3. Änderung, Nutzungsänderung oder Erweiterung von Gebäuden, durch die unter wesentlichem Bauaufwand Wohnraum geschaffen wird, oder
4. Änderung von Wohnraum unter wesentlichem Bauaufwand zur Anpassung an geänderte Wohnbedürfnisse.

(2) Wohnraum oder anderer Raum ist in Fällen des Absatzes 1 Nr. 2 nicht auf Dauer nutzbar, wenn ein zu seiner Nutzung erforderlicher Gebäudeteil zerstört ist oder wenn sich der Raum oder der Gebäudeteil in einem Zustand befindet, der aus bauordnungsrechtlichen Gründen eine dauernde, der Zweckbestimmung entsprechende Nutzung nicht gestattet; dabei ist es unerheblich, ob der Raum oder der Gebäudeteil tatsächlich genutzt wird.

(3) Modernisierung sind bauliche Maßnahmen, die
1. den Gebrauchswert des Wohnraums oder des Wohngebäudes nachhaltig erhöhen,
2. die allgemeinen Wohnverhältnisse auf Dauer verbessern oder
3. nachhaltig Einsparungen von Energie oder Wasser bewirken.

Instandsetzungen, die durch Maßnahmen der Modernisierung verursacht werden, fallen unter die Modernisierung.

§ 18 Haushaltsangehörige. (1) Zum Haushalt rechnen die in Absatz 2 bezeichneten Personen, die miteinander eine Wohn- und Wirtschaftsgemeinschaft führen (Haushaltsangehörige). Zum Haushalt rechnen auch Personen im Sinne des Absatzes 2, die alsbald in den Haushalt aufgenommen werden sollen.

(2) Haushaltsangehörige sind:
1. der Antragsteller,
2. der Ehegatte,
3. der Lebenspartner und
4. der Partner einer sonstigen auf Dauer angelegten Lebensgemeinschaft

sowie deren Verwandte in gerader Linie und zweiten Grades in der Seitenlinie, Verschwägerte in gerader Linie und zweiten Grades in der Seitenlinie, Pflegekinder ohne Rücksicht auf ihr Alter und Pflegeeltern.

Gesetz zur Sicherung der Zweckbestimmung von Sozialwohnungen (Wohnungsbindungsgesetz – WoBindG) – (Auszug)

§ 1 Anwendungsbereich. (1) Dieses Gesetz gilt für neugeschaffene öffentlich geförderte Wohnungen.

(2) Neugeschaffen sind Wohnungen, wenn sie durch Neubau, durch Wiederaufbau zerstörter oder Wiederherstellung beschädigter Gebäude oder durch Ausbau oder Erweiterung bestehender Gebäude geschaffen worden sind und nach dem 20. 6. 1948 bezugsfertig geworden sind oder bezugsfertig werden.

§ 4 Überlassung an Wohnberechtigte. (1) Sobald voraussehbar ist, daß eine Wohnung bezugsfertig oder frei wird, hat der Verfügungsberechtigte dies der zuständigen Stelle unverzüglich schriftlich anzuzeigen und den voraussichtlichen Zeitpunkt der Bezugsfertigkeit oder des Freiwerdens mitzuteilen.

(2) Der Verfügungsberechtigte darf die Wohnung einem Wohnungssuchenden nur zum Gebrauch überlassen, wenn dieser ihm vor der Überlassung eine Bescheinigung über die Wohnberechtigung im öffentlich geförderten sozialen Wohnungsbau übergibt, und wenn die in der Bescheinigung angegebene Wohnungsgröße nicht überschritten wird...

§ 8 Kostenmiete. (1) Der Verfügungsberechtigte darf die Wohnung nicht gegen ein höheres Entgelt zum Gebrauch überlassen, als zur Deckung der laufenden Aufwendungen erforderlich ist (Kostenmiete)...

(2) Soweit das vereinbarte Entgelt die Kostenmiete übersteigt, ist die Vereinbarung unwirksam. Soweit die Vereinbarung unwirksam ist, ist die Leistung zurückzuerstatten und vom Empfang an zu verzinsen.

9. Finanzierung

9.1 Die richtige Finanzierungsart

Orientiert man sich an der Betriebswirtschaftslehre, so hat man unter dem Begriff Finanzierung sämtliche Maßnahmen zu sehen, die die Kapitalausstattung einer Unternehmung betreffen. Darin enthalten sind auch die Effekte von Kapitalzufluss durch Abschreibungsformen. Das Kapital wird dabei unterteilt in Eigenkapital und Fremdkapital. Im Zusammenhang mit dem Kauf einer Immobilie lässt sich der Finanzierungsbegriff auf ein einziges zu finanzierendes Objekt reduzieren – die Immobilie.

Planen des Finanzierungsbedarfs: Der Kostenrahmen bei der Immobilie kann sehr präzise ermittelt werden. Er resultiert aus dem Kaufpreis, den Kaufnebenkosten und den zu erwartenden Renovierungskosten. Diese können mittels der Angebote von den Handwerkern präzisiert werden. Die Addition der Gesamtkosten der einzelnen Gewerke, Kaufpreis und Kaufnebenkosten ergeben die Gesamtkosten. Subtrahiert man das zur Verfügung stehende Eigenkapital so erhält man den Fremdfinanzierungsbedarf.

Zeitplanung/Zwischenfinanzierung: Im Zusammenhang mit einer Immobilie spricht man von einer Zwischenfinanzierung, wenn über Teile des Eigenkapitals zum Zahlungstermin noch nicht verfügt werden kann. Das heißt, die genaue Höhe des Eigenkapitals sowie der Zuflusszeitpunkt sind genau bekannt. Die Fremdfinanzierung für dieses noch gebundene Eigenkapital wird so gewählt, dass sie bei Fälligwerden der Eigenmittel in einer Summe zurückgeführt werden kann. Das bedeutet für den Käufer einer Immobilie, dass neben der Gesamtkostenermittlung auch eine zeitliche Liquiditätsplanung vorgenommen werden muss. Insbesondere bei der Freisetzung von angelegtem Eigenkapital durch vorzeitige Auflösung von Anlageformen empfiehlt es sich, genau zu rechnen. Oft fallen bei der vorzeitigen Auflösung Gebühren,

Vorschusszinsen oder Kursverluste an, die den im Zeitpunkt der Anlage zu erwartenden Zins deutlich schmälern. Eine Zwischenfinanzierung kann preisgünstiger sein als der Verlust aus der vorzeitigen Auflösung von Anlagen.

Laufzeit: Bei der Wahl der richtigen Finanzierung spielt für den Immobilienkäufer die Laufzeit der Fremdmittel eine entscheidende Rolle. In den seltensten Fällen steht dem Käufer so viel Liquidität zur Verfügung, dass der Zeitraum, in dem die Fremdmittel zurückgeführt werden sollen, selbst bestimmt werden kann. Vielmehr ist es umgekehrt, dass die erforderliche Mindesttilgung zusammen mit den Zinsaufwendungen die Liquidität des Kreditnehmers so anspannen, dass auf die Laufzeit nur wenig Einfluss genommen werden kann. Bei der Errechnung der Kapitaldienstfähigkeit müssen auch die monatlichen Bewirtschaftungskosten der Immobilie berücksichtigt werden.

9.1.1 Bankdarlehen

Das Bankdarlehen findet sich in beinahe jeder Immobilienfinanzierung in irgendeiner Form wieder. Das Bankdarlehen wird in der Regel aus bankeigenen Mitteln begeben. Bankeigene Mittel sind die Spar- und Termineinlagen, die die Bank im Rahmen der gesetzlichen Vorschriften wieder ausleihen kann. Die Absicherung wird, wie beim Hypothekendarlehen, am häufigsten über Grundpfandrechte geregelt. Darlehen, die über Grundpfandrechte abgesichert sind, werden auch als Realkredite bezeichnet. Realkredite sind im Regelfall mit einer festen Rückzahlungsrate versehen. Die anfängliche Mindesttilgung beträgt ein Prozent zuzüglich der ersparten Zinsen während der Laufzeit. Das bedeutet, dass ein Darlehen, das mit einem Prozent Tilgung versehen ist, mathematisch in ca. 28 Jahren vollständig getilgt ist.

Festschreibung

Der Zinssatz kann bei diesen Realkrediten für eine bestimmte Laufzeit fest vereinbart werden. Je länger der Festschreibungszeitraum ist, desto höher ist in der Regel der Zinssatz. Je nach Kapitalmarktsituation kann der Kreditnehmer die Festschreibung frei wählen. Dabei wird er in einer Niedrigzinsphase eine möglichst lange, in einer Hochzinsphase eine möglichst kurze Laufzeit wählen. Alternativ kann auf eine Festschreibung verzichtet werden. Der dann gültige Zinssatz ist variabel, d. h. die Bank kann bei steigendem Kapitalmarktzinsniveau den Zinssatz anheben, was bei einer Festschreibung während der Laufzeit nicht möglich ist. Für den Kreditnehmer besteht allerdings auch die Chance, dass bei fallenden Zinsen die Zinsbelastung sinkt. Die gleich bleibende monatliche Rate aus Zins und Tilgung wird Annuität genannt. Man spricht daher auch von Annuitätendarlehen.

Eher selten zur Anwendung kommen im Baufinanzierungsbereich reine Tilgungsdarlehen. Beim Tilgungsdarlehen verringern sich die Rückzahlungsraten während der Laufzeit um die durch Darlehenstilgung ersparten Zinsen. Sondertilgungen sind während der Festschreibungszeit in aller Regel nicht möglich. Ausnahmen, die allerdings vor dem Abschluss des Kreditvertrages ausgehandelt werden müssen, bestätigen die Regel.

9.1.2 Hypothekenbankdarlehen

Die Anwendung des Hypothekendarlehens unterscheidet sich nicht wesentlich vom Bankdarlehen. Ein entscheidender Unterschied besteht in der Mittelherkunft. Die sogenannten Hypothekenbanken sind berechtigt, Pfandbriefe zu begeben, um aus den entsprechenden Einlagen Kredit zu schöpfen. Die Geschäftsbanken stehen regelmäßig in Kontakt mit einer oder mehreren Hypothekenbanken. Teilweise bestehen Verflechtungen und Beteiligungen untereinander. Durch diese Verbindung haben die Geschäftsbanken die Möglichkeit, dem Kunden ein breiteres Kreditangebot zu präsentieren.

9.1.3 Bausparen

Eine bedeutende, wenn auch oft kritisierte Säule der Baufinanzierung ist der Bausparvertrag. Lange bevor der Kunde seinen konkreten Wunsch nach einer Immobilie kennt, beginnt er vorsorglich zu sparen. Regelmäßige Einzahlungen bei mäßiger Verzinsung führen mit den Jahren dazu, dass der Vertrag voll einbezahlt ist. Das sind je nach Tarif entweder 40% oder 50% der Bausparsumme. Nach einigem Abwarten kommt der Vertrag dann zur Zuteilung, d.h. der Bausparer kann die lang angesparten Mittel als Eigenkapital einsetzen und darüber hinaus die Differenz zwischen Bausparsumme und Bausparguthaben als Darlehen von der Bausparkasse fordern. Die Belohnung für die im Verhältnis zum Kapitalmarkt eher magere Rendite in der Ansparphase liegt in den deutlich geringeren Zinsbelastungen des Bauspardarlehens. Die Höhe der Zinsen steht bereits beim Abschluss des Vertrages fest. Kunden mit einer sehr hohen Liquidität können sowohl in der Spar- als auch in der Darlehensphase jederzeit Sonderzahlungen leisten.

Was Kunden allerdings oft übersehen, ist die hohe Tilgung, mit der das Bauspardarlehen gekoppelt ist. Bauspardarlehen werden gewöhnlich in ca. zwölf Jahren zurückgeführt. Das bedeutet, dass die monatliche Annuität verhältnismäßig hoch ist. Leider hat die Erfahrung gezeigt, dass des Öfteren Kunden auf das Darlehen der Bausparkasse verzichten, und auf Kosten einer längeren Laufzeit ein Bankdarlehen in gleicher Höhe wählen. Das Bankdarlehen hat in dem Fall eine geringere monatliche Annuität und der Kunde mehr Liquidität. Die Wirkung ist umso größer, je höher der prozentuale Anteil des Bauspardarlehen im Verhältnis zur Gesamtfinanzierungssumme steht.

9.1.4 Versicherungsdarlehen

Das Versicherungsdarlehen im klassischen Sinne ist ein Tilgungsaussetzungsdarlehen. Anstatt der monatlichen Tilgung wird während der Laufzeit des Darlehens eine Kapitallebensversicherung bespart, die am Ende der Laufzeit die Darlehenssumme in einer Summe tilgt. Diese Konstruktion hat vor allem im Bereich der Kapitalanleger steuerliche Vorteile. Die Zinsbelastung bleibt gleich hoch, so dass damit auch die Werbungskosten, die Kapitalanleger gegenüber dem Finanzamt geltend machen, künstlich hoch gehalten werden. Nachteilig dabei ist, dass bis zum Auszahlungszeitpunkt der Lebensversicherung (mindestens zwölf Jahre) der gesamte Anfangskreditbetrag einem möglichen Zinsänderungsrisiko unterliegt. Bei einem nicht geplanten, vorzeitigen Verkauf der Immobilie bleibt der Versicherungsvertrag weiterhin bestehen, so dass bei dieser Art von Finanzierung Nachteile bei der Flexibilität in Kauf zu nehmen sind.

9.1.5 Öffentliche Fördermittel

Die Länder stellen von Zeit zu Zeit eigene Mittel zur Finanzierung von Eigenheimen zur Verfügung. Diese sind entsprechend in die Finanzierungsplanung einzubeziehen. Die Förderrichtlinien verändern sich von Jahr zu Jahr. Sehr aktuell, auch für Käufer von gebrauchten Immobilien sind die Fördermittel der Kreditanstalt für Wiederaufbau in Berlin (kurz KfW). Im Rahmen der EnEV gibt es derzeit sogenannte CO_2 Darlehen, mit denen alle Maßnahmen, die den CO_2 Ausstoß verringern, finanziert werden können. Das sind sämtliche Maßnahmen rund um die Dämmung von Wänden, Fenstern und Dächern sowie die Verbesserung der Heizanlage. In jedem Fall lohnt ein Blick auf die hompage der KfW, und der L-Bank (Baden-Württemberg).

9.2 Finanzierungsplan

Beispiel: Berechnung Eheleute, zwei Kindern, zu versteuernden Einkommen von 39 000 €, Nebenverdienste mit 3840 €, Eigenkapital von 60 000 €, Eigenleistungen in Höhe von 10 000 €, Kaufpreis von 140 000 €, Renovierungskosten von 30 000 €. In dem Vorschlag wurde die Möglichkeit vernachlässigt, 11 504 € für Renovierungskosten vor Bezug als Werbungskosten anzusetzen (s. Abb. 30 und 31).

Persönliche Daten			
Anrede		Herr	Frau
Name		Manfred Mustermann	Gerda Mustermann
Straße			
PLZ, Ort			
Geburtsdatum			
Telefon			
Kinderzahl		2,0	0,0
Bruttoeinkommen je Jahr	EUR	39 000,00	3 840,00
Bruttoeinkommen je Monat	EUR	3 000,00	320,00
Steuerschuld (Splittingtabelle) je Jahr	EUR	5 641,07	
Eigenkapital	EUR	60 000,00	0,00
Eigenleistung	EUR	10 000,00	0,00
Guthaben in zuteilungsreifen BSV	EUR	0,00	
Gesamteigenmittel	EUR	70 000,00	

Objektdaten

Finanzierungswunsch	Kauf eines Einfamilienhauses (selbstgenutzt)

Fertigstellung	18. August 1982
Anschaffung	15. April 2003
Einzug	15. April 2003

Gesamte Fläche	qm	105,00
Wohnen selbstgenutzt	qm	105,00

Kostenanteile

- ☐ Grundstückskosten (22,7 %)
- ☐ Gebäudekosten (56,7 %)
- ☐ Nebenkosten (20,7 %)
- ☐ Werbungskosten (0,0 %)

Grundstückskosten	Grundstückspreis	EUR	40 000,00	Das Häuschen ist Baujahr 1982 und kostet 140 000,00 €. Insgesamt müssen für 30 000,00 € Renovierungen durchgeführt werden.
Gebäudekosten	Gebäude	EUR	100 000,00	
	Verteilt absetzbare Kosten	EUR	0,00	
Nebenkosten	Grunderwerbsteuer	EUR	4 550,00	
	Makler-/Notarkosten	EUR	1 950,00	
	Nicht absetzbare Kosten	EUR	30 000,00	
Werbungskosten	Sofort absetzbare Kosten	EUR	0,00	
Kosten für die Immobilie		EUR	176 500,00	

Detaillierte Darstellung der Finanzmittel

Annuitätendarlehen		Hausbank			EUR 150 500,00
Darlehensbetrag	EUR	106 500,00	Auszahlungskurs	%	100,000
Nettodarlehen	EUR	106 500,00	Darlehensgebühr	EUR	0,00
Tilgung	%	1,000	1. Rate	EUR	514,75
Zinssatz p. a.	%	4,800	Folgeraten	EUR	514,75
Zinsbindung		10 J 0 M	Restschuld n. Zinsbindung	EUR	92 463,83
Zins nach Zinsbindung	%	7,500	Rate nach Zinsbindung	EUR	722,38
Auszahlung am		15. 4. 2003	Ratenzahlung		monatlich
1. Ratenzahlung am		30. 4. 2003	Tilgungsanrechnung		sofort
1. Tilgungsanrechnung am		30. 4. 2003	Zinsabrechnung		vierteljährlich
1. Zinsabrechnung am		30. 4. 2003	Anf. Effektivzins p. a. (PAngV)	%	4,89

Abschreibungs- und Zulagemöglichkeiten

Bezeichnung		Eigenheimzulage	Kinderzulage	
Grundlage		§ 9 Abs. 2 EigZulG	§ 9 Abs. 5 EigZulG	
Start		2003	2003	
Dauer	Jahre	8	8	
Basis	EUR	51 130,00		
Anf. Satz	%	2,5		
Anf. Betrag	EUR	1279,00	1 534,00	

Mustermanns erhalten die Eigenheimzulage für Altbauten und Baukindergeld. (8 Jahre 1 278,00 € zzgl. 767,00 € je Kind) Bei Baubeginn 2004 wären dies 1 250,00 € zzgl. 800 € je Kind.

Fremdmittelbedarf

Ermittlung des Fremdmittelbedarfs		
Kosten für die Immobilie	EUR	176 500,00
Disagio, einmalige Gebühren,	EUR	0,00
Gesamtkosten	EUR	176 500,00
./. verfügbare Eigenmittel	EUR	70 000,00
Noch zu finanzieren	EUR	106 500,00

Mustermanns finanzieren alles über ein mit Grundschuld abgesichertes Darlehen bei ihrer Hausbank.
Die größte Lücke entsteht nach Ablauf der 10-jährigen Darlehensfestschreibung. Die Lücke hängt dann davon ab, wie hoch der Zinssatz zu dieser Zeit ist. Frau Mustermann, die Kinder sind dann schon größer, kann diese Lücke evtl. durch eine Vollzeitbeschäftigung schließen.

Finanzierung

Aufgrund Ihrer Angaben machen wir Ihnen nach den heute gültigen, bis zum Vertragsabschluss freibleibenden, Darlehenskonditionen folgenden Finanzierungsvorschlag:

Fremdmittel		Darlehenssumme	Nettodarlehen	Disagio/Gebühren	durchschn. monatl. Belastung
Darlehen mit Tilgung	EUR	106 500,00	106 500,00	0,00	514,75
Gesamt	EUR	106 500,00	106 500,00	0,00	514,75

Finanzierungsbausteine

☐ Eigenmittel (39,7%) ☐ Darlehen mit Tilgung (60,3%)

Detaillierte Übersicht von 2003 bis 2006

Bruttoaufwand		**2003**	**2004**	**2005**	**2006**
Fremdmittelaufwand	EUR	4 632,75	6 177,00	6 177,00	6 177,00
sonstiger Aufwand	EUR	0,00	0,00	0,00	0,00
Gesamt	EUR	4 632,75	6 177,00	6 177,00	6 177,00

Steuervorteil/Zulagen		**2003**	**2004**	**2005**	**2006**
absetzbare Zinsen	EUR	0,00	0,00	0,00	0,00
Disagio/Gebühren	EUR	0,00	0,00	0,00	0,00
absetzbar gesamt	EUR	0,00	0,00	0,00	0,00
Steuerersparnis	EUR	0,00	0,00	0,00	0,00
(Ersparnis aus Dis./Geb.	EUR)	(0,00)	(0,00)	(0,00)	(0,00)
Eigenheimzulage	EUR	1 279,00	1 279,00	1 279,00	1 279,00
Baukindergeld	EUR	1 534,00	1 534,00	1 534,00	1 534,00
Ersparnis gesamt	EUR	2 813,00	2 813,00	2 813,00	2 813,00

Nettoaufwand		**2003**	**2004**	**2005**	**2006**
Bruttoaufwendungen	EUR	4 632,75	6 177,00	6 177,00	6 177,00
– Ersparnis gesamt	EUR	2 813,00	2 813,00	2 813,00	2 813,00
Nettoaufwand p. a.	EUR	1 819,75	3 364,00	3 364,00	3 364,00
Nettoaufwand mtl.	EUR	202,19	280,33	280,33	280,33

Gesamtauswertung von April 2003 bis Dezember 2004										
Alle Beträge in EUR										
Salden am Jahresende				monatliche Beträge						
Jahr	Restschuld	AfA diverse	absetzbare Kosten	Miet-einkünfte	Steuer-vorteil	Zulagen/ Zuschüsse	Aufwand Brutto	Aufwand Netto	Eink. Netto	Über-schuß
2003	105 454,73	0,00	0,00	0,00	0,00	312,56	514,75	202,15	2 645,08	2 442,88
2004	104 294,17	0,00	0,00	0,00	0,00	234,42	514,75	280,33	2 645,00	2 364,74
2005	103 076,89	0,00	0,00	0,00	0,00	234,42	514,75	280,33	2 680,39	2 400,05
2006	101 800,12	0,00	0,00	0,00	0,00	234,42	514,75	280,33	2 680,39	2 400,05
2007	100 460,95	0,00	0,00	0,00	0,00	234,42	514,75	280,33	2 680,39	2 400,05
2008	99 056,34	0,00	0,00	0,00	0,00	234,42	514,75	280,33	2 680,39	2 400,05
2009	97 583,09	0,00	0,00	0,00	0,00	234,42	514,75	280,33	2 680,39	2 400,05
2010	96 037,84	0,00	0,00	0,00	0,00	234,42	514,75	280,33	2 680,39	2 400,05
2011	94 417,07	0,00	0,00	0,00	0,00	0,00	514,75	514,75	2 680,39	2 165,64
2012	92 717,09	0,00	0,00	0,00	0,00	0,00	514,75	514,75	2 680,39	2 165,64
2013	90 794,69	0,00	0,00	0,00	0,00	0,00	670,47	670,47	2 382,84	1 712,37
2014	88 827,07	0,00	0,00	0,00	0,00	0,00	722,38	722,38	2 382,84	1 660,46
2015	86 707,67	0,00	0,00	0,00	0,00	0,00	722,38	722,38	2 382,84	1 660,46
2016	84 424,79	0,00	0,00	0,00	0,00	0,00	722,38	722,38	2 382,84	1 660,46
2017	81 965,82	0,00	0,00	0,00	0,00	0,00	722,38	722,38	2 382,84	1 660,46
2018	79 317,17	0,00	0,00	0,00	0,00	0,00	722,38	722,38	2 382,84	1 660,46
2019	76 464,22	0,00	0,00	0,00	0,00	0,00	722,38	722,38	2 382,84	1 660,46
2020	73 391,21	0,00	0,00	0,00	0,00	0,00	722,38	722,38	2 382,84	1 660,46

2021	70 081,16	0,00	0,00	0,00	0,00	0,00	722,38	722,38	2 382,84	1 660,46
2022	66 515,79	0,00	0,00	0,00	0,00	0,00	722,38	722,38	2 382,84	1 660,46
2023	62 675,40	0,00	0,00	0,00	0,00	0,00	722,38	722,38	2 382,84	1 660,46
2024	58 538,78	0,00	0,00	0,00	0,00	0,00	722,38	722,38	2 382,84	1 660,46
2025	54 083,07	0,00	0,00	0,00	0,00	0,00	722,38	722,38	2 382,84	1 660,46
2026	49 283,66	0,00	0,00	0,00	0,00	0,00	722,38	722,38	2 382,84	1 660,46
2027	44 114,05	0,00	0,00	0,00	0,00	0,00	722,38	722,38	2 382,84	1 660,46
2028	38 545,67	0,00	0,00	0,00	0,00	0,00	722,38	722,38	2 382,84	1 660,46
2029	32 547,78	0,00	0,00	0,00	0,00	0,00	722,38	722,38	2 382,84	1 660,46
2030	26 087,23	0,00	0,00	0,00	0,00	0,00	722,38	722,38	2 382,84	1 660,46
2031	19 128,34	0,00	0,00	0,00	0,00	0,00	722,38	722,38	2 382,84	1 660,46
2032	11 632,68	0,00	0,00	0,00	0,00	0,00	722,38	722,38	2 382,84	1 660,46
2033	3 558,83	0,00	0,00	0,00	0,00	0,00	722,38	722,38	2 382,84	1 660,46
2034	0,00	0,00	0,00	0,00	0,00	0,00	302,13	302,13	2 382,84	2 080,71
Gesamt		0,00	0,00	0,00	0,00	22 504,00	245 268,18	222 764,18		
Barwerte bei 5,00 %				0,00	0,00	19 166,49	119 117,49	99 950,67		

Die Spalten der monatlichen Beträge enthalten den Durchschnittswert, der sich aus der Division des Jahresbetrages durch die Anzahl der Monate ergibt.

2003	Einzug Auszahlung Annuitätendarlehen 1	2013	Angenommener Zinssatz nach Zinsbindung 7,5 % bei Annuitätendarlehen 1
2011	Wegfall Eigenheimzulage	2034	Rückzahlungsende Annuitätendarlehen 1

Abb. 30: Baugenossenschaft Biberach eG, Berechnung für Herr Manfred Mustermann und Frau Gerda Mustermann

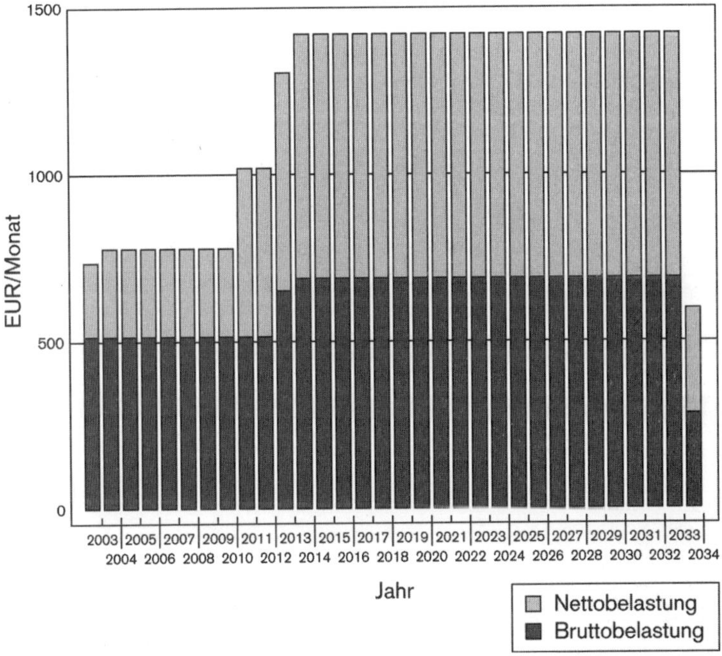

Abb. 31: Monatl. Brutto-/Nettobelastung von April 2003 bis Dezember 2034

10. Glossar für Gebrauchtimmobilien

Abbruch: Wird eine Immobilie restlos abgebrochen, so können die Abbruchkosten nur dann als Werbungskosten gelten, wenn die Immobilie bisher vermietet war. Wird ein Grundstück gekauft und anschließend zum Zwecke der Neuerrichtung eines Gebäudes das alte Gebäude abgebrochen, gelten die Abbruchkosten lediglich als abschreibungsfähige Herstellungskosten, sofern anschließend vermietet wird.

Abdrücken: Dichtigkeitsprobe verlegter Wasser-, Gas- und Heizungsrohrleitungen durch Füllen des Leistungssystems mit Wasser und Ansetzen von Druck über eine bestimmte Dauer.

Abfallbeseitigung: Beim Erwerb gebrauchter Grundstücke können zu beseitigender Abfall und Altlasten vorliegen, die zu besonderen rechtlichen Problemen und Kosten führen können. Die entsprechenden Abfallgesetze unterliegen regelmäßig dem Landesrecht. Vor einem Erwerb sind bei der Besichtigung festgestellte Abfälle zu prüfen bzw. auf deren Beseitung im Vertrag zu drängen.

Abgehängte Decke: Unter einer tragenden Decke oder Dachkonstruktion aus optischen, wärmeschutz- oder schalltechnischen Gründen angebrachte zweite, nicht tragende Decke. Dies kann die Bauqualität sehr hoher Räume in Altbauten erhöhen.

Abgeschlossenheitsbescheinigung: Nach § 3 Wohnungseigentumsgesetz wird ein Sondereigentum an einer Wohnung nur eingeräumt, wenn diese in sich abgeschlossen ist. Sie muss baulich von anderen Wohnungen durch übliche, den Bauanforderungen entsprechende Wände und Decken getrennt sein und einen eigenen abschliessbaren Zugang unmittelbar vom Freien, von einem Treppenhaus oder einem Vorraum haben. Dem Grundbuchamt gegenüber muss der Bauherr eine Bescheinigung der Bauaufsichtsbehörde vorlegen.

Abschlussgebühr: Für den Abschluss eines Bausparvertrages muss meistens gemäß den Vertragsbedingungen eine Abschlussgebühr von 1 bis 1,6% auf die Bausparsumme entrichtet werden. Die Gebühr wird dem Bausparkonto belastet und mit den regelmäßigen Zahlungen verrechnet.

Abschreibung: Die Wertminderung an Gebäuden wird handelsrechtlich als Abschreibung bezeichnet. Steuerrechtlich spricht man von

→ Absetzung für Abnutzung (AfA). Bei vermieteten Gebäuden wird die AfA häufig als Abschreibung bezeichnet.

Absetzung für Abnutzung (AfA): Steuerrechtlicher Begriff für die als Werbungskosten ansetzbare Wertminderung von vermieteten Gebäuden. Bei gebrauchten Objekten beträgt die AfA 2% für Herstellungsjahre ab 1925, sonst 2,5%. Die degressive Abschreibung bei Neubauten beginnt bei 4% in den ersten 10 Jahren.

Alleinauftrag: Einem Immobilienmakler kann der Vermittlungsauftrag „exklusiv" so erteilt werden, dass er allein zur Vermittlung berechtigt ist. Der Auftrag ist regelmäßig auf längstens sechs Monate befristet. Der Eigenverkauf durch den Auftraggeber muss ausdrücklich ausgeschlossen werden, sonst ist er erlaubt.

Altbau: Als ein Altbau im steuerrechtlichen Sinne gelten Gebäude, die mehr als drei Jahre alt sind. Die Eigenheimzulage ist seit 2004 für Alt- und Neubau gleich. Altbauten, die vor dem 1. 1. 1924 errichtet worden sind, können mit 2,5% linear abgeschrieben werden. Von der Bausubstanz her gelten Gebäude, die bis etwa 1945 errichtet worden sind, als Altbauten.

Altlasten: Bei Verträgen über Grundstücke in den neuen Bundesländern spielt die Altlastenproblematik oft eine bedeutende Rolle. Für die häufig vorhandenen Belastungen des Bodens mit Ablagerungen haftet der Grundstückseigentümer polizeirechtlich als Zustandsstörer neben dem Verursacher, der häufig nicht auszumachen oder aber insolvent ist. Sind Bodenverunreinigungen bekannt oder ist mit solchen zu rechnen, sollte im Kaufvertrag detailliert geregelt werden, ob der Verkäufer sich noch zur Sanierung auf eigene Kosten verpflichtet, oder der Käufer das mangelhafte Grundstück unter Berücksichtigung dieses Fehlers bei der Kaufpreisbemessung erwirbt. Es ist zu prüfen, ob durch die Altlastenfreistellungsklausel der Bund die Eigentümer von den Kosten freistellt. Dies gilt in erster Linie nur für bestimmte gewerblich genutzte Grundstücke. Privatrechtliche Ansprüche wegen nachteiliger Umwelteinwirkungen sowie Schadenersatzansprüche können erhebliche Hindernisse bilden. Auch hiervon ist eine Freistellung möglich.

Anschlusskosten: Für den Anschluss eines Grundstücks an die Ver- und Entsorgungseinrichtungen wie Strom, Wasser, Gas und Kanal sind Gebühren bzw. Kostenerstattungen an die Gemeinden und Energieunternehmen zu entrichten. Regelmäßig besteht für diese Einrichtungen Anschluss- und Benutzungszwang. Die Anschlusskosten sind Bestandteil der → Erschließungskosten.

Architektenvertrag: Ein Vertrag des Bauherrn mit einem Architekten, der den üblichen Leistungsumfang einschließt, ist eine Kombination aus Dienst-, Werk- und Geschäftsbesorgungsvertrag. Ein solcher Vertrag ist grundsätzlich auch mündlich gültig. Schriftform für den Vertrag ist empfehlenswert. Regelmäßig wird der Architekt bevollmächtigt, den Bauherren in den die Bauabwicklung betreffenden Angelegenheiten zu vertreten.

Auflassung: Die Einigung zwischen dem Erwerber und dem Veräußerer einer Immobilie über den Eigentumsübergang. Sie ist streng formgebunden und muss bei gleichzeitiger Anwesenheit beider Vertragsparteien vor einem Notar erklärt und von diesem beurkundet werden. Die Auflassung muss bei der Umschreibung des Eigentums dem Grundbuchamt nachgewiesen werden.

Auflassungsvormerkung: Sie ist die Vorstufe zur → Auflassung, wenn diese nicht sofort vorgenommen wird. Durch die Auflassungsvormerkung wird der Berechtigte zwar nicht Eigentümer, jedoch kann auch kein anderer mehr ihn belastende Rechte am Grundstück oder das Eigentum erwerben.

Aufsteigende Feuchtigkeit: Durch Kapillarwirkung in den Bauteilen nach oben steigende Feuchtigkeit aus dem Erdreich oder durch Spritzwasser im Sockelbereich. Abhilfe durch Einbringung von Sperrschichten.

Aufteilungsplan: Er ist eine von der Baubehörde bestätigte Bauzeichnung, aus der die Aufteilung des Gebäudes sowie die Lage und Größe der im Sondereigentum und der im gemeinschaftlichen Eigentum stehenden Gebäudeteile ersichtlich ist. → Abgeschlossenheitsbescheinigung.

Ausbau: Beim Ausbau handelt es sich, ausgehend vom Rohbauzustand eines Gebäudes oder von Gebäudeteilen, um die Herstellung von Wohn- oder sonstigen Nutzräumen. Typische Ausbauprojekte sind Keller- und Dachgeschossausbauten.

Bauantrag: Vor Beginn eines Bauvorhabens muss dessen Übereinstimmung mit den öffentlich-rechtlichen Vorschriften geprüft werden. Dies geschieht im Rahmen eines → Baugenehmigungsverfahrens. Zuständig ist dafür die Bauaufsichtsbehörde, das sind die Kreise und kreisfreien Gemeinden. Zur Einleitung des Verfahrens ist bei der Gemeinde, in deren Gebiet das zu bebauende Grundstück liegt, ein Bauantrag zu stellen. Dem Bauantrag sind alle für die Beurteilung des Bauvorhabens erforderlichen Unterlagen (Bauvorlagen) beizufügen. Für Gebäude mit bis zu drei Wohnungen ist derzeit keine statische Prüfung vorgeschrieben. Der Antrag ist schriftlich zu stellen; es handelt sich um einen sogenannten mitwirkungsbedürftigen Verwaltungsakt.

Baugenehmigung: Ein gestellter → Bauantrag soll von der Behörde unverzüglich auf seine Vereinbarkeit mit den öffentlich-rechtlichen Vorschriften geprüft werden. Da benachbarte Grundstücke durch das Vorhaben berührt werden können, werden deren Eigentümer informiert, in einigen Bundesländern immer, sonst bei der Erteilung von Befreiungen. Die Baugenehmigung ist zu erteilen, wenn das Bauvorhaben den öffentlich-rechtlichen Vorschriften entspricht. Entspricht das beantragte Bauvorhaben einem → Bebauungsplan, kann bei Häusern mit bis zu drei Wohnungen zwei Wochen nach Antragstellung mit dem Bau begonnen werden. Dem Genehmigungsbescheid ist der sogenannte „rote Punkt“ beizufügen. Dies ist ein Auszug aus der Genehmigung, der sichtbar an der Baustelle anzubringen ist und den Bauherrn und den verantwortlichen Bauleiter bezeichnet. Die Baugenehmigungsgebühr beträgt im Allgemeinen 4‰ der Baukosten.

Baugesetzbuch: Das Baugesetzbuch ist ein Rahmengesetz zur Regelung der Bauverfahren. Geregelt werden hauptsächlich die Verfahren zur Bauleitplanung, insbesondere zur Erstellung von → Flächennutzungsplänen und → Bebauungsplänen der Gemeinden. Weiterhin enthält es Vorschriften zur Enteignung und Entschädigung, zur Erschließung von Bauland, zur städtebaulichen Sanierung, zur Wertermittlung und schließlich zu den gerichtlichen Verfahren in Bausachen.

Baukosten: Die Baukosten sind die Kosten für die Errichtung eines Gebäudes ohne die Grundstückskosten. Als sogenannte reine Baukosten werden nur die Kosten des Gebäudes selbst verstanden. Zu den → Herstellungskosten werden zusätzlich die Kosten der Außenanlagen und die → Baunebenkosten gerechnet.

Baulastenbuch: Von der nach dem jeweiligen Landesrecht zuständigen Bauaufsichtsbehörde wird ein Baulastenbuch oder -verzeichnis geführt. Dieses Verzeichnis ist ein eigenständiges öffentliches Register, das sich vom Grundbuch unterscheidet. Für jedes Grundstück wird ein Baulastenblatt mit einer eigenen Nummer geführt. Das Verzeichnis ist ein öffentliches Register, in das jedermann, der ein berechtigtes Interesse darzulegen vermag, Einsicht nehmen kann. Ein Interesse ist gegeben, wenn jemand ein Grundstück erwerben, bebauen oder ein Recht an dem Grundstück begründen will. Eingetragen werden insbesondere Bebaubarkeitsbeschränkungen für ein Grundstück, häufig in Zusammenhang mit der Nichteinhaltung von Grenzabständen. Die Baulast kann mit einer Grunddienstbarkeit verglichen werden.

Bauleitplan: Dies ist der Oberbegriff für den → Flächennutzungsplan und den → Bebauungsplan.

Baunebenkosten: Die Baunebenkosten gehören nach der Wertermittlungsverordnung zum Wert des Gebäudes, nach den steuerlichen Vorschriften zu den Herstellungskosten. Zu den Baunebenkosten zählen insbesondere Kosten der Architektenleistung und Gebühren an Behörden in Zusammenhang mit der Bauerrichtung. In der Finanzierungsplanung sind darüber hinaus die Kosten für die Beschaffung der Finanzierungsmittel und die Zinsen während der Bauzeit zu berücksichtigen. Diese Kosten gelten steuerlich als Werbungskosten beziehungsweise als Sonderausgaben.

Bauplan: Der Bauplan oder die Bauzeichnung ist eine maßstabgerechte Zeichnung des Bauwerkes. Dazu gehören Außenansichten, Schnitte und Grundrisse der Geschosse. Einem Bauantrag wird eine Bauzeichnung im Maßstab 1:100 beigefügt.

Bauspardarlehen: Der Bausparer erhält einen Rechtsanspruch auf ein Darlehen für wohnungswirtschaftliche Zwecke zu den im Bausparvertrag vereinbarten Bedingungen. Die Höhe des Darlehens beträgt meistens die Differenz aus → Bausparsumme und → Bausparguthaben. Es gibt auch Tarife mit einem Darlehensanspruch in Höhe von 50 Prozent der Bausparsumme. Neben der niedrigen Verzinsung liegt ein Vorteil des Bauspardarlehens in der höheren Beleihungsgrenze. Der Anspruch auf das Darlehen wird mit der → Zuteilung erworben.

Bausparen: Bausparmittel (Guthaben und Darlehen) können für den Erwerb gebrauchter Immobilien und auch für deren Renovierung eingesetzt werden. Eine zuvor gewährte → Wohnungsbauprämie bleibt erhalten.

Bausparguthaben: Der vom Bausparer angesparte Betrag einschließlich Zinsen und gutgeschriebener staatlicher Wohnungsbauprämie.

Bausparsumme: Der Betrag, über den ein Bausparvertrag abgeschlossen wird. Bei → Zuteilung wird die Bausparsumme ausgezahlt, die sich dann aus dem → Bausparguthaben und dem → Bauspardarlehen zusammensetzt. Die Bausparsumme sollte deshalb als einheitlicher Betrag in einen Finanzierungsplan eingehen.

Bauvoranfrage: Auf schriftlichen Antrag hin kann bereits vor der Stellung eines Bauantrags zu Einzelfragen des geplanten Vorhabens eine grundsätzliche Klärung erfolgen. Dies ist dann empfehlenswert, wenn irgendwelche Zweifel an der Zulässigkeit des geplanten Vorhabens bestehen. Dies können Fragen sein zur Gewährung von Ausnahmen, zur Bauweise, zur überbaubaren Grundstücksfläche bis zu Gestaltungsfragen, z. B. Verwendung bestimmter Baumaterialien. Wie bei der → Baugenehmigung wird ein Vorbescheid erteilt, wenn öffentlich-rechtliche Vorschriften nicht entgegenstehen. Der Vorbescheid ist befristet. Wird innerhalb der Geltungsdauer ein Bauantrag gestellt, kann die Genehmigungsbehörde die im Vorbescheidsverfahren geklärten Fragen im Baugenehmigungsverfahren nicht anders beurteilen.

Bebauungsplan: Ein Bebauungsplan kann sich als Weiterentwicklung eines → Flächennutzungplanes ergeben. Der Plan wird von der Gemeinde als verbindliche Satzung beschlossen. Nach der öffentlichen Bekanntmachung wird der Plan rechtskräftig. Er legt für einen Teilbereich einer Gemeinde Art und Maß der baulichen Nutzung, also Baugrenzen, Bebauungstiefen, Mindestgrößen, Tiefen und Breiten für die Bauwerke fest, ebenso die Bauweise; dazu kommen Verkehrs- und Grünflächen.

Beleihungswert: Der Beleihungswert ist der vom Kapitalgeber für die Beleihung auf der Grundlage aller vorliegenden Angaben festgesetzte Wert. Er soll den am Markt erzielbaren Wert für das Objekt nicht übersteigen. Grundlage der Berechnung ist der vom nachhaltig erzielbaren Ertrag abhängige Wert oder der Sachwert, der sich aus Boden- und Bauwert zusammensetzt. Die Beleihungsgrenze, bis zu der vom Kapitalgeber beliehen wird, wird in Prozentanteilen des Beleihungswertes ausgedrückt. → Ertragswert.

Blaufäule: Blaugraue Holzverfärbung vorwiegend bei Kiefern- und Tannenholz, hervorgerufen durch Pilzbefall mit Bläuepilzen. Blaufäule beeinträchtigt die Festigkeit des Holzes nur wenig.

Darlehensgebühr: Bei einem → Bauspardarlehen wird bei manchen Bausparkassen eine Darlehensgebühr in Höhe von zwei bis drei Prozent des Darlehens auf die zurückzuzahlende Summe aufgeschlagen.

Denkmal: Denkmäler bzw. Kulturdenkmäler sind bewegliche und unbewegliche Sachen, Sachgesamtheiten und Teile von Sachen, an deren Erhaltung aus geschichtlichen, künstlerischen, wissenschaftlichen oder städtebaulichen Gründen ein öffentliches Interesse besteht. Die Eigenschaft einer Sache als Denkmal setzt ihre Denkmalfähigkeit und Denkmalwürdigkeit voraus. Denkmalfähig ist eine Sache, wenn einer der gesetzlichen Schutzgründe für ihre Erhaltung spricht.

Als Denkmalarten werden unterschieden: Baudenkmäler, also bauliche Anlagen entsprechend den Baugesetzen der Länder; Zubehör wie historische Gartenanlagen können dem Denkmalbegriff gleichgestellt sein; man unterscheidet:

- bewegliche Denkmäler;
- Bodendenkmäler;
- Ensembles.

Eigenheimförderung: Für eigene Wohnzwecke genutzte Häuser und Wohnungen werden beim Erwerb acht Jahre lang mit Eigenheimzulage von maximal 1250 € gefördert. Die Summe der Einkünfte darf im Durchschnitt der Letzten zwei Jahre vor der Antragstellung nicht höher als 70 000 € je Person sein. Für Kinder gibt es eine Kinderzulage von 800 € pro Jahr.

Eigenmittel: Eigenmittel sind die Grundlage einer Baufinanzierung. Es sind dies Mittel, die für Bauzwecke zur Verfügung stehen, und dem Bauherrn gehören. Dazu gehören in erster Linie bare Mittel, Sparguthaben, veräußerungsfähige Wertpapiere, Bausparguthaben, vorhandene Grundstücke, aber auch erbrachte Eigenleistungen. Als indirekte Eigenmittel gelten Verwandten- und Arbeitgeberdarlehen, da diese in der Regel nicht der Sicherung durch Banken vorangehen, sondern nachrangig sind.

Eigentumsübertragungsanspruch: Allein auf Grund des Kaufvertrags wird man nicht Eigentümer, man erhält dadurch als Käufer nur den Anspruch auf Übertragung des Eigentums, der durch die → Auflassung und Eintragung im Grundbuch vollzogen wird. Wenn ein Grundstück bereits vor der Eintragung wieder weiterverkauft wird, kann der Anspruch des bisherigen Berechtigten abgetreten werden; dies kann sich auch auf einen Teil des Grundstücks beziehen, wenn dieses noch nicht bestimmungsgemäß aufgeteilt worden ist.

Eigentumswohnung: Wohnung, an der ein Eigentum im Sinne des Wohnungseigentumsgesetzes begründet worden ist. Das Wohnungseigentum wird im Wohnungsgrundbuch nachgewiesen. Eine Wohnanlage besteht aus dem Gemeinschaftseigentum am Grundstück und den wesentlichen Bestandteilen des Gebäudes, dem Teileigentum an Kellern und Garagen und dem Sondereigentum an den Innenräumen der Wohnung. → Teilungserklärung.

Erbbaurechtsvertrag: Das Erbbaurecht ist das vererbliche und veräußerliche Recht, ein Bauwerk auf fremdem Grund und Boden zu haben. Grundlage ist ein Vertrag zwischen dem Grundstückseigentümer und dem Erbbaurechtserwerber. Er wird notariell beurkundet. Das Erbbaurecht wird im Grundbuch des belasteten Grundstücks in der zweiten Abteilung eingetragen. Gleichzeitig legt das Grundbuchamt das Erbbaugrundbuch als besonderes Grundbuchblatt an.

Erschließungskosten: Nach den landesrechtlichen Kommunalabgabengesetzen und den darauf beruhenden gemeindlichen Abgabensatzungen können von den Eigentümern der Grundstücke die Erschließungskosten als sogenannte Anliegerbeiträge verlangt werden. Dazu gehören die Erschließungsbeiträge für Straßen, Parkflächen usw. und die → Anschlusskosten für die Ver- und Entsorgung. Nach manchen Kommunalabgabengesetzen können dazu noch die sogenannten Hausanschlusskosten als Kosten für die Abzweigung der Ver- und Entsorgungsleitungen von der Hauptleitung zum Grundstück kommen. Die Erschließungskosten gehören steuerrechtlich zu den Anschaffungskosten des Grundstücks.

Ertragswert: Der Wert eines Gebäudes kann durch Kapitalisierung des Nettoertrages festgelegt werden. Dem Nettoertrag entspricht die um die Bewirtschaftungskosten verminderte erzielte oder erzielbare Jahresmiete. Bei der Kapitalisierung gilt er als der erzielbare Ertrag, der sich als Prozentsatz des Ertragswertes ergibt. Der Kapitalisierungszinssatz wird meistens auf 5 bis 6% festgelegt.

Als Formel gilt dann: $$\frac{\text{Nettobetrag} \times 100}{\text{Kapitalisierungszinssatz}}$$

Bei vermieteten Objekten wird dieses Verfahren grundsätzlich angewendet.

Flächennutzungsplan: Der Flächennutzungsplan ist die Plandarstellung der gemeindlichen Bauleitplanung. In ihr wird für das gesamte Gemeindegebiet die Art und Bodennutzung dargestellt. Er gilt als vorbereitende Bauleitplanung, der wiederum Grundlage für einen → Bebauungsplan ist. Der Flächennutzungsplan soll die sich aus der beabsichtigten städtebaulichen Entwicklung ergebende Art der Bodennutzung in den Grundzügen darstellen. Die für die Bebauung vorgesehenen Flächen sind nach der allgemeinen Art ihrer baulichen Nutzung sowie nach dem Maß ihrer baulichen Nutzung als Baugebiete darzustellen.

Fördergebiet: Die neuen Bundesländer einschließlich West-Berlin gelten als das Fördergebiet im Sinne des Fördergebietsgesetzes. Für Baumaßnahmen können hier noch besondere Vorteile erlangt werden.

Gebäudeversicherung: Als Hauseigentümer ist darauf zu achten, dass das Gebäude gegen Schäden durch Feuer, Sturm austretendes Leitungswasser und evtl. Elementarschäden versichert ist. Ergänzt werden kann dies insbesondere bei Vermietung durch eine Haftpflichtversicherung. Bei Eigentumswohnungen schließt der Verwalter die entsprechenden Versicherungen ab. Die Gebäudeversicherungen schließen Schäden am Hausrat nicht ein, diese müssen gesondert versichert werden.

Gebühren: Jeder Erwerb einer Immobilie löst die Zahlung von Gebühren an Behörden aus: für Baugenehmigung, für Eintragung im Grundbuch, für die notwendigen Beurkundungen durch den Notar. Hier kann man von einem Richtwert von gut einem Prozent des Kaufpreises ausgehen. Dazu kommen eventuell noch Maklergebühren zwischen zwei und sechs Prozent.

Gesamtbetrag der Einkünfte: Für die Beanspruchung der → Eigenheimzulage bei selbstgenutztem Wohneigentum ist ab 2004 die Summe der positiven Einkünfte nach dem Einkommensteuergesetz im Jahr der Beantragung und im Vorjahr maßgebend. Diese Summe darf in beiden Jahren bei einem Alleinstehenden 70 000 €, bei Verheirateten 140 000 € nicht übersteigen.

Gewährleistung: Gewährleistungsansprüche können geltend gemacht werden, wenn die übergebene Sache mit Fehlern behaftet ist, die den Wert oder die Tauglichkeit zu dem gewöhnlichen oder nach dem Vertrag vorausgesetzten Gebrauch aufheben oder erheblich mindern oder wenn zugesicherte Eigenschaften fehlen. Bei Bauwerken liegen Mängel insbesondere dann vor, wenn das Werk unter Verstoß gegen die sogenannten anerkannten Regeln der Baukunst und Technik erstellt wurde. Die Mangelhaftigkeit kann sich aus Fehlern bei der Bauausführung und Planung und aus der Verwendung ungeeigneter Materialien ergeben. Der Gewährleistungsanspruch beginnt mit der Gefahrenübergabe, also beispielsweise der Wohnungsübergabe oder Abnahme bei einem Haus. Ein Anspruch muss innerhalb der Gewährleistungsfrist durchgesetzt werden, danach verjährt er. Die Frist beträgt bei Arbeiten an einem Grundstück nach allgemeinem bürgerlichen Recht fünf Jahre. Vertraglich wird häufig eine Frist von zwei Jahren vereinbart, so, wenn die Vergabe- und Vertragsordnung für Bauleistungen (VOB) zugrunde gelegt wird.

Grundbuch: Öffentliches Register von Grundstücken eines Amtsgerichtsbezirkes. Auf die Richtigkeit der Eintragungen kann man vertrauen. Das Grundbuch ist gegliedert in Bestandsverzeichnis, Eigentümer, Lasten und Beschränkungen und Grundpfandrechte.

Grunderwerbsteuer: Der Erwerb von bebauten und unbebauten Grundstücken durch Kauf, Tausch oder Zwangsversteigerung, Schenkung bestimmter Personen wird mit einer Steuer von 3,5% des Wertes belastet.

Grundschuld: Die Grundschuld ist das Recht, vom Eigentümer eines Grundstücks die eingetragene Geldsumme zu erhalten. Für die Zahlung haften das Grundstück und das Zubehör. Reicht dieses Pfand nicht aus, kann der Eigentümer aus der Grundschuld nicht beansprucht werden, allenfalls aus dem Darlehensvertrag. Dieser ist auch entscheidend für die Höhe der zu zahlenden Zinsen.

Grundsteuer: Die Grundsteuer ist eine Besitzsteuer und wird von den Gemeinden erhoben. Bemessungsgrundlage für die Steuer ist der sogenannte Einheitswert. Je nach dem Hebesatz kann die Grundsteuer in den Gemeinden unterschiedlich hoch sein.

Herstellungskosten: Herstellungskosten sind die Aufwendungen, die bei der Vorbereitung und Durchführung eines Bauvorhabens entstehen. Dazu gehören neben den → Baukosten die Kosten für den Anschluss an das Stromversorgungsnetz und die Kosten für die Anlagen zur Ableitung von Abwässern, soweit sie auf die Hausanschlusskosten entfallen. Weiterhin zählen dazu die Kosten für Herde und Öfen, wenn sie nach der Verkehrsanschauung der jeweiligen Region zum Gebäude gehören. → Erschließungskosten für das Grundstück zählen nicht zu den Herstellungskosten des Gebäudes. Zu den Herstellungskosten gehören auch die Kosten der Außenanlagen. Die Herstellungskosten sind Grundlage für die Festlegung der Absetzung für Abnutzung. → Abschreibung.

Instandhaltung: Instandhaltung ist die kontinuierliche bauliche Unterhaltung eines Gebäudes. Die Instandhaltung beinhaltet Wartungsarbeiten und Austausch von Verschleißteilen sowie die Durchführung von Schönheitsreparaturen. In Eigentümergemeinschaften wird eine Instandhaltungsrücklage durch regelmäßige Einlagen gebildet, aus denen die Instandsetzungen bezahlt werden.

Instandhaltungsrücklage: Das Wohnungseigentumsgesetz schreibt zwingend als Vorsorge für die Instandhaltung und Instandsetzung des Gemeinschaftseigentums einer Wohnanlage die Ansammlung von Geldern durch laufende Beiträge vor. Wenn diese Mittel hoch genug sind, können aus ihnen notwendig werdende Reparaturen bezahlt werden, ohne dass einmalige Umlagen notwendig werden.

Instandsetzung: Als Instandsetzung wird die Maßnahme bezeichnet, die die ursprüngliche Funktion des Bauwerkes oder des Bauteiles wieder herstellt. Das Bauwerk oder Bauteil wird nicht erneuert. Die Instandsetzung ist gegenüber der Modernisierung keine wertverbessernde Maßnahme. Das Wohnungsbauförderungsgesetz definiert diesen Begriff wie folgt: Instandsetzung ist die Behebung von baulichen Mängeln, die infolge Abnutzung, Witterung, Alterung oder Einwirkungen Dritter entstanden sind, durch Maßnahmen, die die Wohnung in dem zum bestimmungsgemäßen Gebrauch geeigneten Zustand wieder herstellen.

Kaufvertrag: Der Kaufvertrag über Grundstücke muss notariell beurkundet sein. Er verpflichtet den Käufer zur Zahlung des Kaufpreises, den Verkäufer zur Übertragung des Eigentums.

Maisonettewohnung: Dies ist eine Wohnung, die sich über zwei Ebenen erstreckt. Meistens ist das Dachgeschoss, oft als Spitzdach, einbezogen. Die Wohnebenen sind innerhalb der Wohnung durch eine Treppe verbunden.

Miteigentum: Bei einer Eigentumswohnungsanlage stehen das Grundstück und diejenigen Gebäudeteile, die für den Bestand und die Sicherheit des Gebäudes erforderlich sind, in gemeinschaftlichem Eigentum. Es sind dies z. B. die tragenden Wände, ferner Treppenhaus, Lift, Waschküche, Hausmeisterwohnung und die →Instandhaltungsrücklage.

Modernisierung: Nach dem Wohnungsbauförderungsgesetz ist die Modernisierung die Verbesserung von Wohnungen durch bauliche Maßnahmen, die den Gebrauchswert der Wohnung nachhaltig erhöhen oder die Wohnverhältnisse im Allgemeinen auf Dauer verbessern. Werden nur einzelne Maßnahmen durchgeführt, die die obigen Kriterien erfüllen, so handelt es sich um eine Teilmodernisierung. Im Gegensatz zu Instandhaltungsmaßnahmen können Modernisierungsmaßnahmen zu Mieterhöhungen führen. Typische Modernisierungsleistungen sind z. B. Einbau einer Zentralheizung anstatt einer Ofenheizung, der Einbau von Isolierglasfenstern gegenüber Fenstern mit Einscheibenverglasung oder der Einbau eines innenliegenden Bades gegenüber einer Außentoilette.

Naturschutz: Die Auswirkungen der Unterschutzstellung (Natur-, Landschaftschutz, Nationalpark u. ä.) ergeben sich aus den Landesvorschriften. Grundsätzlich ist vor dem Erwerb von Grundstücken in der freien Natur empfehlenswert, sich vorher bei den Naturschutzbehörden und Gemeinden zu erkundigen. Denn erst aus den einschlägigen Verordnungen ergibt sich, welche Verbote und Beschränkungen für die Grundstücke gelten.

Beispiele:

- Veränderungsverbot: Damit darf die Grundstücksnutzung nicht verändert werden.
- Duldungspflicht von Pflege- und Erhaltungsmaßnahmen, die behördlich angeordnet werden.

Bei Landschaftsschutzgebieten besteht ein abgeschwächtes Veränderungsverbot mit Erlaubnisvorbehalt, z. B. für die Errichtung von baulichen Anlagen. Probleme beim Erwerb älterer Anwesen mit einem Baumbestand kann es mit dessen Beseitigung, z. B. um dem Haus mehr Licht zu geben, kommen. Durch Rechtsverordnung der Behörde – Naturschutz, „Baumschutzverordnung“ – kann die Beseitigung untersagt sein.

Objektbeschränkung: Jeder Steuerpflichtige kann die Förderung selbstgenutzten Wohnraums, ob neu, gebraucht oder im rahmen einer Sanierungsmaßnahme, einmal im Leben erhalten. Bei Ehegatten können also zwei Objekte gefördert werden.

Penthouse: Eine Penthouse-Wohnung ist eine bungalowähnliche Wohnung auf dem Flachdach eines mehrstöckigen Gebäudes. Die Wohnfläche einer Penthouse-Wohnung ist meistens größer als die der anderen Wohnungen des Gebäudes.

Rangverhältnis: Es regelt die Reihenfolge, in der mehrere an einem Grundstück bestehende Rechte verwirklicht und bei der Zwangsversteigerung und Zwangsverwaltung berücksichtigt werden. Wer zuerst eingetragen ist, hat das vorrangige Recht.

Regelsparbeitrag: Der von den Bausparkassen vorgegebene Sparbeitrag, der vom Bausparer monatlich angespart werden soll. Je nach Tarif beträgt er drei bis 10 Promille der Bausparsumme. Wer den Regelsparbeitrag regelmäßig einzahlt, kann mit einer → Zuteilung etwa zu der Zeit rechnen, in der das → Mindestsparguthaben aufgebracht worden ist.

Renovierung: Von einer Renovierung spricht man, wenn ein Gebäude durch geeignete Maßnahmen wieder in seinen ursprünglich guten

Zustand versetzt wird. Steuerlich gelten die Aufwendungen dann als Erhaltungsaufwand und können bei Vermietung als Werbungskosten abgesetzt werden.

Restaurierung: Restaurierung ist die Wiederherstellung von Kunstwerken mit dem Ziel, sie in einen dem Original möglichst ähnlichen Zustand zu versetzen. Der Begriff wird auch bei Gebäuden verwendet, die unter Denkmalschutz stehen und eine historische Bedeutung haben.

Sachwert: Der Sachwert eines bebauten Grundstückes ist die Summe aus dem Bodenwert und dem Bauwert. Die Herstellungskosten des Gebäudes werden unter Berücksichtigung der technischen und wirtschaftlichen Wertminderung berücksichtigt. Bei selbstgenutzten Immobilien ist der Sachwert der für die Beleihung üblicherweise maßgebende Wert.

Sanierung: Die Sanierung beinhaltet die nachhaltige Instandsetzung und umfassende Modernisierung auf lange Sicht eines Hauses oder eines Bauteils. Der Begriff Sanierung wird auch im Zusammenhang mit Schäden verwendet, hier bedeutet er Wiederherstellung in den ursprünglichen Zustand (Beispiel: Eine Holzbalkendecke ist mit Schwamm befallen, die Instandsetzung der Decke ist aufwändig – jedoch: die Kosten für die Sanierung des Schadens sind schwer einzuschätzen).

Sanierungsgebiet: Eine Gemeinde kann einen Teil ihrer bebauten Fläche als förmliches Sanierungsgebiet ausweisen. In die Grundbücher wird ein entsprechender Vermerk eingetragen. Die Eigentümer können nur noch begrenzt verfügen. Steuervorteile sind zusätzlich möglich, wenn der Eigentümer eine Sanierungsmaßnahme durchführt.

Schallschutzfenster: Gegen das Eindringen von Außenlärm mit schalltechnischen Dichtungen und Schallschutzglas versehenes Fenster.

Spekulationsgewinn: Wird ein Grundstück innerhalb eines Zeitraums von zehn Jahren wieder veräußert, gilt im Privatvermögen der erzielte Gewinn zuzüglich etwaiger bereits vorgenommener Abschreibungen als sonstige Einkünfte im Sinne des Einkommensteuerrechts. Diese sind zu versteuern, wenn sie 512 € und mehr erreichen.

Treuhandauftrag: Wenn der Zahlungspflichtige erst zahlen will, wenn bestimmte Bedingungen eines Vertrages erfüllt sind, der Vertragspartner aber seinerseits eine Sicherheit haben will, dass das Geld zur Verfügung steht, wenn er seine Pflichten erfüllt hat, kann ein

Treuhänder eingeschaltet werden. Einem Notar oder einem Kreditinstitut wird das Geld mit der Auflage übergeben, nur unter den genannten Voraussetzungen, zum Beispiel Nachweis der Fertigstellung eines bestimmten Bauabschnittes, dem Empfänger zu übertragen. Der Treuhänder kann für seine Tätigkeit Gebühren, zum Beispiel 0,5% des Wertes, verlangen.

Trockenbau: Bauteile, die in Trockenbauweise hergestellt werden, z. B. Wand- und Deckenbekleidungen, Unterdecken, nichttragende Trennwände. Hervorragend zur Umgestaltung von Altbauten geeignet.

Übergabe: Der Käufer/Besteller erkennt die übernommene Bauleistung als vertrags-und ordnungsgemäß an, sofern er keine Mängel ausdrücklich feststellt, die zu diesem Zeitpunkt bereits feststellbar waren oder soweit er nicht andere Vorbehalte macht. Gleichzeitig geht damit das Risiko für eine Beschädigung auf den Käufer über. Die Abnahme kann nur bei wesentlichen Mängeln verweigert werden, z. B. wenn eine Wohnung noch gar nicht bezugsfertig ist. Ab der Übergabe beginnen die vertraglich vereinbarten oder gesetzlichen Gewährleistungsfristen.

Umbau: Bei Umbaumaßnahmen handelt es sich um Veränderungen des Grundrisses, sie können auch kleinere Veränderungen der äußeren Gebäudehülle mit einschließen. Umbauten werden z. B. notwendig, wenn sich die Nutzung des Gebäudes ändert.

Verbundfinanzierung: Finanzierung eines Objektes durch mehrere Darlehensgeber, die bei der Darlehensvergabe und -besicherung zusammenarbeiten, so z. B. Banken und Sparkassen. Für den Darlehensnehmer hat dies den Vorteil, dass er nur mit einer Stelle verhandeln und nur einmal die Unterlagen für die Besicherung stellen muss. Über die Rangordnung der Sicherheiten einigen sich die Verbundpartner untereinander.

Verkehrswert: Nach dem Baugesetzbuch wird der Verkehrswert durch den Preis bestimmt, der in dem Zeitpunkt, auf den sich die Ermittlung bezieht, im gewöhnlichen Geschäftsverkehr nach den rechtlichen Gegebenheiten und tatsächlichen Eigenschaften, der sonstigen Beschaffenheit und der Lage des Grundstücks oder des sonstigen Gegenstands der Wertermittlung ohne Rücksicht auf ungewöhnliche oder persönliche Verhältnisse zu erzielen wäre. Der Verkehrswert gibt stichtagsbezogen die Marktverhältnisse wieder.

Wohnungsbauprämie: Wer als steuerpflichtiger Gebietsansässiger ein zu versteuerndes Einkommen bis zu 26 500,00 € nicht überschreitet, kann aus höchstens 512,00 € Sparbeitrag je Jahr 8,8% Wohnungsbauprämie erhalten.

Wohnungswirtschaftliche Verwendung: Darlehen aus einem Bausparvertrag werden nur gegeben, wenn die Mittel unverzüglich wohnungswirtschaftlich verwendet werden. Dazu gehören hauptsächlich der Erwerb und die Errichtung von Wohneigentum, der Erwerb von Bauplätzen, Ablösung von Verbindlichkeiten aus früheren Erwerbsfällen, aber auch Renovierungskosten.

Zielbewertungszahl: Von den Bausparkassen zu den vorgegebenen Stichtagen (meistens viertel- oder halbjährlich) berechnete Rangziffer, die ein Bausparvertrag mindestens haben muss, um in der kommenden Zuteilungsperiode zugeteilt werden zu können.

Zuteilung: Über eine Bausparsumme kann ohne Kündigung verfügt werden, wenn der Bausparvertrag zugeteilt worden ist. Der Zeitpunkt für die Zuteilung hängt von der Wartezeit und der Bewertungszahl ab. Das Mindestguthaben von 40 oder 50% muss eingezahlt sein.

Internetadressen

(Quelle: KfW, www.baufoerderer.de)
www.kfw.de

www.warentest.de
www.solarfoerderung.de
www.kompetenzzentrum-iemb.de
www.bmvbw.de
www.bundesregierung.de
www.architektenkammer.de
www.oekobaumarkt.de

Landesförderinstitute

Baden-Württemberg: www1.l-bank.de
Brandenburg: www.ilb.de
Bayern: www.labo-bayern.de
Berlin: www.investitionsbank.de
Bremen: www.bremen.de/web/owa/einrichtung?pi_id=112862
Hamburg: www.wk-hamburg.de
Hessen: www.lth.de
Mecklenburg-Vorpommern: www.lfi-mv.de
Niedersachsen: www.lts-nds.de
Nordrhein-Westfalen: www.wfa-nrw.de
Rheinland-Pfalz: www.lth-rlp.de
Saarland: www.finanzen.saarland.de
Sachsen: www.sab.sachsen.de
Sachsen-Anhalt: www.lfi-lsa.de
Schleswig-Holstein: www.ibank-sh.de
Thüringen: tab.th-online.de

Informationen zur Energieeinsparung

www.gre-online.de/enev/index.htm
www.enev-online.de
www.deutsche-energie-agentur.de
www.passiv.de
www.iwu.de

www.cepheus.de
www.energiepass-online.de/enev
www.bund-bauen-energie.de
www.co2online.de

Gütezeichen, Institute, Fachliches

www.ral.de
www.dfv.com
www.v-b–n.de
www.khries.de

Seiten mit speziellen Angeboten für Bauherren (Enthalten i.d.R. Werbung oder gezielte bzw. versteckte Hinweise auf einzelne Produkte)

www.bauwesen.de
www.baurechtscentrum.de
www.baunet.de
www.BauNetz.de
www.baulinks.de
www.baupraxis.de
www.bau.de
www.baupresse24.de
www.bau-markt.de
www.bau-web.de
www.bauinfo.de
www.bauforum.de
www.haus.de
www.heimwerkerlexikon.de
www.0049-immobilienlexikon.de
www.homesolute.de

Weitere allgemeine Links zum Thema Bauen sowie Links, die im Bereich Baufinanzierung und Bauförderung weiterhelfen können

www.europeloan.com
www.extrahyp.de
www.creditweb.de
www.easyhyp.de
www.planethome.de
www.interhyp.de
www.immowelt.de
www.bauen-mit-durchblick.de

www.h-u-w.de
www.wohnungsbaufoerderung.de
www.finanzen.focus.de
www.baugeld-lexikon.de
www.baugeld-vergleich.de
www.planethome.com
www.immowelt.de
www.immopool.de
www.immobilienscout24.de
www.baukosten.de
www.bauratgeberweb.de
www.bauen.com
www.interhyp.de
www.quelle-bausparkasse.de
www.advance-bank.de
www.baufinanz-directservice.de
www.depfa-direkt.de
www.dghyp.de
www.hypofix.de
www.dr-klein.de
www.eBauFi.de
www.eurohypo.net
www.hypovereinsbank.de
www.rheinboden.de

Stichwortverzeichnis